谭明悦 ◎ 主编

中国慈善会长访谈录

邓荣通 题

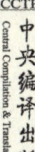
中央编译出版社

《中国慈善会长访谈录》编辑委员会

主　　任：范宝俊

副主任：李本公　刘未鸣　赵　珩

委　　员：（以姓氏笔画为序）

　　　　　王长连　王克英　孙家贤　刘国林　刘　钢　刘　洪
　　　　　刘颖冰　江巴吉才　李忠田　李志斌　杜　颖　沈根荣
　　　　　张明俊　张宝川　陆焕生　金闵珠　单增卓扎　周　力
　　　　　俞兴德　郭爱华　郭有勤　徐山林　贾帕尔·阿比布拉
　　　　　唐宪强　黄明全　章建潮　程贻举　谢玉堂　解路明
　　　　　蔡长松

主　　编：谭明悦

执行主编：舒　迪

撰　　稿：江丽萍　赵莹莹　顾　磊　王　泳　张　欣
　　　　　李朝斌　王金梅　胡志军　甄　勇　李　锋
　　　　　胡国平　李　巍

序

不知不觉中，中国现代慈善事业已经走过了近20个年头。

近20年来，中国的现代慈善事业从孕育到诞生，从蹒跚起步到发展壮大，从鲜为人知到享誉海内外，走过了一条开拓、进取、不断发展壮大的成功之路。

中国的现代慈善事业不仅为挖掘整合社会慈善资源、弘扬中华民族乐善好施、扶贫济弱的传统美德产生了积极的影响，也为协调效率与公平，维护社会和谐稳定，推进社会文明发挥了不可忽视的作用。在我国改革开放和经济发展阶段性变化的关键时期，我国的慈善事业最大限度地实现了为政府分忧，为困难群众解愁。我们国家已经把发展慈善事业作为社会保障体系的组成部分，纳入了国民经济和社会发展计划。我国政府也已经从改革、发展、稳定的全局，从社会保障体系重要补充的战略高度来认识慈善工作的重要性。

近年来，随着我国现代慈善事业蓬勃发展，各地各级慈善会组织开展了多种形式的社会救助工作，为慈善事业做出了巨大贡献。在这个进程中，各地慈善会在开展有特色的慈善项目、打造有影响的慈善品牌、建设有能力的慈善工作者队伍、完善慈善运作机制和监督机制、增强全民慈善意识等方面，都涌现出一大批有积极创新意义、值得总结推广的经验和做法。

众所周知,总结和回顾是前进和发展的法宝,值此我国慈善事业发展步入关键时期之际,如果能对各地慈善会具有创新和借鉴意义的经验做法进行总结和推广,必然有着积极的现实意义。

值得欣慰的是,《中国慈善会长访谈录》一书得出版,及时地填补了中国慈善事业中的这个空白。

《中国慈善会长访谈录》一书,对来自全国各地各级的慈善会会长就各自在慈善工作中的亮点、经验思考进行了专访,总结、提炼出各级各地慈善会在组织建设、品牌打造、项目开展、机制运行等方面具有特色创新和借鉴意义的亮点。

如果这些创新、经验和亮点能向全国慈善机构乃至全社会推广宣传,以供各慈善机构学习、借鉴,必然能推动我国慈善事业快速、持续、健康发展。

慈善是高尚的德行,慈善事业是阳光工程。慈善事业的发展需要全社会的关注和关心,需要有公民慈善意识和社会慈善价值观的支撑,需要慈善宣传的引导和社会各界的参与及推动。相信在各级慈善组织乃至全社会的齐心谐力、共同努力下,必将推进中国特色的慈善事业与时俱进,方兴未艾的中国慈善事业也必将为中华民族的伟大复兴作出历史性的贡献!

范宝俊

目 录

◆ 政府与慈善组织：制度化框架下的合作伙伴
　　——访中华慈善总会会长范宝俊　　　　　　　　1

◆ 在开拓创新中积极探索发展慈善事业
　　——访中华慈善总会副会长李本公　　　　　　　4

◆ 以创新为动力，开创慈善工作新局面
　　——访江苏省慈善总会会长俞兴德　　　　　　　8

◆ 公示是取得公信的重要途径
　　——访上海市慈善基金会副理事长金闽珠　　　　12

◆ 通过提升慈善项目的影响力来募集善款
　　——访甘肃省慈善总会会长杜颖　　　　　　　　16

◆ 慈善是创建和谐社会的催化剂
　　——访重庆市慈善总会会长程贻举　　　　　　　20

◆ 为首都慈善事业的发展贡献力量
　　——访北京市慈善协会会长王长连　　　　　　　24

- 慈善是构建"和谐湖南"的"助推器"
  ——访湖南省慈善总会会长王克英　　　　　　　　　28
- 慈善事业是保障民生的重要方面
  ——访四川省慈善总会常务副会长黄明全　　　　　　32
- 上善若水　慈济陕西
  ——访陕西省慈善协会会长徐山林　　　　　　　　　36
- 营造"人人可慈善"的良好社会氛围
  ——访黑龙江省慈善总会会长沈根荣　　　　　　　　40
- 打造儿童大病慈善救助品牌
  ——访辽宁省慈善总会常务副会长李忠田　　　　　　44
- 多方筹集资金　精心打造品牌　扎实推进福建慈善事业发展
  ——访福建省慈善总会会长张明俊　　　　　　　　　48
- 从实际出发，积极探索慈善发展之路
  ——访天津市慈善协会会长陆焕生　　　　　　　　　52
- 润物无声　大爱山东
  ——访山东省慈善总会会长谢玉堂　　　　　　　　　57
- 慈善光辉照射到"天涯海角"
  ——访海南省慈善总会会长蔡长松　　　　　　　　　62
- 创新是慈善事业发展的不竭动力
  ——访河南省慈善总会会长李志斌　　　　　　　　　66
- 慈善事业将为构建和谐云南做出更大贡献
  ——访云南省慈善总会会长江巴吉才　　　　　　　　70
- 天山南北播撒善与爱的"种子"
  ——访新疆维吾尔自治区慈善总会会长贾帕尔·阿比布拉　74

- ◆ "广东扶贫济困日"掀慈善热潮
  ——访广东省民政厅厅长、省慈善总会会长刘洪　　78
- ◆ 在开拓创新中积极探索兵团慈善事业发展之路
  ——访新疆生产建设兵团慈善总会会长刘钢　　82
- ◆ 让慈善事业为建设和谐西藏助力
  ——访西藏自治区慈善总会会长单增卓扎　　86
- ◆ 掀起广州慈善事业的"热潮"
  ——访广东省广州市慈善会会长陈国　　90
- ◆ 在实践的基础上开拓创新
  ——访浙江省慈善总会会长孙家贤　　94
- ◆ 以"善行天下"为工作特色　打造"爱心温州"慈善品牌
  ——访浙江省温州市慈善总会会长孙成堪　　98
- ◆ 慈善是构建和谐西安的重要推动力
  ——访陕西省西安市慈善会会长张凡　　103
- ◆ 打造优秀项目品牌　推进慈善事业又好又快发展
  ——访浙江省宁波市慈善总会会长陈云金　　107
- ◆ 用慈善品牌铸就爱心城市
  ——访山东省青岛市慈善总会会长张旭升　　111
- ◆ 慈善不是口号　而是一种责任
  ——访江苏省徐州市市委书记、慈善总会会长曹新平　　115
- ◆ 开拓创新　扎实推进　不断开创慈善工作新局面
  ——访四川省成都市慈善总会常务副会长王莉琳　　119
- ◆ 坚定信心　迎难而上　不断推动慈善事业健康快速发展
  ——访内蒙古自治区呼和浩特市慈善总会会长汤爱军　　123

- ◆ 创新做慈善　全力促和谐
  ——访山东省济南慈善总会会长张泽　　127

- ◆ 慈善任重道远　爱心播撒希望
  ——访安徽省合肥市慈善协会副会长方东屏　　131

- ◆ 慈善事业是构建和谐社会的重要因素
  ——访福建省福州市慈善总会会长方庆云　　135

- ◆ 倡导慈善文化理念　构建慈善服务平台
  ——访福建省泉州市慈善总会会长薛祖亮　　139

- ◆ 全民慈善　爱在台州
  ——访浙江省台州市慈善总会会长张锦鸣　　143

- ◆ 慈善情满人间　凝聚和谐力量
  ——访山西省长治市慈善总会会长常反堂　　147

- ◆ 让慈善阳光洒满吉林大地
  ——访吉林省慈善总会会长唐宪强　　151

- ◆ "慈善手拉手，关爱你我他"
  ——访江苏省苏州市慈善总会常务副会长林超　　155

- ◆ 精心开展项目　推动慈善事业全面发展
  ——访辽宁省沈阳市慈善总会会长崔文信　　159

- ◆ 慈善阳光沐古城　救助工程暖人心
  ——访河南省安阳市慈善总会会长张锦堂　　163

- ◆ 努力探索西部慈善事业发展新模式
  ——访甘肃省白银市慈善总会会长蔡德玉　　167

- ◆ 建立捐赠机制　打造救助品牌扎实推进慈善事业又好又快发展
  ——访河南省濮阳市慈善总会会长徐教科　　171

- 结缘慈善济助民生
  ——访江苏省镇江市慈善总会会长周大平　　　175
- 创新是慈善事业发展的源动力
  ——访安徽省芜湖市慈善总会会长詹云超　　　179
- 打造少数民族地区慈善事业发展新模式
  ——访内蒙古自治区赤峰市慈善总会专职副会长丛雅丽　　　183
- 慈心促和谐　善举济民生
  ——访山东省济宁市慈善总会会长侯端敏　　　188
- 努力探索积极实践　开创绿城慈善新局面
  ——访河南省郑州市慈善总会会长武国瑞　　　193
- 广施善举　谱写慈善救助之歌
  ——访陕西省宝鸡市慈善总会会长朱宗柱　　　197
- 上善若水　大爱无言
  ——访江西省慈善总会副会长郭爱华　　　201
- 点燃慈善之火　谱写动人乐章
  ——访陕西省延安市慈善协会常务副会长张连义　　　206
- 边疆少数民族地区慈善工作任重道远
  ——访内蒙古自治区阿拉善盟慈善协会会长雷宝音　　　210
- 倡导全民慈善　建设幸福宿迁
  ——访江苏省宿迁市市长、市慈善总会会长蓝绍敏　　　214
- 创建有大连特色的慈善事业
  ——访辽宁省大连市慈善总会会长林庆民　　　218
- 古老的土地　崭新的乐章
  ——访山西省慈善总会会长郭有勤　　　222

◆ 创新捐赠机制　打造救助品牌扎实推进慈善事业快速发展
　　　　——访吉林省吉林市慈善总会副会长钱大吉　　　　226

◆ 开拓创新探索慈善工作新举措
　　　　——访湖北省恩施土家族苗族自治州慈善总会会长胡毅　　　　230

◆ 十年磨一剑　慈善谱新篇
　　　　——访辽宁省本溪市慈善总会副会长唐君英　　　　234

◆ 慈善济民生　爱心铸和谐
　　　　——访浙江省绍兴市慈善总会会长徐明光　　　　238

◆ 坚持科学发展　着力实践创新奋力开创慈善事业发展新局面
　　　　——访山西省太原市慈善总会会长袁高锁　　　　242

◆ 力拓慈善资源　广惠弱势群体
　　　　——访江苏省盐城市慈善总会常务副会长任义才　　　　246

◆ 创新是慈善的生命力
　　　　——访广东省深圳市慈善会秘书长房涛　　　　250

◆ 加快建设慈善事业　保障社会稳定和谐
　　　　——访吉林省四平市慈善总会会长张卫平　　　　254

◆ 携手慈善事业　打造美好"石油城"
　　　　——访新疆维吾尔自治区克拉玛依市慈善总会会长祝贺香　　　　258

◆ 大力弘扬沂蒙精神　做大做强慈善事业
　　　　——访山东省临沂市慈善总会常务副会长姜新利　　　　262

◆ 打造慈善烟台品牌　推动慈善事业发展
　　　　——访山东省烟台市慈善总会副会长鲍寿庆　　　　266

1940年12月生于天津。1956年参加工作,当过工人、团干部。1965年加入中国共产党。历任天津市河西区团委书记、天津市河西区革委会副主任、区委常委、天津市民政局副局长、局长,1987年7月至1997年任民政部党组成员、副部长。1997年至2001年5月任民政部党组副书记、副部长。1998年起担任第九届全国政协常委,第十届全国政协常委、提案委员会副主任。2002年起任中华慈善总会会长。

范宝俊

政府与慈善组织：制度化框架下的合作伙伴

——访中华慈善总会会长范宝俊

记者：我们在日常生活中，经常可以听到把公益和慈善并称，您作为中国现代慈善事业的领军人物，如何看待公益与慈善的关系？

范宝俊：一般而言，慈善是指建立在自愿捐赠基础之上、以慈善组织为媒介的社会互助。公益是指有关社会公众的福祉和利益，多指卫生、救济等群众福利事业，涵盖的内容不仅有慈善事业，还包括教育、文化、环保事业等,乃至一些公共服务领域。可以说,公益比慈善的涵盖更广泛一些。

政府是公益慈善事业发展的引领者，慈善机构是通过聚集社会力量开展社会互助的中间媒介。公益和慈善两者目的一致，行为方式有所不同，所以经常可见"公益慈善事业"的提法。

记者：中国的公益慈善事业的发展可以说是日新月异，尤其在过去的几年中，取得了巨大的进步，格局也有了很大的变化。您认为就目前而言，

推动中国的公益慈善事业健康持续发展最重要的因素是什么？

范宝俊： 机制！政府与慈善组织之间的良好互动机制！

长期以来，中国政府一度"包揽"了社会公益慈善事务，这在一些突发性灾难事件中可以起到立竿见影的效果。但却导致了社会自发公益慈善行为的弱化。中国公益需要建立政府与民间公益机构的合作机制，加大政府对民间公益机构的扶持力度，并以此刺激政府职能优化。

事实上，从5·12汶川地震救灾捐赠到今年的玉树地震救灾捐赠，我们不难发现三个特点。一是社会力量在重大灾难援助中的参与程度正在逐步提高；二是社会力量在参与重大灾难援助时，正逐步走向规范化、常态化、制度化；三是社会爱心力量参与的规范化、常态化、制度化是与整个国家有关体制的调整和完善紧密相连的。

作为社会爱心力量的凝聚者和传播者，公益慈善组织正逐步走向前台，成为政府的一个不可忽视的合作伙伴。而能否推动中国公益慈善事业健康持续发展，我认为最终的决定因素在于能否建立起政府与慈善组织之间的良好互动机制。

记者： 在您看来，这种政府与公益慈善组织之间的良好互动机制的确立，关键在哪里？

范宝俊： 政府与公益慈善组织之间的良好互动机制的建立，关键还是应该各自找准各自的定位。

可以说，中国现代慈善事业近20年的发展历程，也是政府与公益慈善组织不断磨合、不断调整定位的过程。在最初的发展阶段，政府在公益慈善领域很难从根本上突破行政主导的惯性思维，从而造成了对公益慈善组织过于严格的控制，也导致了公益慈善组织对政府的依附。这种关系在某种程度上影响了公益慈善组织的专业化进程，不利于为公益慈善事业培养良好的社会环境，阻碍了公益慈善事业的发展。当然，在近些年，随着政府工作方式逐步转变，慈善组织也开始走向相对独立的发展道路。

从事慈善事业9年来，我有一个体会，就是慈善事业的发展有三个很重要的因素。一是需要党和政府的支持,第二个是需要广大人民群众的参与,第三个是需要慈善组织加强自身建设。为什么要强调党和政府的支持？这个支持首先体现在立法和诸如免税等相关政策上。还有一点就是,慈善组织由于自身条件的限制,需要政府在自身发展和建设方面给予扶持,当然这个过程也不可以交给政府包办代替。

可以说,中国公益慈善事业的发展,也是政府与慈善组织相互合作的过程。

记者:中国的公益慈善组织与政府之间的关系,是一个值得深入探讨的话题。您认为在我国政府与慈善组织之间的关系,最终应该是一种什么样的形态？

范宝俊:我认为中国的公益慈善组织与政府之间,最终应该是制度化框架下的合作伙伴关系。

没有政府的鼓励和支持,慈善组织难以取得快速发展；但如果政府干预过多,则拔苗助长。政府和慈善组织应该在保持相对独立的同时,逐步建立制度化的合作伙伴关系,为中国的公益慈善事业开辟更为广阔的发展空间。

政府应该将主要责任定位在打造宏观制度环境、监督管理和支持方面。首先,政府要制定相应的法规政策。其次,政府应该建立监督管理制度,为慈善组织的发展提供公开透明,激励与约束并举的发展环境,保证慈善组织的规范运作。还有就是政府应促进建立合理的民间组织监管和协调机制,以保证民间社团的有序运行。

作为公益慈善组织,则应该接受政府在资格审查和组织运行方面的监督管理,同时在资金募集、项目组织、活动实施方面充分争取政府资源。公益慈善组织自身也要朝着专业化、透明化方向不断发展,并主动接受公众的监督。

建立政府与慈善组织之间的制度化框架下的伙伴关系,是中国公益慈善事业发展的必然趋势。在这个过程中,我们需要与时俱进,废旧立新,要在准确把握中国国情的基础上,开创具有中国特色的现代公益慈善之路。

（访于 2010 年 7 月）

男，汉族，1946年2月出生，河北昌黎人，曾任中共张家口市委副书记兼市委政法委书记等职。1993年起，先后担任民政部优抚司司长、救灾救济司司长、民间组织管理局局长。2001年，任民政部党组成员、民间组织管理局局长兼民间组织服务中心主任。2004年至2008年，民政部党组成员、全国老龄工作委员会办公室常务副主任、中国老龄协会会长现任全国人大代表、全国人大财经委员会委员，中华慈善总会副会长。

李本公

在开拓创新中积极探索发展慈善事业

——访中华慈善总会副会长李本公

记者：中华慈善总会作为中国第一家以慈善命名的全国性慈善组织，目前团体会员单位已近300家，覆盖了全国31个省、市、自治区。请问中华慈善总会今后将怎样发挥自身的龙头优势，引导中国的基层慈善组织发展？

李本公：面对我国慈善事业服务领域不断拓展、群众慈善热情不断高涨、慈善参与方式不断增加的现状，中华慈善总会和全国各级慈善会应认清形势，推进改革创新，积极探索发展慈善事业。

具体来说，中华慈善总会将在今后一段时期内重点做好以下几个领域的工作。一是通过弘扬慈善理念、促进慈善立法，推动中国慈善事业宏观环境建设；二是通过发展团体会员、加强理论指导和资源支持，推动中国慈善组织发展；三是通过开展自身的慈善筹募和项目工作，探索新的慈善方式，打造中国优秀慈善组织样板；四是通过利用自身优势、开展国际交

流，拓宽海外筹募渠道、开展国际合作。

记者：面对我国日益高涨的公众慈善热情和蓬勃兴起的草根公益慈善组织、非公募慈善基金会，您认为中国的各级慈善会组织应该如何走出自己的特色道路？

李本公：当前中国的慈善事业突飞猛进，各类慈善组织如雨后春笋般涌现，在慈善组织之间的竞争过程中，优胜劣汰将成为必然趋势。对于中华慈善总会而言，认清大局、扬长避短、准确定位显得尤为重要。

首先要进一步解放思想，努力开展业务创新，积极探索慈善实业，提高慈善事业发展的根本动力。慈善事业要发展，除了全力做好传统意义上的慈善筹募和项目工作，同时也要发展慈善实业。要在政府支持下和国家法律法规的范围内，开拓进取，改革创新，积极联合民间力量，整合社会资源，努力发展慈善医院、慈善养老机构等慈善实业，争取在开拓创新中为中国特色的慈善事业探索出一条可持续发展的道路。

其次要加强工作交流，增强全国慈善组织合力。鉴于中华慈善总会的团体会员单位已扩展到297个，涵盖全国31个省、市、自治区，并各自探索出了形式多样的慈善项目和运作方式，总会将举行全国性的慈善工作交流会。通过这个会议，为慈善工作者提供一个交流平台，推广好的做法、经验，探讨工作中出现的困惑和问题，切实提高慈善组织的实际运作能力，去更好地应对慈善事业大发展的时代需求。

记者：2009年中华慈善总会在国际金融危机蔓延和没有特大灾难的情况下，筹募款物总额46.39亿元，这是一个了不起的成绩。人们常说，做慈善关键在于打造一个"透明的玻璃口袋"，请问中华慈善总会在加强自身建设、提升社会公信力方面有哪些值得借鉴的创新做法和经验？

李本公：首先，我们坚持加强自身建设是培育慈善组织的必由之路。

随着社会公民意识的增强、慈善意识的提高，公众对于慈善组织的素质要求也越来越高。慈善组织必须心存紧迫感，加快自身建设的步伐。在今后的发展中，总会将引入现代企业管理思想和制度，借鉴国内外优秀慈善组织的管理模式，提高慈善组织工作效率。同时打造专业化队伍，推动信息技术的应用，提高内部工作效能，并为公众参与慈善提供更便捷的渠道。

其次，提高社会公信力是慈善组织的立身之本。要努力提高慈善组织的公信力，使公众信任慈善组织，能够放心地把钱物交给慈善组织。为此，慈善组织必须加强公信力建设，做到公开、透明、规范，使爱心产生效益和力量。

还有就是慈善事业发展一定要重视舆论宣传的引导功能。慈善理念、模式、机构和项目的公信力，都需要媒体来引导、阐述、公示。慈善组织应重视与媒体之间的合作，提高慈善宣传的力度。只有这样，才会让捐款人在有捐款意愿时，能够在众多的慈善机构中作出明确选择。

记者：近些年来，我国企业参与慈善事业的热情高涨，力度加大，并开始逐步走向系统化和规范化。中华慈善总会近年来与企业合作开展慈善项目取得了不菲的成绩，请您简单介绍一下？您认为慈善机构与企业的合作中，最重要的是什么？

李本公：在经济全球化的背景下，企业承担社会责任、投身慈善事业是全世界的大势所趋。以中华慈善总会为例，这些年接收的社会捐赠款物量逐年增长，2008年达到40亿，2009年增长到了46亿元。这其中企业捐赠占很大一部分比例。

中华慈善总会这些年来一直致力于与企业合作，开展社会慈善救助活动。近几年来，有很多跨国公司和国内企业与中华慈善总会建立了合作关系。一些跨国企业的负责人曾表示，他们的企业想在中国发展，往往会先找一个公信力强的公益机构合作做善事。而中华慈善总会通过这十几年的发展，也以自身的专业优势和组织优势，为企业在设计慈善主题、确定捐赠领域、搜寻受助对象、跟踪慈善效果、评价项目绩效等方面提供了专业支持。所以说，这几年中国慈善事业发展迅速，其中一个重要的原因就是企业和慈善机构的合作是成功的。

记者：我国的慈善事业正面临一个飞速发展的时期，请您结合中华慈善总会的实际工作,谈谈当前我国慈善事业的发展面临哪些问题?您认为这些问题该如何解决?

李本公: 首先我认为是慈善组织所能提供的救助和社会的需求之间还存在矛盾。当前,中国社会保障体系还处在初级阶段,慈善的社会需求非常大,社会上依然有很多困难群众,需要通过慈善给予帮助。虽然我国每年慈善捐赠的总量已达300多亿元,但是显然是不够的。这需要我们大力弘扬慈善精神,加大宣传力度,宣传慈善典型,营造慈善氛围,大力培育慈善组织,去推动慈善事业更好更快地发展。

其次我国慈善事业的主体法律体系还不健全,慈善事业的发展面临着许多法律模糊和空缺的尴尬。慈善捐赠的优惠政策还没有有效地全部落实,在一定程度上影响到社会捐赠的积极性。应该加快健全政策法规,用法律来规范、保护和促进慈善事业,避免在慈善工作中出现法律模糊和缺失的尴尬。

还有就是我国慈善组织的迅速发展壮大需要大量慈善事业专业人才,人才的缺乏是制约慈善组织发展的一大瓶颈。建立良好的人才机制,吸引和培养优秀的慈善从业人员,是保障慈善事业可持续发展的重要动力。

(访于2010年7月)

俞兴德

男，汉族，1939年11月生，江苏武进人。1959年8月参加工作，曾任江苏省委常委、副省长，2001年2月—2003年2月任江苏省人大常委会副主任、党组副书记。2005年11月18日，江苏省慈善总会成立，担任会长一职。在2010年12月28日江苏省慈善总会第二次会员代表大会上，继续选举为第二届理事会会长。

以创新为动力，开创慈善工作新局面

—— 访江苏省慈善总会会长俞兴德

记者：江苏省慈善总会虽然成立只有4年多，但是目前江苏的慈善事业发展已走在全国的前列，在慈善实践的创新方面积累了许多宝贵经验，为探索我国慈善事业的发展更加专业化、规范化、科学化作出了重要贡献。您认为江苏慈善工作的亮点有哪些？

俞兴德：江苏慈善总会是2005年11月成立的。虽然成立较晚，但发展较快。成立以来，我们努力向先进地区学习，不断总结经验，树立"慈心为本，善举为民"的思想理念，坚持"政府推动、民间运作、社会参与、各方协作"的工作方针，慈善事业取得了长足的进步。

说到江苏慈善工作的亮点，我认为一是江苏的慈善组织网络健全。早在2008年底，全省13个省辖市和106个县（市、区）已经全部建立了慈善组织，实现了慈善组织网络的全覆盖；第二个是慈善基金总量较高。

截至目前，全省慈善基金总量到127.42亿元（含合同认捐104.63亿元）。2009年全省各级慈善机构救助支出累计6.74亿元，救助困难群众达106万人。今年各项工作在原有基础上，又有了新的进展。还有一个亮点就是创新募捐方式，实施多种救助项目。

记者： 慈善资金是慈善组织的立业之基、发展之本，是衡量慈善工作水平的重要标志。您刚刚提到目前全省慈善基金总量到127亿多元，这是一个了不起的数字。请您谈谈江苏省慈善总会在这方面的经验和做法。

俞兴德： 在工作实践中，我们不断创新思路，积极拓展劝募渠道，努力做到劝募与招募相结合。一是把"冠名基金"作为募集善款的有效途径。二是以项目尤其是品牌项目吸引捐赠。此外，我们还不断尝试新的募捐形式，根据社会不同层次的劝募对象，策划义拍、义卖等多种活动，把社会方方面面的热情和积极性调动起来，开展救助项目尤其以品牌项目为主的慈善救助活动，惠及困难人口达350万。如：开展好每年一度的"送温暖、献爱心"的社会救助活动；开展"心蕊工程"拯救800多名患儿；超市助学捐助贫困生；积极救援汶川、玉树地震灾区等。

记者： 在具体的慈善救助工作方面，江苏省慈善总会2009年一年就救助了上百万困难群众。您觉得慈善会在开展慈善救助工作中，应该注意哪些问题？

俞兴德： 江苏省慈善总会在开展慈善救助项目时，注意把握以下几点：一是处理好慈善救助与政府救助的关系，将救助重点放在政府一时想办而难办的方面，对于政府已经进行救助的，则适时地退出来，真正做到拾遗补缺；二是处理好一般救助与品牌救助的关系，重点突出品牌救助项目，坚持推动品牌项目建设；三是对于一些社会效果好的项目，坚持上下联动。

记者： 今年5月江苏颁布实施《江苏省慈善事业促进条例》，这是全国首部地方性慈善法规，对江苏的慈善工作有何促进作用？

俞兴德：《江苏省慈善事业促进条例》已于2010年5月1日正式实施，条例的出台，使得江苏的慈善事业迎来了新的发展机遇，在法制化建设方

面迈出了坚定而扎实的一步。近年来,江苏的慈善事业在多方合力地推动下,呈现出了快速、健康的发展势头,各项慈善活动得到了积极、有序地开展。由于缺乏专业性的立法,慈善事业的发展呼唤更加完备的法律法规出台。今年5月出台的这个条例从我省实际出发,积极回应慈善事业的热点难点问题,充分吸收慈善工作的成果和经验,对慈善各项工作进行了规范,特色鲜明,可操作性强,得到了社会各界的普遍好评。

记者: 几年来江苏的慈善工作有了巨大的发展和进步,作为江苏省慈善总会的会长,总结江苏省慈善总会近年来的工作,请问您最大的体会是什么?

俞兴德: 我个人对慈善工作的体会主要有四点。

一是要以服务中心工作为己任,争取党委、政府的高度重视。

慈善事业的健康发展,离不开党委、政府的重视与支持,这就要求我们各级慈善机构在开展工作时,要找准切入点,发挥好慈善事业的"补充"作用,并通过自身的工作成效,赢得党委、政府对慈善事业的重视和支持。

二是要以营造慈善氛围为重点,打造发展慈善事业良好的社会环境。

可以说目前我国发展慈善的大环境已经形成。在这种情况下,就需要各级慈善机构发挥主观能动作用,以有所作为赢得社会的公信和支持。各级慈善机构应力促有关部门落实好税收优惠政策,并建立起"反哺机制",即当捐助企业的职工遇到困难时,要积极主动给予救助。此外,针对部分企业与企业家将参与慈善活动作为一种"软竞争力"的情况,各级慈善机构应以一种宽容的态度去接受,从而把公众潜在的慈善意识从突发时刻的临时行为转化为日常生活中的一种价值取向和行为方式,使得公众不再"被"慈善。

三是要以塑造诚信慈善为主线,提升慈善组织的社会公信力。

公信力是慈善机构的生命。各级慈善机构只有具备良好的信誉和社会公信度,取信于民、取信于社会,才能生存、发展、壮大。因此,各级慈善机构要建立起一套完整的制度体系,对机构的运作、资金的募集和使用作出明确具体的规定,并通过政府监督、内部监督、社会监督在内的三位一体的监督机制,对包括资金募集使用、项目实施在内的各个环节进行监

督，从而确保慈善机构高效廉洁的运行。

　　四是要以创新为动力，不断开创慈善工作新局面。只有创新才能发展，才能更好地解决困难群众的实际困难。这就要求我们各级慈善机构把创新作为慈善事业发展的关键，贯穿到慈善宣传、项目实施、资金募集等工作的各个方面，大力推进理论创新、制度创新，在创新思路中破解发展难题，推动慈善事业健康、稳定和可持续发展。

（访于 2010 年 7 月）

以创新为动力，开创慈善工作新局面

女，1946年出生，宁波镇海人。先后担任上海电视台党委书记、台长，上海广播电影电视局副局长，上海市委统战部副部长，第九、十届上海市政协常委、市政协港澳台侨委员会主任等职务。2009年6月至2011年6月底任第四届上海市慈善基金会副理事长兼秘书长；2011年7月至今任第四届上海市慈善基金会副理事长。

金闽珠

公示是取得公信的重要途径

——访上海市慈善基金会副理事长金闽珠

坚持信息公示制度建设

记者： 慈善事业是建立在自愿和信任基础上的事业，而维护社会公众的信任与信心的重要条件之一，就是慈善机构的公信度。上海市慈善基金会在这一方面有何举措？

金闽珠： 建立并不断完善慈善信息公示制度，是慈善机构公信度建设的重要途径之一，上海市慈善基金会共有四点做法。

一是财务审计报告公示。我们聘请了常年会计顾问，参与财务管理和资金运作，每年对基金会及各分会、各所属单位进行严格审计，并将审计情况通过媒体向社会公布，已连续公示15年。

二是进行救助项目公示。2005年5月至2007年10月，我会通过各大媒体分7批公示了14个做得比较成熟的慈善救助项目以及最新救助工作

计划，得到社会各界的好评。

三是慈善先进评选公开。2005年12月，我会通过媒体公示"慈善之星"当选名单。此后，每届"慈善之星"评选都通过媒体发布信息，发出选票接受社会各界的评选与监督，并在评选产生"慈善之星"后再次公示一周。

四是资助社会公益项目公开招标。我会自2008年起探索开展资助社会公益项目的工作，积极主动寻求与各类社会组织的合作。当年我会通过媒体分两批将43个申报项目向社会公示，2009年7月又将评定资助的79个社会公益项目公示于众。

强化赈灾募捐与救助信息公开

记者： 近年来，自然灾害频发，上海市慈善基金会在募捐和救助方面均有动作，在信息公示方面有何特点？

金闽珠： 2008年汶川大地震发生后，我会募集款物的工作量之大，任务之紧迫，是史无前例的，但在工作量超负荷的情况下，我会始终将工作的透明度置于重要地位。

我们在第一时间向主要捐赠人公开了反馈信息。当年5月，我会将1.22亿元拨付四川省慈善总会，并实地考察灾区，与四川省慈善总会商讨确定灾后重建项目并共同签署《关于援建四川灾区工作备忘录》。我会将捐赠方对口支援有关项目的分布情况以书面方式征得捐赠方同意后，通过媒体将捐赠人和援建项目的配对情况进行公示。项目落实后，我会派专人负责与对口支援的责任单位保持联系，定期了解和检查项目落实情况，并将信息及时反馈给主要捐赠人。

我们还率先向社会公示项目落实情况。对于捐赠方对口支援都江堰援建项目的分布情况，我会以书面方式征求其同意后上报指挥部并由其安排公示。

此外，我会召开信息通报会议形成了互动。除了通过媒体将抗震救灾中的捐赠信息全程公布外，我会还先后两次由主要领导主持，召集主要捐赠人参加信息通报会议，邀请市指挥部领导和专家共同向主要捐赠人通报捐赠及项目进展情况，回答捐赠人关心的事项和问题。

信息公示制度建设成果显现

记者：持续坚持信息公示制度建设，起到了怎样的效果？

金闽珠：首先，我们让社会、群众了解慈善，扩大了基金会的影响力。2008年末至2009年初，我会与复旦大学合作共同进行的《市民与慈善》大型社会调查显示，上海市慈善基金会在参与调查的人群中有55.8%的知名度，其中41.7%的人向基金会捐过款。

其次，我会自觉接受社会监督，提高了基金会的公信度。在接受社会监督的过程中，我会十分重视社会各界的反响，并及时反馈。例如，有热心读者提出《财务审计报告》公示中统计和排版的有关问题。我会在核实后，又进一步公示更正相关内容。

此外，通过信息公示，增强了捐赠人的信任感，促进了募捐工作。举例来说，香港上海汇丰银行与我会保持着长期的合作关系，共同开展慈善教育培训项目。汇丰银行慈善基金负责人坦诚地说："上海市慈善基金会社会形象好，在上海市民中很有号召力，不仅拥有开明的作风，而且运作非常透明。实践证明，汇丰找到一个好伙伴。"

今年将继续加大建设力度

记者：2010年，是上海市慈善基金会换届选举产生了第二届理事会后的开局之年。在信息公示制度建设方面，将有何动作？

金闽珠：我会在今年继续加大信息公示制度建设力度。

首先，制定并实施了《上海市慈善基金会五年发展规划（2009—2013）》，提出了近5年的发展目标和主要任务。力争在5年内，把基金会建设成公众参与度广、公信度高、影响力强、学习型、有创新能力的社会组织。

其次，我会进一步加强财务审计与公示。今年4月，我会再次通过《解放日报》向社会公示了《上海市慈善基金会公示2009年度工作报告及审计报告》。

面对今年发生的青海玉树地震,我会迅速启动应急预案,通过各类媒体公告接受捐赠的银行账号、网址和办公地址,负责接受社会各界的捐赠。截止至2010年7月19日,我会共接受社会捐赠1.16亿元,共支出1.16亿元。借鉴汶川地震抗震救灾工作中一些好的做法,我会捐赠工作有序高效,收支及管理规范透明,并于2010年7月19日通过了上海市审计局的审计。

此外,我会加强了公益项目和区县分会审计工作。2010年度,我会审计室严格按照计划,先后对33家获得资助的公益项目单位和6个区县分会开展审计工作,认真总结,出具了相关审计报告。

目前,上海社会各界以及广大市民正越来越多地参加到上海市慈善基金会的各项活动中来。我们将坚持慈善信息公示制度建设,不断提高社会公信度,以自身良好的形象取信于公众,取信于社会。

(访于2010年7月)

女，汉族，中共党员，1942年11月生，安徽省当涂县人，1965年毕业于兰州大学化学系。1965年8月至国家粮食部科研设计院参加工作，先后任甘肃省粮食局局长、甘肃省政协副主席兼中共甘肃省委统战部部长。1983年、1999年曾分别当选为第六届全国人大代表和第九届全国政协委员。2003年1月至今任甘肃省人大常委会副主任、党组成员。2004年2月兼任甘肃省慈善总会会长。

杜 颖

通过提升慈善项目的影响力来募集善款

——访甘肃省慈善总会会长杜颖

记者：作为经济并不发达的西部省份，甘肃省慈善总会成立15年来，取得了很不错的成绩。请您介绍一下甘肃慈善工作的情况？

杜颖：甘肃省慈善总会成立以来的实践和经验证明，要不断推动慈善事业健康发展，就必须坚持从多灾贫困的省情出发，从当地的实际出发，因地制宜、扎扎实实地开展慈善项目，不断扩大慈善救助项目的成效。就必须着眼于慈善工作面临的新形势、新任务，逐步建立与市场经济相适应的慈善工作管理体制和运行机制，推进慈善事业健康快速发展。

甘肃省慈善总会成立以来，共募集款物52065万元，其中2009年全年共募捐善款善物8595.66万元。甘肃省慈善总会坚持"扶贫济困、赈灾救难、安老助孤、助学助教"的慈善宗旨，通过狠抓善款（物）的募集和慈善事业项目建设两大环节，以实施"四大工程"即慈善抗旱集雨水窖工

程、慈善医疗救助工程、慈善助学助教工程、慈善社会救助工程为重点，在我省经济社会发展中起到了一定的作用，在社会各界、海内外赢得了较高的声誉。

记者：甘肃省是个慈善资源匮乏、慈善需求巨大的省份，这样的条件使甘肃省慈善总会的工作面临着巨大的挑战，也使得甘肃省慈善总会在工作中必须提高有限的慈善资源的利用效率，用较少的善款做更多的善事。请问您在甘肃慈善的具体工作中最重要的是什么？

杜颖：我认为重要的是要通过良好的平台和机制来推动慈善事业的发展。要从本地实际出发，通过精品项目的开发、运行、宣传来提升慈善会的总体形象，通过精品项目影响力的提升来募集善款，吸引合作伙伴，最终为本地的慈善事业发展做出努力和贡献，这就是我们多年来在发展中总结出来的发展之路，我们也会继续将这种方式贯穿在以后的工作当中，为推动甘肃的慈善事业发展贡献力量。

慈善事业的发展离不开资金保障。在做好普及和提升公民慈善意识、奉献意识和责任意识的同时，要逐步拓宽慈善募捐渠道，积极探索市场化募捐方式，有效建立多元化、多层次的救助体系，创新、开辟在市场经济条件下募捐工作的新途径，建立促进慈善事业发展的长效募捐机制。

记者：我们知道，慈善事业的发展离不开具体慈善项目的实施，在咱们甘肃这样一个慈善需求较大的省份，对切实可行、符合实际的慈善项目需求就显得更为迫切。实际上甘肃也开展了一批因地制宜、救助作用较大的慈善项目，请您谈谈这些项目的实施情况？

杜颖：针对气候条件差、水资源匮乏、经济发展水平低的省情，甘肃省慈善总会立足于实际情况，通过认真总结摸索，走出了一条靠慈善项目帮助群众改善生活，带动慈善事业发展的路子，并通过一系列项目的成功实施，使慈善理念得到了有效的宣传和推广。其中，"慈善水窖"项目已经成为了我会的"明星项目"和"龙头项目"。

"慈善水窖"项目是甘肃省慈善总会根据本省的实际情况开发的项目，

也是甘肃省慈善总会投入最多、最有影响力、最具特色的慈善项目。甘肃群众饮水十分困难的有20个县区。严重制约地域经济发展。针对以上的种种问题，我会于1997年启动该项目并运行至今，基本内容是为缺水地区农户修建水窖和水泥集流场，在雨季通过集流场将雨水集中导入水窖贮藏，以备长期供水饮用。凡是当地既没地表水，也没地下水可供饮用，只能依靠修建水窖和集流场蓄积雨水解决吃水问题的乡村农户，均被列为开展"慈善水窖"项目实施的范围。

我们利用捐赠的资金，在全省11个市、州的20多个干旱缺水贫困县修建水窖86954眼，硬化雨水集流场521万平方米，解决39万人、30多万头（只）牲畜的饮水困难。通过"慈善水窖"项目的开展，许多受旱地区的农民从根本上解决了吃水难的问题，并带动了庭院经济的发展，减轻了农户负担，增加了经济收入，深受旱区群众的欢迎。

通过"慈善水窖"项目的带动，我会医疗救助项目、灾害救助项目和慈善助学助教项目也得到了很好的发展。其中医疗救助项目共投入资金9906万元，向全省98个基层医疗单位发放医疗设备264台（件）和为3万多病患者提供了医疗救助；慈善助学项目为贫困山区、边远少数民族地区修建慈爱学校101所，救助家境困难的在校贫困大学生、中小学生5000余人；灾害救助项目除了参与了特大自然灾害灾民生活救助外，还在地震灾区实施敬老院、儿童福利院、社会福利院"三院"建设84个。

记者：很多知名的国际慈善组织都在甘肃开展了不少的项目，甘肃省慈善总会有没有考虑过利用对外交流进行慈善方面的合作？

杜颖：这些年来，甘肃省慈善总会非常重视与国内外慈善组织进行合作交流，通过合作与交流，我们一方面学习到了很多先进的方法和理念，另一方面又为甘肃慈善事业的发展带来了大量的资金。目前，甘肃省慈善总会已经与世界宣明会、英国国际咨询与资源企业、美国视博恩公司、台湾佛教慈济慈善事业基金会、"点滴是生命"（原香港华光功德会）、香港国际无国界梦想成真基金会、香港九龙东区扶轮社、香港伊斯兰教联合会、

英国语言会有限公司等 10 多个海内外慈善组织建立了长期、友好、稳固的合作关系。十多年来，我们通过交流和合作，共吸纳、引进海内外慈善资金达 1.1 亿元人民币，在农村区域发展、"慈善水窖"项目建设、开发马铃薯种植业及畜牧业、医疗援助、孤残儿童援助等 10 多个领域开展了大量的工作，取得了十分明显的成效，得到了受援当地政府和群众的高度赞誉。

（访于 2010 年 8 月）

通过提升慈善项目的影响力来募集善款

程贻举

男，1942年3月出生，汉族，湖北武汉人。先后任重庆市人民政府副市长、市人大常委会副主任、民建中央副主席等职务。是第七、十、十一届全国人大代表，第八、九届全国政协委员，第十、十一届全国人大常委。现任重庆市慈善总会会长。

慈善是创建和谐社会的催化剂

——访重庆市慈善总会会长程贻举

记者：您从2006年4月担任重庆市慈善总会会长以来已经4年多，这4年来也正是中国慈善事业飞速发展的时期。请问您对"慈善"是怎么理解的？

程贻举：从中国传统文化的角度来理解，慈善应是在慈悲的心理驱动下的善举，是有同情心的人们之间的互助行为。而西方的慈善，可用四个字来概括，就是"利他主义"。

结合我国的发展现状，我个人认为，慈善还是创建和谐社会的催化剂。改革开放以来，我国城乡居民收入和生活水平普遍提高，但与此同时，我国贫富差距拉大已成为一个不争的事实，这种社会现象带来了不少社会问题和矛盾。面对这种现状，我感觉通过开展慈善救助和慈善宣传可以化解很多矛盾，能促进社会的和谐。我们积极发展慈善事业，帮助更多的穷人，

就能创造一个和谐健康的生存环境。我认为我们应该让慈善成为促进社会和谐的促进剂，慈善工作的重要意义也在于此。

记者：重庆市慈善总会已经走过15年的历史，请您简要谈谈重庆15年取得的成就。

程贻举：15年来，重庆市慈善总会始终坚持以人为本、扶贫济困的慈善宗旨，致力于改善和推进民生工作，围绕提高慈善公信力、增强慈善救助能力这一中心，在安老扶孤、扶贫济困、助医助学、应急赈灾等各方面努力工作，积极发挥社会保障体系的补充作用。

重庆慈善总会走过的这15年，是不断壮大队伍，逐渐扩大救助范围的15年。从成立之初一年只有几十万元的捐赠到今天全市慈善系统一年几亿元的捐赠；从单一的救助项目，拓展到今天涉及扶贫、助学、赈灾、助医、新农村建设、扶老助孤等30多个慈善项目；从成立之初的每年受益人数几百人，发展到今天每年受益近百万人次。

此外，目前从市到区县、街镇、部分社区（村）已经基本建立完善的慈善组织网络。目前全市41个区县都成立了慈善会，在乡镇、街道建立了"稻草援助中心"为代表的基层慈善工作组织540余个，让困难群众能及时有效得到救助。

15年来，重庆慈善事业已成为社会保障不可缺少的组成部分，得到了社会各界的充分认可，多次受到民政部、中华慈善总会和重庆市委、市政府的表彰。重庆慈善总会15年所取得的成绩，是与中华慈善总会的支持和关心，与重庆市委、市政府大力推动指导分不开的，是社会各界积极支持、民众参与、媒体大力宣传的必然结果，同时也凝聚了慈善工作者的辛勤付出和不懈努力。我们要更加努力工作，更深入地宣传慈善，募集更多善款，资助更多困难群众，开创重庆慈善更加美好的未来。

记者：慈善事业的第一要务是透明，只有得到了公众的信任和认可，慈善组织才会有生命力，请您介绍一下重庆慈善在这方面有什么独到的做法？

程贻举：首先，重庆市慈善总会在管理上引入市场机制，建立长效机制,坚持依法行善,强化慈善监督机制,建立和完善了一系列规章制度,促进机构运行正规化、规范化,依法维护捐赠者、受助人的合法权益。其次,为了维护慈善的公信力,我们在报纸和网站上公布善款接收及开支情况,成立总会监事会,定期向理事会、监事会报告工作,做到了透明慈善、公信慈善,赢得了良好的信誉,树立了良好的公众形象。

为了让慈善理念逐渐深入人心,我们还与本市各新闻媒体合作,开展了一系列慈善宣传活动,形成强大宣传声势。同时我们努力探索慈善事业发展方向,重视慈善理论研究,举办了在全国有一定影响的慈善事业发展研究论坛,研究成果显著,影响广泛,受到社会各界好评。

记者: 慈善活动归根结底离不开慈善项目的实施,在您看来,重庆市慈善总会开展了哪些有影响、有特色、有成效的慈善项目和品牌?

程贻举: 重庆慈善总会紧紧围绕政府"应急、赈灾、扶贫济困"等项重点工作,在完善社会保障体系等方面发挥着重要的作用。一是组织了强有力的赈灾活动,如2006年的旱灾,2007年罕见的洪灾,2008年的冰雪灾害及"5·12"汶川抗震救灾,今年的玉树抗震救灾等,全市慈善系统共募集赈灾款物6亿多元,及时给灾区人民以援助,为灾区恢复生产和重建作出贡献。二是元旦、春节期间"慈善情暖万家"慰问活动,为城乡低保家庭、优抚对象、特困民警、环卫工人、特困人员等送去慰问金及过冬衣被、毛毯、节日大礼包等,仅2008年和2009年募集专项救助金1000多万元。三是开展的助学活动项目,独具特色,成为影响广泛的慈善品牌,助学活动开展10余年,通过"托起明天的太阳"、"为希望续航"、"岗位助学"等助学项目,资助贫困家庭中小学生和贫困家庭大学新生等。近几年已投入资金3600多万元,资助市内、市外大、中、小学生1.8万人次。四是助医项目救助范围不断扩大,得到全社会普遍关注。除配合中华慈善总会做好"微笑列车"、"格列卫"、"多吉美"、"易瑞莎"等项目工作开展外,重庆市慈善总会还与本市多家医院合作,独立开展了救助先心病儿童的"护苗行动"、划拨专项资金救助白血病患儿,与重庆中山医院、爱德华医院合作开设了"慈善门诊",为贫困家庭妇女开展免费体检活动等，助医资金达 6000 多万元，为数万困难群众送去了健康，让他们得到了实惠。五是建立了一支招之即来、素质较高、应变能力较强的重庆慈善志愿者队伍。

此外，我们还利用慈善"双日捐"所募善款建立了市级特困群众应急救助基金。建立慈善长效机制，建立 10 余个留本冠名企业慈善基金，其中两笔最大的留本冠名基金各为 6000 万元，提高了重庆慈善的社会救助能力。

（访于 2010 年 8 月）

王长连

男，汉族，1946年8月生人，河北吴桥人。先后担任中共北京市西城区区委副书记、区长、西城区区委书记，北京市政协副主席等职务。现任北京市慈善协会会长。

为首都慈善事业的发展贡献力量

——访北京市慈善协会会长王长连

记者： 北京市慈善协会是我国建立较早的一个慈善组织，请您介绍一下北京市慈善协会的大体情况？

王长连： 北京市慈善协会成立于1993年11月6日，第一届会长为原全国人大常委会副委员长何鲁丽。目前各个区县相继成立了区县级慈善协会，形成了覆盖全市的慈善工作体系，发挥了慈善组织在社会保障体系中的重要的补充作用。

北京市慈善协会积极筹措善款，致力于扶贫济困。截至2009年底，北京市慈善协会共募集捐款3.58亿元，救助26万人次（户）困难群众，支援2000余家社会福利机构，开展了五大救助项目。还圆满完成了1998年抗洪抢险、2004年印度洋海啸、2008年南方冰雪灾害、汶川地震、西南抗旱、玉树地震等一系列重大救灾募捐任务。

此外，北京市慈善协会紧密结合各项慈善活动，精心策划和设计开展宣传工作，提高了协会的社会影响力，扩大了协会知名度，营造了良好的社会慈善氛围。

记者： 募集善款是做好慈善工作的前提，也是发展慈善事业的关键所在。请问北京市慈善协会在通过多种渠道、多种形式开展募捐活动方面有哪些值得借鉴的经验和做法？

王长连： 我们一直在积极探索建立募捐工作平台和长效募捐机制。首先，大型募捐活动已经成为市慈善协会的一张名片。自2005年市委书记刘淇同志三次来市慈善协会调研，并确定了每年"七一"期间开展"共产党员献爱心"捐献活动，5年来，年年在固定时间、全市发动，品牌效应强烈。特别是今年，接收捐款近5083万元，创历史新高。二是与民主党派、有关社会团体、有实力的企业、有关的海外慈善机构联系，建立了9个专项慈善基金。此外许多区（县）还开展了"七个一"、"一元捐"等募捐活动，即企业销售一件商品捐赠相应善款，我们探索建立长效募捐的机制，这样既可以减轻企业负担，又可以扩大宣传，激发企业的社会责任意识。

记者： 慈善事业的发展离不开慈善项目的实施，良好的慈善品牌项目是困难群众获得救助的关键，也是一个慈善组织获得成功的关键。北京市慈善协会有着一批公信力强、救助效果好、社会影响大的慈善品牌项目，请你介绍一下？

王长连： 从困难群体最急需解决的问题出发，积极开发新项目，打造新的品牌救助项目，是每一个慈善组织发展和前进的基础。北京市慈善协会针对不同人群不同层次的慈善需求，确定了对贫困老年人、贫困家庭学生、残疾人、患病青少年儿童和遭遇突发事件家庭（个人）的五大救助项目。

一是"慈善医疗卡"助老项目。向北京市年满60岁的低保老人每人每年发放一张价值500元的慈善医疗卡。自项目实施，我会共向15万余名老人发放了医疗卡，总金额近8000万元。

这是目前投入资金最多、受益人数最广,并且成为北京市第一个惠及全体低保老人的慈善救助项目。此外还开展了"慈善助老送温暖"、"慈善送光明"项目等。二是"爱心成就未来"助学项目。对北京市低保及低收入家庭的学生给予金额不等的资助。三是"献出你的爱,让肢残者站起来"助残项目,为部分低保贫困残疾人免费安装假肢。并与市残联合作免费为低保特困残疾人家庭进行无障碍设施改造,还发放了一批轮椅。四是"为生命续航"助医项目。为低保和低收入家庭患有风湿性心脏病及冠心病的成年人、患有先天性心脏病、血友病、唇腭裂的儿童以及身患慢性粒细胞白血病、胃肠道间质肿瘤、晚期肺癌、晚期肾癌、肺动脉高压的符合救助条件的患者免费实施手术或提供药物治疗。五是"对特殊困难家庭(个人)实施临时救助"项目。此外,我们还对一些贫困地区、福利机构和贫困学校给予一定的资助,帮助其改善教学条件。

与此同时,我们还组织落实了中华慈善总会"微笑列车"、"格列卫"、"依瑞莎"等救助项目。

记者: 应急救助一直是我国慈善救助的一个软肋,但是我们知道北京市慈善协会在这方面却有着不同于一般的创举?

王长连: 为解决百姓生活中因大病或突发性事件造成的特殊经济困难,遵循"救难、救急"和"雪中送炭"的原则,我们设立了"春雨"应急救助专项基金。对北京市遭遇重大疾病、意外灾害等突发事件造成生活困难的个人和家庭尤其是少年儿童进行救助。

"春雨行动"捐赠活动中,我们建立捐赠善款的长效机制,建立多个专项基金。捐赠单位承诺将善款分3至5年捐赠,这样既减轻了企业的一次性负担,又为救助项目提供了长期的资金支持,确保了慈善事业的可持续发展。去年10月底开始,"春雨行动"共应急救助专项基金近1000万元,救助1150余户(人)因危重病、突发性事件造成生活特别困难的家庭(个人)。

记者: 对于北京市慈善协会下一步的工作,您有何构思和展望?

王长连：要抓住机遇，促使北京市慈善事业更快更好地发展，我认为应着力抓好以下几项工作。

首先，要积极争取各级党委和政府的支持。各级党政领导的重视、支持和参与是发展慈善事业的根本保证。慈善事业的发展，首先得益于良好的社会环境和政策环境，得益于各级领导的高度重视和大力支持。我们会一如既往地发挥慈善组织的主动性，开拓进取，扎实工作，以好的工作业绩赢得党和政府对慈善事业的重视和支持，不断优化慈善事业发展的政策环境。

第二，要加强慈善宣传工作，使慈善理念深入群众、深入人心。引导更多的人参与公益慈善事业、承担更多社会责任。还要加强慈善理论学习和研究，提高慈善理论水平，推动创建首都文明城市。

第三，要继续探索建立经常性募捐平台和募捐长效机制。完善慈善机构网络，增加透明度，强化我会的公信力和社会影响力。

第四，要加强自身建设，努力提升专业化、职业化水平。

要完善各项规章制度和工作程序，运用现代科学管理理念和手段，提高组织管理水平和运行效率。要逐步建立一支相对稳定、素质较高的专业工作队伍；同时加强志愿者队伍建设，使慈善理念更加深入群众、深入人心。还要加强慈善理论学习和研究，提高慈善理论水平。

此外，我们还要与时俱进，打造全新救助项目，为困难家庭群众解决实际困难；要加大宣传力度，不断推进慈善事业社会化进程；扩大交流与合作，加强同兄弟省市、国外的交流与合作，学习借鉴国内外的先进经验；要努力推动慈善法规、政策的完善，毕竟健全的法制环境是慈善事业健康发展的保障。

（访于2010年8月）

男，1937年生，汉族，湖南临湘人，大学，先后任长沙市长、湖南省财政厅长、湖南省委常委、副省长，湖南省人大常委会副主任、湖南省政协主席等职务。

2006年12月至今任湖南省慈善总会会长。

王克英

慈善是构建"和谐湖南"的"助推器"

——访湖南省慈善总会会长王克英

记者：慈善事业的发展关系到和谐社会的建设，湖南的慈善事业在湖南和谐社会建设中作用如何？

王克英：慈善事业可以调动社会资源用于帮助困难群体，改善社会民生，对和谐社会建设的促进作用是明显的。

近年来，随着富民强省步伐的不断推进，湖南的慈善事业得到不断加强和发展。慈善文化广泛传播，慈善工作越来越得到全社会的认同，慈善组织和慈善工作队伍不断壮大，志愿服务蓬勃开展，募捐救助成效明显。以省慈善总会为例，最近5年来，共接收社会各界捐赠9.8亿元，救助社会困难群众312万人次。不少受助群众感觉，慈善与关爱就在自己身边。

可以说，湖南的慈善事业起到了为社会保障体系提供补充的作用，已成为构建"和谐湖南"的重要"助推器"。

记者： 法律法规、相关政策以及财政支持是推动慈善事业发展的重要力量，也是促进和谐社会建设的重要手段。请问湖南在这一方面有何举措？

王克英： 湖南省委、省政府将慈善事业放到构建"和谐湖南"的高度，从制定地方性慈善法规、出台政策、财政支持等多个方面积极支持。

2006年4月湖南省委办公厅、省政府办公厅下发了《关于加强和规范慈善工作的通知》，以省两办的名义下发类似的通知，当时在全国是创新之举。

2009年，省人大将《湖南募捐条例》列入地方性立法计划。经反复征求社会各方面的意见，该《条例》草案已于2010年7月省政府常务会议审查通过，目前正提交省人大常委会进行审议，将在年底前出台。《湖南志愿服务条例》也已被省人大列入了2010年地方性立法计划，目前正在草拟文稿并进行相关的调研，有望在2011年上半年制定出台。

省财政从2007年开始列入预算每年拨付一笔资金作为省慈善总会慈善基金，并每年拨付慈善办所需的工作经费。

2007年1月、2009年2月两次以省政府的名义召开湖南慈善大会，时任省委书记张春贤在会前会见与会代表，时任省长周强出席会议并讲话。两次大会还对慈善工作先进单位和先进个人进行了表彰。高规格的湖南慈善大会在社会上反响强烈，有力地推动了湖南慈善事业的快速健康发展。

记者： 慈善救助是政府社会保障体系的补充，可直接帮扶困难群体。请问湖南在慈善救助方面是怎样的情况？

王克英： 湖南实施慈善救助包括扶贫济困、助老扶孤、助残助医、助学支教以及慈善赈灾等多个方面。

慈善救助的方式一是实施项目救助，如省慈善总会现在开展的救助项目达20多个。其中"金叶慈善医疗卡"项目，从2006年以来，先后接收省烟草专卖局系统捐款4700万元，资助贫困患病对象9.2万人次；其他如"爱心改变命运"助学项目、"微笑列车"项目，长沙的"慈善助学"、"强生助孤"项目，岳阳的"特困家庭大病救助基金"项目均取得良好效果。

二是开展志愿服务。目前全省慈善志愿服务队伍有100多支，慈善志愿者注册人数达21万多人，慈善志愿者通过开展各项志愿服务，使近100万人次的社会困难对象和心理、精神障碍对象得到帮助。

三是鼓励社会爱心人士开展慈善救助。如常德市的杨绍军，自费创办阳光福利院，12年来累计收养社会孤儿260多名，其善举感动了省内各界。

记者：赈灾不但是政府救济工作的有益补充，也关系到和谐社会的建设，能否具体谈谈湖南省慈善总会在慈善赈灾方面的作为？

王克英：湖南是自然灾害多发省份，开展慈善赈灾是省慈善总会的重要工作之一。在多次省内外重大灾害面前，省慈善总会积极协助民政部门开展省内募捐，以省慈善总会办公室工作人员为主，组成省赈灾募捐办公室，深入开展赈灾劝募工作。如代省政府草拟并下发有关开展募捐的紧急通知，联合湖南电视台开展诸如《爱心大融冰》、《爱心总动员》等大型赈灾募捐晚会，按捐赠者的意愿组织捐赠仪式，认真细致接收每一笔捐赠款物，指导省内慈善组织规范开展募捐工作。

在2006年湘南洪灾、2008年冰冻灾害和四川汶川地震灾害，以及今年玉树地震灾害等重大自然灾害的赈灾过程中，我们和全省各级慈善组织共募捐赈灾款物18亿多元，用于抗灾和灾后重建。对接收的每一笔赈灾捐赠款物，我们都予以公示并公布其去向，接受群众监督和审计监督，无一差错。慈善赈灾工作得到了省委、省政府的充分肯定。在2008年抗击冰冻灾害赈灾工作中，省慈善总会办公室2人被省政府记一等功，4人记三等功，省慈善总会办公室党支部被省直机关工委授予"抗冰救灾先进基层党组织"。

记者：慈善宣传工作可促进慈善意识普及，达到社会教化的作用。湖南省慈善总会在这一方面的工作有哪些亮点？

王克英：我们一直都非常重视慈善宣传工作。在开展慈善宣传方面，一是注重争取省委宣传部的支持，由省委宣传部一名副部长担任省慈善总会副会长，具体指导和协调慈善宣传工作。2008年3月我们争取省委宣传

部下发了《关于进一步加强全省慈善宣传工作的通知》,对全省各级宣传部门和新闻媒体如何开展慈善宣传提出明确具体的要求。

二是邀请省内主要新闻媒体负责人担任省慈善总会理事,让他们利用自身的影响,发挥自身所在媒体的优势开展慈善宣传。

三是与新闻媒体合作开展慈善项目,将救助项目与慈善宣传紧密结合。如我们与湖南经视连续 8 年合作开展"爱心改变命运"助学活动,每年由湖南经视对活动全程进行专题报道,使这一活动取得了良好效果。

四是注重慈善典型的宣传。我们以省政府的名义对在慈善捐赠、救助以及慈善志愿服务方面的先进典型进行表彰,同时在新闻媒体上不定期推出慈善典型并予以大力宣传。对慈善典型的表彰和宣传带动了整个社会慈善意识的不断提高。

目前,湖南新闻媒体开展慈善宣传的积极性和主动性都较高,社会慈善氛围日益浓厚,公众的捐赠积极性不断高涨。如在长沙地区,慈善捐赠意识深入人心,市慈善会每年开展的"慈善一日捐"活动,均得到广大干部职工的积极响应。截至 2010 年 7 月底止,长沙的慈善基金累计已达 3.5 亿元。

(访于 2010 年 8 月)

男，1956年12月生，汉族，四川乐山五通桥区人，中共党员。1975年8月参加工作，先后担任乐山市市长助理兼中共彭山县县委书记、乐山市委副书记、市长等职务。2004年12月至今任四川省民政厅党组书记、厅长。2001—2005年任四川省乐山市委副书记、市长。第十届全国人大代表，四川省第十届人大代表。现为四川省慈善总会常务副会长。

黄明全

慈善事业是保障民生的重要方面

——访四川省慈善总会常务副会长黄明全

记者：谈到四川的慈善事业，人们第一时间想到的就是汶川大地震的救灾和灾后重建工作。作为四川省民政厅厅长和省慈善总会常务副会长，您和您的队伍在5.12特大地震之后经历了一次严峻的挑战和考验。请问四川省慈善总会共接收多少汶川大地震的抗震救灾捐助？救助了多少受灾群众？在监管、使用这些资金方面做了哪些工作？

黄明全：汶川地震发生后，我会全体人员密切配合，投入到抗震救灾工作中，发挥了慈善组织在救灾工作中的补充保障作用。截止2008年12月31日，四川省慈善总会共收到社会各界捐款38.20亿元，物资达13万余吨。2009年我会结合全省灾区灾后重建的实际情况，向社会各界再次发出了倡议，加强与国内外、境内外慈善机构、爱心企业和社会各界爱心人士联系，积极筹集灾后重建资金，2009年期间又募集到重建资金2.9亿元，

截止2009年12月30日，共为"5.12"地震灾区筹集资金41.30亿元。省慈善总会直接与受灾地区签订灾后重建项目达1000个，救助灾区群众约计2000万人次。

记者： 在这种"井喷"式的慈善捐赠热情面前，怎样管好、用好救灾款物就成了万众瞩目和关心的问题，这也是对慈善组织公信力的一个考验。请问四川省慈善总会在监管、使用这些资金方面采取了哪些积极的举措？

黄明全： 为了保证捐赠工作的有序进行，规范抗震救灾捐赠款物接收管理，我们首先是迅速充实完善规章制度。先后制定了《抗震救灾捐赠款物管理实施办法》，向各市、州慈善会下发了《关于加强抗震捐款使用管理的通知》，规范了操作流程，加强了捐赠款物接收和使用的透明度。及时以省民政厅、省工商局、省慈善总会三家名义向社会发布了《关于加强和规范抗震救灾义拍、义卖行为的通告》，以正确的舆论引导，规范了捐赠市场秩序，依法接收捐赠，保证了全省抗震救灾工作的有序进行。二是坚持捐赠款物接收和使用公开，提高透明度。坚持每天将捐赠款物数量、去向、库存等向审计厅及有关部门报告，并将每天的捐赠情况通过电视、电台、报刊和互联网公示，自觉接受审计部门的审计和纪检、检察机关以及社会各界的监督。三是完善了捐赠接收工作。根据捐赠人反映捐赠资金未及时公示的问题，立即查找原因，完善和改进工作。通过省纪委派来的社会监督员，反映汇总捐赠款物的接收、登记、审批、分拨等到各个环节的意见和建议，进行认真分析研究，采纳合理化建议，适时制定整改措施，不断完善捐赠工作。

同时，我们还规范了抗震救灾资金管理审批程序。对于定向捐赠资金，根据捐赠者的意愿，按照捐赠人的定向捐赠函，由分管领导审核，主要领导审批后拨付。用于修建学校、福利设施、医院等建设项目的捐赠资金，为保证项目的有效实施，在与受助地区的相关部门取得联系后，以项目管理的方式逐笔签订协议，再根据项目实施的进度分批下拨。针对非定向捐赠资金，由我会提供收到的捐赠资金数量，根据受灾地区实际情况和重点

使用方向，提出资金分配方案，按省委、省政府规定的程序，报分管省领导审批后拨付。

对于赈灾物资采购资金的使用，由省民政厅抗震救灾领导小组物资采购组根据灾区的实际需求，报采购计划，注明物资品名、数量，经分管厅领导批示后，执行采购任务。此外，我们还组织社会监督员、大学生志愿者抽查了7个重灾区的37个重点项目，并形成了专题报告，提出了整改意见，保证了灾后重建项目的顺利实施。

记者：您自2005年1月担任四川省民政厅厅长、省慈善总会常务副会长5年来，可以说是四川慈善事业飞速发展的一个阶段，对四川省公益慈善事业的发展，您主要抓了哪几个方面的工作？

黄明全：慈善事业是保障民生的重要方面。一是把慈善工作纳入民生保障工作重要议事日程，在调查研究的基础上，形成了《关于加强和规范慈善工作的意见》，通过省政府转发各地执行。这个文件的出台成为我省今后一个时期发展慈善事业的重要政策依据。二是高度重视慈善工作的法制化、制度化建设，为进一步加强管理，促进慈善行为的透明和规范化，我们在《公益事业捐赠法》的基础之上，建立健全了多种规章制度，实现了依法建制、依法管理。三是指导各地建立慈善组织机构。目前，全省21个市（州）、181个县（市、区）全部成立了慈善会，形成了省、市（州）、县（市、区）三级慈善组织网络体系。四是积极申请捐赠税前扣除资格认定的资格，使我会自2008年度起，成为全省首批具有捐赠税前扣除资格的社会团体之一，大大提高了公众的捐赠热情。五是积极为慈善总会配备人员编制，保证了总会日常工作顺利开展。六是树立"四川慈善"品牌，强化慈善宣传工作，传播慈善文化，营造慈善氛围。七是积极开展慈善活动，有效实施慈善救助项目。2005年以来组织仅帮困助学活动就使全省6万余名寒门学子梦圆大学；此外还实施"微笑列车"项目，为全省近7000名贫困唇腭裂患者免费实施矫治手术；实施"格列卫"项目，为全省405名相应的贫困患者提供总价值达1.6亿元的免费药物援助；通过与中华慈

善总会合作运行"慈善医疗济困行动",在 2008 年、2009 年两年中,为全省相关医疗机构捐赠价值 2 亿元的医疗设备。

记者: 四川慈善事业的发展最主要的困难是什么?您将带领四川慈善工作者如何应对?

黄明全: 四川的慈善事业起步晚,底子薄,就现在而言,主要有四个方面的困难:一是保障慈善事业科学发展的建章立制工作不够完善,仍然存在一些问题。二是实现科学发展的募集工作有待进一步改进。除为数不多的慈善会外,四川各地慈善组织善款募集能力都还较弱。三是慈善宣传工作有待进一步提高。四是四川慈善总会永久性慈善基金严重不足,缺乏稳定的经费支撑,特别汶川特大地震的灾后重建工作是一个长期的工作,需要花费大量人力、物力。灾后重建项目按项目进度和捐赠人的要求,都需要经常赴项目实施地监督、检查,省慈善总会接收的抗震捐款中大部分为定向捐款,加之抗震救灾资金又不能提留作为基金。由于没有足够的工作经费,严重制约、影响慈善工作的顺利开展和慈善事业的发展。

面对如此严峻的发展形势,我们首先要加强对慈善事业的领导,切实解决发展慈善事业面临的具体政策问题。一要加强组织领导,争取各级党委、政府积极制订鼓励慈善事业发展的具体政策措施。对各级慈善组织机构,要争取当地政府在多方面的支持,增加政府对慈善事业的投入。其次要建立健全各级慈善机构及服务网络,大力发展社区基层慈善服务机构,并逐步建立规范的制度及程序。三要加大对慈善事业的宣传力度,引导社会更多的有志于慈善事业的人参与慈善公益服务。四要设立四川省慈善总会永久性慈善基金,以保证我省慈善事业长久和稳定地向前发展。

(访于 2010 年 8 月)

徐山林

男，1935年10月生，陕西安康市人。先后担任陕西省人民政府常务副省长、省人民代表大会常务委员会常务副主任。现任中共陕西省决策咨询委员会主任和陕西省慈善协会终身名誉会长。曾在陕西省慈善事业十年庆祝大会上荣获"慈善功勋奖"。此外还获得"中华慈善事业突出贡献奖"、并被授予"全国优秀慈善工作者"荣誉称号。

上善若水　慈济陕西

——访陕西省慈善协会会长徐山林

记者：我们了解到陕西省慈善协会的成立，缘起于您一段感人的遭遇，请您介绍一下陕西省慈善协会的成立过程？

徐山林：1995年春节前，我代表省委、省政府到西安郊区某工厂慰问困难职工。走进一户工人家中，家中的惨状让我顿时愕然：这家的女主人在丈夫病逝后，厂里安排她当门卫，但是300元的月薪仍然保障不了3口之家的最低生活标准，生活极其困难。当时的情景催人泪下，深深地触动了我的心。我送上了政府捐助的600元补助款，又掏出了自己的600元交给女主人。

这件事对我触动很深。由此，我萌发了建立一个"以爱心为动力，以捐献为手段，以自愿为原则，以互助为目的"的社会慈善组织的想法。后来我找省民政负责同志商量此事，他们十分赞成，支持我牵头把陕西的慈

善协会搞起来。这一年我将满60岁快退休了，我倡议成立慈善协会的事，获得一批退休老同志的大力支持，纷纷报名参加。在筹备过程中还有数百位各界爱心人士和社会团体踊跃报名参加。1996年7月28日，第一届会员代表大会召开，宣布陕西省慈善协会正式成立，我被推选为会长，与一批志同道合的老同志投身了慈善事业。

记者：在今年年初2009陕西慈善榜评选活动时，您在接受有关媒体采访时曾提出现在"陕西慈善进入最好发展期"，为什么这么说？

徐山林：陕西省慈善协会成立14年来，累计已募集资金（包括物资折价）5.7亿元，受益群众600多万人。经过十几年努力，目前陕西的慈善事业已步入了健康发展的轨道。慈善组织网络已经初步形成。目前11个市均已成立了慈善组织。全省95%的县、市、区和60%的乡镇成立了慈善组织，四级慈善组织已经基本形成网络。

在实际工作中，我们经过十几年的摸索，走出了一条符合陕西实际的救助路子。根据陕西地理环境特点和贫困人群的实际需要，我们慈善工作的重点是："南桥"、"北水"、"两扶"、"三助"。"南桥"就是在雨多、山多、河多的陕南偏僻贫困山村帮助修建便民桥；"北水"，就是在干旱、少雨、缺水的陕北贫困农村帮助修建储水窖；"两扶"，就是扶孤、扶困；"三助"，就是助学、助医、助残。截至2009年，我们已在陕南修建慈安桥599座，受益群众100多万人；在陕北修建储水窖5748口、建深水机井10眼，建人饮站17处，受益群众6万多人；资助贫困地区卫生院177所，服务受益群众约425万人；资助贫困学生2.5万千多名；资助修建中小学校147所；培训残疾人学习技能2308人，其中80%已经就业。此外还合作、引进一批医疗项目。

通过多种形式的宣传和大批慈善项目的社会效应，我们获得了社会公众的广泛支持。目前陕西捐款捐物数量逐年大幅增长，最近两年每年超过1亿元。此外，在慈善对外合作方面，我们也取得了很好成效。14年来，我们先后与多个国家及港澳台地区合作，联手开展了助学、助医、助残、

救灾等多个慈善项目，受益群众达50多万人。

记者：您从事慈善工作14年，亲历和见证了陕西慈善从无到有、从小到大的发展历程，请问你对慈善事业发展最深的感悟和经验是什么？

徐山林：首先要准确的自我定位。慈善事业是社会保障的补充、慈善组织是捐赠者和受助者之间的桥梁。从这个定位出发，我们的工作既要到位，又不能越位。工作中我们坚持三个面向：在资金募集上，面向社会、面向民间；在项目选择上，面向角角落落，注重拾遗补缺，不与国家的有关项目重复；在工作人员选择上，面向乐于奉献的志愿者。

其次要选择符合本省实际的慈善项目。为此我们确定了三条原则：既要尽力而为，又要量力而行；突出重点，不搞面面俱到；有限资金，有效利用，力争取得最佳效果。我们确定的"南桥""北水"，"两扶""三助"的慈善项目，就是在这三条原则指导下的选择。它抓住了济贫解困的重点，又具有覆盖面大，效果显著的优点，目前已成为社会各界踊跃参与和大力支持的著名慈善品牌。

第三，应该全面开发资金、物资、人力三大慈善资源。除了资金和物资之外，慈善事业还应该重视慈善的人力资源。为此，我们专门召开了一次全省志愿者工作经验交流会，目前这一工作正在蓬勃开展，预计年底全省慈善志愿者将达到5万多人。

第四，要不断完善各项制度建设。14年来，陕西省慈善协会不断改善工作制度，取信于社会，严格履行对捐赠者的承诺，接受捐赠者监督，负责向捐赠者反馈结果；落实国家对捐赠者的税收优惠政策；善款使用，阳光操作，公开透明；严格捐赠资金管理，坚持每年审计，并向社会公布审计结果，接受社会监督。正是采取了这些严格措施，陕西省慈善协会在社会上树立了良好形象。

记者：作为一位慈善领域的资深人士，您认为目前我国慈善事业的发展最需要的是什么？

徐山林：中国慈善事业发展到今天，既有对传统的继承，又有对现代

的创新。

当代慈善呈现几大鲜明特征：一是平等性。她不再是少数富人的专利，而是人人可以参与的爱心奉献；二是无私性。她不追求任何回报，有的甚至不留姓名，完全出于对同胞的关爱；三是平等性。她不是富人对穷人的舍施，而是人际地位平等的同胞互助；四是开放性。她不再是封闭式的运作，而是面向公众的公益事业，接受一切有爱心人们的捐赠，包括世界各国人民的爱心援助。

当前我国的慈善事业受到党和国家的高度重视，正处在最好的发展时期。现在最需要做的工作是要从法律和制度两方面加以完善。法律方面，要从税收政策上对捐赠者实行鼓励和对遗产分配实施限制，促进更多的人将个人财富投入慈善事业；制度方面，要围绕善款的筹集和使用过程，包括资金监管，项目选择，建设监督，建成验收，事后反馈，接受审计等方面加以完善，以提高社会大众的公信度。

（访于 2010 年 9 月）

沈根荣

男,生于1938年2月,浙江绍兴人,九三学社社员,1964年9月参加工作。先后任黑龙江省政协副主席、黑龙江省人大常委会副主任。第九届、第十届全国人大代表。2009年9月退休。2010年5月至今任黑龙江省慈善总会会长。

营造"人人可慈善"的良好社会氛围

——访黑龙江省慈善总会会长沈根荣

记者: 据我的了解,黑龙江省的慈善意识深入人心,在多次重要募捐活动中,公众参与的热情与积极性很高,能否介绍一下这方面的详细情况?

沈根荣: 为鼓励广大民众、机关团体、企事业单位等社会各界踊跃投身慈善事业,我们借助民政部和中华慈善总会各类评比表彰活动开展的有利契机,将代表性强、贡献突出的机构、个人、项目予以推荐,并于2007年联合《生活报》推出了"情系黑土、恩怀龙江"慈善晚会,评选出我省"十大慈善人物"和"十佳公益企业",通过选树典型,鼓励倡导乐善好施的慈善义举,营造了"人人可慈善"的良好社会氛围。

在2008年汶川地震抗震救灾工作中,全省人民积极行动,我会共接收捐款4.52亿元,是历年来我省参与捐赠人数最多、捐赠范围最广、捐赠数额最高的一次。此后,在台湾"莫拉克"风灾、海地地震、西南旱灾、

玉树地震等专项捐赠活动中，我们陆续接收到来自社会各界捐款5000余万元，充分展现了黑龙江人民心系灾区、扶危济困的高尚美德。

同时，我省各有关部门也积极为慈善事业补助工作经费，省财政厅每年全额下拨省社会捐赠管理中心办公费和人头经费，不动用善款及其增值部分，使有限的资金全部用到社会救助事业上；省福彩公益金每年支付50万元用于设立"苯丙酮尿症患儿救助基金"，对1～6岁的贫困苯丙酮尿症患儿实施长期救助，现已落实资金200万元，救助患儿122名，确保了慈善各项工作的有序开展。

记者：单位、机构和个人参与慈善事业的积极性很高，应该和宣传力度分不开。

沈根荣：宣传方面，我们用"立体化"的方式传播慈善理念，营造了全社会良好的慈善氛围。

以活动促宣传的效果很好。2008年，结合跨省营救长春产妇尹小娇事件，我们主动争取，成立了省内第一家由媒体倡导发起的"黑龙江省慈善总会龙广爱心基金"，在全省13个市地举行了"爱在春天"系列慈善歌会，共筹款2282.4万元。我们还联合省广播电台走进8所高校，组织了"承载责任、呼唤爱心"为主题的大学生讨论会，强化了青年学子的慈善意识。2009年，与黑龙江省报业集团、新闻夜航、北京丑小鸭卡通艺术团等团体联合开展纪念汶川地震一周年慈善晚会，上演大型励志舞台剧《丑小鸭》，开展慈善文化宣传。

第二是借项目助宣传。2008年，我们组织了"微笑列车"、"苯丙酮尿症基金"受助对象回访和救助项目宣传活动，在《黑龙江日报》、"新闻夜航"、"感动"等媒体栏目进行了5次免费实施唇腭裂矫正手术系列宣传，来人、来电咨询千余次。省电视台、省广播电台以"明亮的心"为题对心脏病患儿救助手术进行全程直播。同时，为打造"爱心车票"品牌项目，今年年初我们与《生活报》"王帮办"栏目组合作推出了连续15期宣传报道。

此外，我们以公示带宣传。我们借助网络专栏、报纸专版、电台滚动字幕、捐赠快报简报等多种形式公布捐赠款物的来源、数目、种类和去向。尤其针对"5·12"赈灾捐赠款物的公示工作，我们依据相关精神，召开了由7个单位、11家新闻媒体参加的全省"5·12"赈灾捐赠款物管理使用情况信息发布会，向社会通报了我省捐赠款物接收、管理、使用和监管情况，自觉接受社会各界监督。

记者： 宣传做得好恐怕还不够，慈善意识的普及还需要让公众了解到它的实际效果，请问黑龙江在这方面是如何做的？

沈根荣： 我们将救助工作项目化，致力于打造具有品牌效应的救助项目。

助医赠药项目是我们一个品牌项目。我们主动同国内外企业和慈善组织建立联系，引进了9个助医赠药项目，累计争取资金1.17亿元，救助患者6300余人。2009年初，我会与邮储银行黑龙江分行联合开展了"邮储送光明行动"，募集善款54万元，为我省540名贫困白内障患者提供了免费矫治手术，并与省内武警黑龙江省总队医院、黑龙江康元神经专科医院和哈尔滨长安医院等多家医疗机构建立起长期合作关系，新增"关爱女性健康"、"真爱呵护心灵"和"关爱男女健康免费体检工程"等助医项目，累计投入资金530余万元，救助患者8300余名。今年的三八妇女节前夕，我们联合省妇联、黑龙江维多利亚妇产医院推出了"关爱女性慈善医疗安康工程"，对外来务工女性给予医疗优惠，项目现已投入资金33万余元，救助患者近万人。

此外，助学助教项目的品牌效应也很好。"爱心车票"开展4年来，已成为我省具有一定社会知名度的慈善品牌项目，累计募集善款50多万元，为3100名在哈就读的贫困大学生购买了春节返乡的车票。2009年，我们与黑龙江省电力有限公司、玛克威实业集团、英国联合食品集团合作，设立了"夜航助学基金"、"玛克威助学基金"和"英联教育基金"，募集善款250万元，建立起专项助学资助平台，每年帮扶贫困学子百余名。同时，

我们自2006年起实施瑞典"希望之星"教师培训项目，共投入资金165万元，为520名贫困地区教师提供了免费接受高水平培训的机会。

记者：在募捐方面，黑龙江有何独到的经验？

沈根荣："募捐社会化，建立资金募捐长效机制"是我们工作的重点。

我们尝试创新资金募集形式。2009年初，我会与中国建设银行黑龙江省分行签订了《全面合作协议》和《爱心捐款箱协议》，充分利用其覆盖面广、公信力强的优势，在全省220个建行营业网点设立了爱心捐款箱，张贴慈善标识，有效提升了慈善捐赠工作的社会影响力。今年年初，我们与省直机关工委合作在省本级启动了"慈善一日捐"活动，动员号召广大省直机关及直属事业单位干部职工踊跃参与，短短一个月的时间就筹集善款805万元。

此外，我们开展了形式多样的募捐活动。我会逐步建立了426个"慈善超市"和2000个经常性捐助站点，推动了经常性捐助活动的开展。此外，"送温暖、献爱心"活动、"慈善解困助学"书画义捐义卖活动、"北方哈博"爱心直通车——著名书画家作品义拍活动，等等，在黑龙江深入人心。

（访于2010年9月）

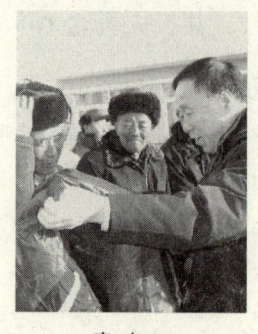

男，1946年8月生，辽宁省沈阳市人。先后任辽宁省民政厅党组副书记、副厅长、巡视员；2007年10月任辽宁省慈善总会副会长，现任辽宁省慈善总会常务副会长。

李忠田

打造儿童大病慈善救助品牌

——访辽宁省慈善总会常务副会长李忠田

记者：据我的了解，辽宁省慈善总会非常重视儿童大病慈善救助工作，能否简单介绍一下这方面所取得的成绩？

李忠田：多年来，辽宁省慈善总会在儿童大病救助方面，面对项目运作难度大、救助额度高等实际困难，敢于探索，勇于创新。2009年，在全省启动了"蓓蕾慈善救助工程"，为城乡低保家庭先天性心脏病患儿提供慈善救助。2009年和2010年，辽宁省政府每年投入1000万元，社会募集资金5000万元以上，已救助了先心病患儿700多名，到今年末可救助1000名，实现了"救助一个孩子，拯救一个家庭"的目标，该项目已成为重要慈善品牌项目。

记者：这一慈善品牌项目的背后，蕴含着怎样的现实需求？

李忠田：贫困家庭现实需求是实施蓓蕾慈善救助的原动力。辽宁省是

老工业基地，各类困难群众数量较多，全省城乡有低保和低保边缘户对象258.13万人。这些家庭大多贫病交加，仅靠低保金维持生活，治疗疾病尤其是重大疾病可以说是一种奢望。更令人痛心的是，这些原本贫困的家庭中有不少患有先天性疾病的孩子亟待救治，他们常常因家庭贫困无钱治疗而饱受病痛的煎熬，甚至错过最佳治疗年龄。

打造儿童大病慈善救助品牌

虽然我省已在城市和农村分别实施了新型农村合作医疗制度、城镇居民基本医疗保险，但相对于孩子高昂的医疗费用，基础医疗救助资金无疑是杯水车薪。据不完全统计，全省城乡低保家庭中仅患先天性心脏病的18岁以下少年儿童就达1500余名。省委、省政府领导对这一问题给予了高度重视，把救治这些患病儿童纳入重点民生工程，在全省全面启动实施，在省民政厅领导下，由省慈善总会负责项目实施。

记者： 辽宁省慈善总会如何将"蓓蕾慈善救助工程"做大？有何经验？

李忠田： 品牌建设是做大蓓蕾慈善救助的必需手段。为将蓓蕾慈善救助落到实处、做出成效，省慈善总会从项目运作之初就清醒地认识到，项目要做长久，必须要树立品牌，扩大影响，在项目实施过程中采取各种措施，外做宣传，内练功夫，将该项目打造成一个在社会上有广泛知名度和影响力的慈善品牌。

一是积极开展宣传。2009年4月份，我们在沈阳召开了辽宁省蓓蕾慈善救助项目新闻发布会，利用辽宁日报、辽宁电台、电视台等诸多媒体广泛地进行宣传。在宣传中，注意将项目的有关政策及救助对象、标准、程序等，通过新闻媒体和辽宁民政信息网予以公布，让更多的人了解此项目。

二是争取政府支持。我省各级领导非常关心和支持慈善事业，省政府把"蓓蕾慈善救助"作为省十大重点民生工程之一，并交与我会运作。2009年、2010年，每年省财政投入1000万元，有效地形成了"政府推动、民间运作、社会参与"的慈善救助模式。省民政厅等相关部门也高度重视。

三是加强规范管理。研究并制定了《实施方案》、《工作流程》、《就诊指引》、《救助标准》等相关规定和章程，明确了救助对象、标准和发放救

助资金、汇总公示等程序。对做完手术已领取救助款的患者，省慈善总会分批通过辽宁民政信息网公示，接受省审计厅和社会各界监督。

记者：仅仅依靠辽宁省慈善总会的力量，能否满足辽宁省大病儿童的需求？

李忠田：我省大病儿童群体数量多、救助所需资金大，仅依靠辽宁省慈善总会自身力量，难以完全承担。因此，多方合作是蓓蕾慈善救助的机制保证。

我们一是与各市、县民政局、各市、县慈善会合作，实现项目共同运作，分步实施。对象申报要通过各市慈善会进行资格审核，最后上报到省慈善总会；二是与各市慈善会救助相结合；三是确定医大一院、二院、四院、沈阳军区总医院、解放军第463医院、省人民医院等6家医院为项目成员单位，保证了手术质量和项目效果。

记者："蓓蕾慈善救助工程"是一个品牌项目，拥有极高的知名度，它的社会参与情况如何？

李忠田：贫困家庭患病儿童的命运牵动着全省人民的慈爱之心，省内社会各界通过各种方式踊跃参加蓓蕾救助活动，慈心为民、善举济困的传统美德正在弘扬。大连万达集团2009年捐款500万元与我会联合开展辽宁省慈善总会万达慈善关爱行动救助项目，对贫困家庭中14周岁以下患有白血病、尿毒症、再生障碍性贫血、恶性肿瘤四种重大疾病的儿童实施救助，截至目前已有212名患病儿童得到救助。大连市从2009年初由大连蓝波湾置业有限公司捐款200万元，定向做贫困家庭先心病患儿救助项目。已有144名患先天性心脏病儿童手术后出院，到年底将成功救治160名。对患病儿童手术治疗费用除省慈善总会救助一部分外，其余部分由大连市慈善总会给予全额报销。辽宁东立实业集团董事长韩东立获悉家乡抚顺患病孩子们的境遇后，尽管受到金融危机的严重影响，但仍然向"蓓蕾生命"救助工程捐出30万元。抚顺石化公司、抚顺矿业集团、清原漂流公司积极响应"企业万元捐"号召，分别捐赠10万元。抚顺市城区人口120万元，

有 57 万市民参与了"市民一元捐"活动,为"蓓蕾生命"救助募集 840 余万元,为项目顺利开展提供了坚实资金保障。

记者: 通过多年来的实践,"蓓蕾慈善救助工程"既实现了对大病儿童的救助,也形成了良好的社会声誉。作为实施这个项目的机构负责人,您认为,它带来的最大启示是什么?

李忠田: 实践证明,像省蓓蕾慈善救助项目这样,由政府投入推动,民间组织运作,社会各界参与,各个方面协作的运作模式展现了无限的生命力。

省蓓蕾慈善救助项目的成功实施,不仅使患病儿童获得第二次生命、低保家庭即将摆脱贫困。辽宁省蓓蕾慈善救助项目,被中华慈善总会评为全国突出慈善贡献奖。

但也要看到存在的问题,如救助面狭窄和救助病种单一等,我们有信心在今后的工作中逐步扩大大病救助的对象范围和病种范围,不断探索完善慈善救助机制,惠及更多的大病儿童。

(访于 2010 年 9 月)

1930年3月生,福建省连江县人。先后任中共福建晋江地委书记、泉州市委书记、福建省人大常委会副主任。是第七届全国人大代表,现任福建省慈善总会会长。

张明俊

多方筹集资金 精心打造品牌
扎实推进福建慈善事业发展

——访福建省慈善总会会长张明俊

记者: 福建省慈善总会成立于2002年,虽然成立的时间不算早,但是几年来福建的慈善事业发展却是非常迅速。请您给我们介绍一下福建慈善事业的发展和现状?

张明俊: 福建省的慈善事业,近几年发展较快。至今年6月,全省共成立县级以上慈善会54个,另有佛教慈善团体3个,共募集善款40多亿元。

福建省慈善总会于2002年8月22日成立。成立以来,我们一直把筹集慈善资金,不断充实慈善工作的实力作为工作重点,通过多种途径募集资金。至2010年6月底,省慈善总会本级累计募集善款(含物折款)12.6亿多元。

省慈善总会成立以来,以项目为载体,以困难群众和特殊群体为服务

对象，重点面向革命老区、少数民族地区和贫困山区，不断拓展服务领域，力求做到体现特色，突出重点，讲求实效，雪中送炭。至 2010 年 6 月底，共列支善款 12.1 亿多元（含物折款），开展了助孤、助残、助学、助医、扶老、救灾、帮困等救助活动，形成有特色的慈善项目，惠及上百万人；同时，开展对省外、境外重大灾害救助，取得较好的社会效益。

记者：我们知道，福建省拥有一批著名的企业家，诸如曹德旺、黄如论等，同时他们也是著名的慈善家。针对目前社会上关于中国企业家慈善意识不强的说法，结合工作中的实际情况，请问你怎么看？

张明俊：做慈善工作的物质基础是募集善款，没有善款，做慈善工作就是一句空话。就目前而言，注重发动和依靠企业家来筹集善款，还是我国慈善事业发展的主要来源之一。根据我在泉州市担任主要领导 8 年中与企业家打交道的体会，我国许多企业家并不像有些人所说的缺乏慈善意识，他们只要事业有成，赚了钱，都会积极回报社会。

在慈善工作中，我们要充分肯定企业家这种做善事的传统美德，为他们做善事尽可能提供便利，提供服务。同时，我们要充分尊重他们的爱心义举，坚持按照他们的意愿扎实做好捐赠项目的考察选择、落实和反馈工作，使他们收到看得见、摸得着的效果，取得他们的信任，争取他们更多的奉献。对作出突出贡献的企业家，我们又注重汇总他们的事迹上报，授予荣誉，并安排他们当名誉领导，与慈善会建立更密切的关系。

具体来说，福建省慈善总会重点动员的几位大企业家，如黄如论、曹德旺、林财龙等，都是省慈善总会的名誉会长，都为我省慈善事业作出重大贡献。我会已经实施 7 年多的"助孤工程"，资金基本上是黄如论先生提供的。曹德旺先生与我们联系也很密切。今年 4 月份，他变现自己在香港注册公司名下的 1 亿股股权，一次性把兑现的 9 亿元人民币巨款通过我会全部捐出。林财龙先生从 2006 年 11 月与我会签订协议，设立总金额为 5000 万元的"冠海慈善基金"，连续 5 年每年捐息 150 万元，现已执行 4 年，定向和不定向捐出 1100 多万元，超过协议规定的近一倍。

记者：福建省慈善总会除了在筹募善款上有自己的独到之处，在精心打造慈善品牌项目方面，也有很大成绩，有哪些深得公众信任、有影响力的慈善项目？

张明俊：福建省慈善总会确实扎扎实实地精心打造了一批慈善品牌项目。首先是"助孤工程"，于 2003 年正式实施。7 年多来，省慈善总会不断加强组织领导，实行统一的申报和审批制度，统一的助养标准，统一的资金管理和资金发放办法，逐年进行动态管理和年度评审，慈善组织上下联动，民政部门大力支持，有计划地扩大助养人数。截至 2009 年底，由我会直接助养的孤儿已达 18447 人次，投入善款 1093 多万元，福建全省社会孤儿的生活困难基本得到缓解。

我会打造的第二个品牌项目是实施"援建工程"。2005 年福建省"6·17"特大洪灾、2006 年第 8 号强台风"桑美"给闽东造成巨大损失之后，我会分别对福建各受灾地区援建了一批居民新村，获得了一致好评。2008 年汶川大地震后，我会募集善款 1506 万多元，援助了彭州市军乐镇幼儿园、敬老院、升平镇博爱小学和仁寿县龙正中学、星学光小学教学楼，均已投入使用。

我会打造的第三个品牌项目是"助农饮水、助建村道工程"。我会于 2007 年启动"助农饮水工程"慈善项目，捐助老区基点村、少数民族村、边远山村等实施饮水工程，受到群众的欢迎。同一年还启动了"助建村道工程"，得到群众的赞许。今年我们开始加大力度，已安排 660 万元善款，资助 50 个以上项目。

记者：慈善事业是改善民生，促进社会和谐的全局事业，现在在慈善事业比较发达的省份和地区，都很注重建立各级慈善网络，以上下联动，相互沟通，合力推进慈善事业的发展。请问福建省在慈善网络建设这一块有什么进展？

张明俊：福建省慈善工作起步较晚，但是很重视慈善网络的建设。我会成立后，就把推进慈善网络建设作为一项重要工作，并且从几方面加以推进。

一是依靠党和政府重视、支持推动。我们积极邀请福建省主要领导出席省慈善总会代表大会、全省慈善大会和慈善重要活动，作重要讲话，号召各级领导关心支持慈善事业的发展。并于2005年9月，由省政府办公厅发出《关于推进慈善事业发展的通知》，要求建立覆盖全省各市、县（区）的慈善工作网络。

二是借助舆论宣传推动，增强人们的慈善意识，提高社会对慈善事业的参与度，逐步形成慈善的氛围，增强慈善的推进力度。

三是福建省慈善总会领导给未成立慈善会的设区市的党政领导写信，宣传慈善，提出加快成立慈善会步伐的建议。

四是福建省慈善总会提供救助项目资金，鼓励推动慈善组织的成立，一般给新成立的设区市慈善会资助100万元项目款，给新成立的县级慈善会资助10万元至20万元的项目款。

经过多方促进，目前福建全省有5个设区市成立慈善总会，占设区市的56%，有45个县（市、区）成立慈善总会，占县（市、区）的53%。我们还将加大推进力度，尽快形成覆盖全省的慈善网络，并加强上下联动、交流合作，开创慈善事业的新局面。

（访于2010年10月）

男，1932年8月生，江苏省南通市人。先后担任天津市水利学校副校长，天津市水利局、天津市引滦工程管理局副局长，局长。1988年至1998年先后任天津市副市长，天津市政协副主席。1995年11月任天津市慈善协会会长至2010年12月。

陆焕生

从实际出发，积极探索慈善发展之路

——访天津市慈善协会会长陆焕生

记者：今年是天津市慈善协会成立15周年，也是您从事慈善工作第15个年头。这些年来，天津市慈善事业的成就有目共睹，尤其是在建立长效的慈善募捐机制方面，有创新、有突破，请您介绍一下？

陆焕生：众所周知，发展慈善事业必须有足够的资金作为基础，募捐是慈善组织的一项至关重要的工作。在各方面关怀支持下，天津市慈善协会成立以来共募集款物8.3亿元。我们在总结以往做法的基础上，经过认真调查研究，适时提出建立募捐工作长效机制。

我们建立的募捐工作长效机制，包含几个方面内容：与热心慈善的企业签订协议书，建立专项基金，形成长期定向捐赠关系；对坚持长期捐款、目前尚不能建立基金的企业和个人，保持经常性联系，形成相对固定的捐资渠道；与本市主流媒体签订协议，发挥其公益性栏目的优势，建立长期

合作集资关系；以"手拉手"、"一帮一"的形式，确立捐助者对受助者单项长期资助；开展"一日捐"、"慈善月"、"慈善周"活动，每年定期集中发动募捐，形成制度等等。要求市和区县慈善协会结合各自实际做出安排，充分发挥机制应有的作用。

为配合募捐长效机制的建立，我们修订了《财务管理制度》，制订了《专项基金管理办法（试行）》。同时，在实际工作中进一步完善了一系列措施。

经过几年的实践，总的看来建立募捐长效机制的效果是好的。首先募集的资金量明显增多。其次热心企业纷纷捐款建立慈善专项基金，使慈善组织每年有稳定的收入，可以有计划地开展更多的救助活动。第三，津南、塘沽等区坚持每年开展"一日捐"、"慈善月"活动，进一步宣传了慈善理念，扩大了慈善的影响力。

事实证明，为发展慈善事业，扩大资金来源，建立募捐工作长效机制是行之有效的。关键在于坚持，并不断丰富机制的内容，强化机制的作用。

记者：我们知道，天津慈善协会15年来打造了一批影响力大、社会效果好的慈善品牌项目，使慈善救助更加适应社会需求，请问您在慈善品牌的建设方面有什么见解？

陆焕生：我们认为，品牌项目不同于一般项目，应当有比较高的标准：救助对象必须是社会普遍关注的困难群体，并且有一定的覆盖面。救助资金必须有一定规模，能够基本满足救助对象的需求，并且能在众多捐赠者参与下得到保证。救助项目必须有确切响亮的名称，既能够反映项目特点，又简单明确。在项目实施上必须精心策划、运作规范，宣传有力度，经得起检验。救助项目必须是经过一段时间的实施，为社会所认同，反映良好。

根据以上标准，我们研究确定了四个项目，作为打造品牌项目重点项目：

原有的冬季助困项目，实施效果很好。决定保留这个项目，加大救助

力度，并更名为"迎新春慈善助困活动"。

为帮助家庭生活困难的大学生入学，确定开展"爱心成就梦想"助学活动，每年资助一批考入重点大学的优秀应届高中毕业生，每人4000元。

为激励生活困难的中小学生自强自立，根据捐赠者意愿，开展"大田杯"慈济育才奖学活动，主要对低保家庭中的"三好学生"和优秀学生干部，给予奖励资助。

鉴于社会散居孤儿为社会普遍关注，因此开展"有爱，不再孤单"助孤活动，资助对象为全市所有生活困难的散居孤儿。

上述四个救助项目，我们已经连续实施6年以上，最多的已经实施了14年，取得了显著成效，扩大了慈善救助的影响，得到了各方面认同，吸引了众多捐赠者参与，救助力度也不断加大，项目内容丰富多彩，影响深入人心。

记者：天津市在建立慈善组织上下联动模式、促进全市慈善工作整体推进的方面，也有自己的独到之处？

陆焕生：我们认为，全市的慈善工作是一个整体。市慈善协会成立以后，有责任推动区县和基层建立慈善组织并不断完善，以推进全市慈善工作一体化。到2007年，全市18个区县慈善协会全部成立，并且有69个街、乡、镇建立了慈善组织。

在区县普遍建立慈善组织的情况下，我们提出了全市慈善工作以市慈善协会为主导，与区县慈善协会上下联动、整体推进、优势互补、协调发展的模式。在具体做法上，市慈善协会每年对全市慈善工作提出安排意见，要求各区县协会结合实际情况，发挥自身优势，做出具体安排。全市性大型募捐活动和实施重点救助项目，由市和各区县协会上下联动，共同开展；同时区县协会各自安排本地区的募捐、救助活动。全市慈善工作进展情况、财务收支情况由市协会进行统一汇总。工作中的重要事项，由市和区县协会会长联席会议讨论决定。这样，市和区县的慈善工作就形成了既有全局

性的思路,又能发挥各自的积极性;既有协调一致的行动,又有各自分工的有机整体。

几年来,由于推行上下联动的模式,有效地实现了全市慈善工作整体推进。在大型救灾活动中,上下联动模式也发挥了应有的作用。

记者: 对于慈善组织而言,推行规范化管理、提高公信力是非常重要和紧要的,天津市慈善协会是怎么做的?

陆焕生: 推进慈善工作规范化是提高慈善组织社会公信力的关键,是提高慈善工作质量和整体水平的基础,是提高慈善工作人员专业水平和自律能力的保证。15年来,天津市慈善协会始终坚持并逐步完善规范化管理,建立高效、透明的规范运作机制,在实际工作中,着重抓了四个方面:

提高思想认识。多年来,我们坚持开展工作规范化教育,不断提高工作人员对规范化管理的认识。强调从领导做起,严格执行工作规范。

建立健全制度。在协会建立初期,我们建立了《财务管理制度》和《接受捐赠实施办法》等几项基本制度。随着慈善事业的发展,工作内容不断丰富,陆续制订了一大批捐赠、财务等方面的规定,使工作更加规范。

落实工作环节。根据慈善工作特点,我们将募捐、救助和资金运作列为规范化管理重点。始终坚持捐款自愿,不搞摊派,坚持善款与管理经费严格分开。在救助工作上,每个救助项目都有具体方案,明确规定救助对象、资金来源、救助标准、救助时间、发放办法等环节。在实施中,对每一个救助对象,都按照条件逐一审核;严格款物发放手续,力求做到直接发放;实施结果向捐赠者反馈,向社会公布信息,邀请有关人士参加效能评估。

完善监督机制。多年来,我会不断探索完善监督机制,争取各方面监督,促进规范化管理。一是注重发挥监事会在内部监督中的作用。二是始终把募捐和救助活动置于政府监督、审计监督、社会监督之下,坚持每年定期审计制度;重大募捐和救助活动,主动邀请审计部门进行审计。通过天津慈善网,定期将募捐情况公布于众,并向社会承诺,随时接受单位和个人

对捐赠款物的质询。

　　由于注重抓了规范化管理，天津市慈善组织的社会公信力不断提高，受到社会各界的好评和信任。与此同时，慈善组织的工作还得到社会有关方面的积极评价，并获得政府和社会颁发的多个奖项。实践证明，推行规范化管理，是提高慈善组织公信力的必由之路。随着慈善工作的持续深入，规范化的内容也需不断充实和完善，使之更加适应慈善事业发展的需要。

（访于 2010 年 10 月）

男，1946年2月生，山东省栖霞市人，1965年10月参加工作，1966年6月加入中国共产党。历任栖霞县委副书记、县革委会副主任等职。1995—2003年任济南市委副书记、市长、市政府党组书记。2003—2006年任山东省副省长、党组成员。2006年11月9日至2008年1月任政协第九届山东省委员会副主席、党组成员。第八、九届全国人大代表。现任山东省慈善总会会长。

谢玉堂

润物无声　大爱山东

——访山东省慈善总会会长谢玉堂

记者：慈善组织是慈善事业发展的基础和载体。慈善事业能否得到发展，很大程度上取决于慈善组织网络建设如何，取决于慈善组织是否具有社会公信力。请问山东在慈善组织建设方面都做了哪些工作？

谢玉堂：山东省慈善总会自成立以来，非常重视组织建设。组织网络不断向基层和社会各领域延伸，自身建设和人才队伍都取得了很大的进步，社会公信力不断提高，为山东慈善事业的发展打下了坚实的组织基础。

首先是覆盖城乡居民的慈善组织网络初步建成。截至2009年底，全省17市、140个县（市、区）已经全部建立了慈善总会，全省1869个乡镇（街道）已成立慈善分会1778个，占95.13%；全省86688个行政村，已成立慈善工作站58333个，占67.29%。此外在部分企业、

大专院校也设立了慈善工作站。可以说山东已经率先建成了以市县慈善总会为依托,以乡镇慈善分会为骨干,村居慈善工作站为基础,全省联动、上下衔接、左右协调、覆盖城乡居民的慈善组织网络。同时我们出台了《山东省慈善总会慈善义工管理指导意见》,推动了全省慈善义工队伍迅速发展。

二、体现现代慈善理念的组织架构和规章体系逐步确立。全省各级慈善总会自成立起就坚持按照现代慈善理念,构建决策科学、运作规范、执行严格、监督广泛、不断创新的治理结构。全省县级以上慈善总会都以《章程》、《资产管理办法》等规章制度科学规范了总会部门的各项职能。还先后制定了《财务管理制度》、《捐赠管理办法》等近20项针对慈善单项业务活动的规范条例,通过规章制度和控制措施来优化人员配置、业务流程,保证各项业务活动高效、高速、低成本运行。

三、坚持信息公开透明,社会公信力不断提高。慈善信息公开透明是慈善组织生存发展的基本条件。山东各级慈善组织除主动自觉及时请国家审计部门审计并通过媒体公布年度工作报告外,还进行了许多探索和尝试,比较具有影响力的是聘请社会监督员、设立"慈善开放日"和"慈善公开周"等活动。各级慈善组织普遍设立了慈善网站,及时公开慈善工作信息,使民众及时通过网络了解慈善组织的捐助情况。省慈善总会也把是否实行慈善信息公开作为各级慈善总会评先创优的重要条件,推动慈善信息公开工作不断完善和提高。

四、具有现代慈善知识多层次的慈善工作者队伍不断壮大。慈善组织能否持续健康发展,归根结底是看是否有一支高素质的慈善工作者队伍。几年来,山东各级慈善组织通过多层次、多形式、有针对性地培训工作提升慈善工作水平。通过公开招聘引进了一批高学历、高素质的年轻人,为慈善队伍补充了新鲜血液。在全省各级慈善工作者队伍中,还有大批专职和兼职的义工。

记者： 到 2009 年底，山东各级慈善组织历年共筹集善款 45.97 亿元，设立慈善专项基金 55.2 亿元，为慈善事业发展奠定了良好的基础。请问这些优异的成绩得益于山东采取了哪些募捐方式，开通了哪些捐赠途径？

谢玉堂： 近年来，山东经济高速发展，各级党委、政府把改善民生、保障民生作为重要工作，对慈善工作的支持力度不断加大。全省各级慈善总会也上下联动开创了多种捐赠形式。

一是全省上下联动，开展"慈心一日捐"活动。自 2004 年以来，全省每年 5 月举行以"奉献一片爱心、构建和谐社会"为主题的"慈心一日捐"活动，按照"依法组织、广泛发动、坚持自愿、鼓励奉献"的原则，倡导每个企业献出一天的利润或者节约一笔资金，每位公民献出一天的工资收入或节约一笔支出，向困难群众奉献一片爱心。截至 2009 年底，"慈心一日捐"活动共募集资金 23.46 亿元，成为山东社会各界奉献爱心，开展慈善互助活动的重要平台。

二是广泛动员企业设立慈善专项基金。专项基金这种捐赠方式有利于激发捐赠人的慈善意识和捐助热情，有利于树立企业的社会形象，有利于建立募捐长效机制。自山东省慈善总会成立以来，先后有 442 家企业、个人，设立冠名基金 55.2 亿元，每年增值部分用于慈善救助近 4 亿元。

三是开展全省性的慈善物品捐助活动。从 2005 年起，每年秋季在全省开展慈善物品捐赠活动，动员社会各界将闲置不用的物品捐献出来。为保障物品捐赠这一活动的经常性，各级慈善组织在全省设立 1000 多处集物品接收、发放于一体的慈善超市。5 年来，全省接收捐赠物品 300 多万件。同时，还开展了书画艺术品捐赠活动，目前全省各级慈善组织接收书画作品 6000 多件。

四、积极推进"农村互助基金"设立工作，培育新的慈善捐赠增长点。山东省慈善总会把建立乡镇（街道）、村（居）等基层慈善网络与设立农村互助基金相结合，边建机构，边筹募资金，取得显著成效，仅 2009 年全省共设立农村互助基金8255.74万元，为农村的慈善救助工作提供了有力的资金保障。

记者：慈善救助工作是慈善事业发展的出发点和落脚点，慈善组织所募集的善款用到哪里去了，是社会普遍关注的一个问题。山东省慈善总会是如何保证善款专用的？

谢玉堂：山东省各级慈善总会实行全省联动，积极实施各项救助工作，精心组织了"朝阳助学""夕阳扶老"、"康复助医"、"爱心助残"、"情暖万家"五大救助工程、20多个项目，使400多万困难群众受益。在有重大自然灾害发生之时，山东人民也总是慷慨解囊，踊跃捐赠，为帮助灾区人民恢复生产生活作出了积极贡献。

在具体操作中，山东省慈善总会实施的每一个慈善项目都要经过调研、论证，报总会会长办公会审批后才能立项，实施过程要坚持公开、公正，每个救助申请人的求助申请都要经过基层工作站、分会的逐级核实，实施救助后进行公示，接受社会监督。各级慈善组织对实施的救助项目都要请政府审计，财政、民政部门进行监督，还主动请审计师事务所进行审计，组织捐赠人、社会监督员定期或不定期对慈善项目进行检查，主动将审计结果、检查评估情况通过媒体向社会公布，确保有限的善款用到最需要救助的困难群众身上。

记者：现代慈善事业在我国取得了快速的发展，但并没有现成的模式可以遵循，请您介绍一下山东慈善事业未来的发展思路？

谢玉堂：山东有着深厚的慈善文化历史渊源。山东慈善总会要继承发扬扶危济困、乐善好施的优良传统，树立现代慈善理念，大力普及现代慈善意识，倡导现代财富观，发扬平等互爱、团结互助的人道主义精神，努力打造具有时代特征、山东特色的慈善文化品牌。

首先要完善激励机制，大力开发整合慈善资源，创新募捐方式，探索新型捐赠方式，打造富有山东特色的慈善募捐品牌。

其次要根据政府社会保障体系的需要，充分发挥慈善救助的补充作用，紧紧围绕困难群体的迫切需要和社会关注的热点问题，开发、设立慈善救助项目，重点开展扶贫、助困、助老、助孤、助学、助医、助教等救助活动。坚持规范运作、阳光操作，不断提高救助水平和社会效益。

此外要高度重视慈善组织的自身建设，进一步规范完善规章制度，建立健全决策执行和监督相结合的运行机制，增强慈善组织的发展能力和工作水平，不断提高慈善组织的社会公信力。

（访于 2010 年 11 月）

润物无声　大爱山东

男，1941年12月生，汉族，湖南望城人。历任中共海南省委常委、组织部部长、省长特别助理，海南省委副书记、海口市委书记，海南省委副书记、省纪委书记，中纪委、中组部巡视组组长等职务。2009年3月27日任海南省慈善总会会长。

蔡长松

慈善光辉照射到"天涯海角"

——访海南省慈善总会会长蔡长松

记者：据了解，海南省慈善总会于2009年3月成立，成立时间较晚，在1年多的时间内，慈善工作的良好局面是如何确立的？

蔡长松：我会成立时间较晚，但成立后就开始着手基础建设工作。在规章制度、人事各方面均有突破。目前，章程和制度逐步完善，形成了较强的领导班子，也吸引了高素质的专业工作人员投身慈善事业。

尽管我会成立时间较晚，但慈善筹款成效显著。筹募慈善资金的能力，直接关系到慈善机构的救助能力和公信力。我们始终紧紧抓住这一关键环节，通过多渠道、多形式向社会募集善款，力争今年内筹募资金突破1亿元。

此外，我会努力开发和整合慈善资源，成立了医疗、文艺、新闻慈善专家志愿团，为慈善事业注入生生不息的源泉。这3个专家志愿团均由医疗、文艺、新闻界代表性人物领头，组织成员都是高学历、高素质的骨干。

这些专家志愿团的朋友们一定会充分发挥各自所长，为海南省慈善事业的发展，作出应有贡献。

记者： 短短1年多的时间内，不可能开展太多慈善项目。请问海南省慈善总会是如何抓住重点的？

蔡长松： 今年，我会重点开展"两孤"救助活动，打造"两孤"救助项目品牌。"两孤"是指"孤老"和"孤儿"两类人群。我们把针对"孤老"开展的救助项目称为"绚丽晚霞"项目，"孤儿"救助称为"冉冉朝阳"项目。

我会本着扶老安老的宗旨，将为200名80岁以上、生活上失去或基本失去自理能力的特困孤老人员提供服务，使其安享幸福晚年。我们服务的内容可以用"五个一"加以概况。也就是"一台轮椅、一笔生活费、一位生活照护员、一位照护监督员、一月一次巡诊"。

除了孤老救助之外，我会还积极开展"冉冉朝阳"系列救助项目。该项目是面向本省孤儿群体，我会将以多种形式救助孤儿。我们知道孩子是祖国的未来，教育是民生之基，关爱下一代成长是社会的共同责任。孤儿是社会的弱势群体，他们的成长尤为需要社会各方面的关心与呵护。

面对孤儿这种状况，我会联合本省的职业中专学校开展了"冉冉朝阳·爱心育才行动"项目。我们选择了海南金盘中等职业技术学校，首期已接受孤儿新生120人，我们计划资助他们在校3年各项费用以完成学业。今年8月，我们和省妇联联合开展了"冉冉朝阳·慈善蓝天行"项目，在暑假组织全省18个市县60名失去父母、在读小学五六年级的孩子到省会海口进行为期3天的活动。活动期间，他们与60个"爱心家庭"牵手结对，与城市小学生展开互动联欢游园活动，看科幻电影，参观火车站、机场、世纪大桥等，本地媒体连续跟踪报道这次活动，社会反响很大。

另外我会还开展了救助贫困先天性心脏病患儿项目。我们联合海南省农垦总医院，采用"新农合、城镇医保报一点，医院免一点，家庭筹一点，爱心帮一点"的方式，对我省城乡低收入家庭中4种先天性心脏病患儿进

行救助，使患儿重获新生，还患儿家庭美好生活。该项目正在开展，目前已经救助了30多名先天性心脏病患儿，成功率100%，取得了良好的社会效应。

记者：除了救助"两孤"的各个重点项目外，海南省慈善总会是否还开展了其他慈善救助活动？

蔡长松：有的。我会先后建立了医疗、文艺、新闻专家志愿团，我们将积极发挥三个志愿团的作用，服务社会，开展各种救助活动。

在今年1月医疗专家志愿团成立的当天，我会组织了一大批的医疗专家、教授，在海口几个广场举行大型专家义诊咨询活动。拉开了"建设国际旅游岛，慈善专家献爱心"活动的序幕。今后，我们还打算组织医疗专家志愿者到全省贫困地区、边远地区，为群众免费看病治病。

今年4月，玉树发生了强烈地震，为积极响应省委、省政府救灾抗灾精神，我会组织了文艺专家志愿者开展支援玉树灾区大型赈灾义捐义卖活动。在募捐和义演活动现场，文艺工作志愿者倾情演绎，并纷纷慷慨解囊，当天就为玉树灾区筹集了70多万元善款。我们还积极参与恩祥房地产公司邀请唐国强等6大名人在海南书画展暨义捐义卖活动，为玉树灾区筹得善款278万元。

除了进行大范围的救助外，我会还想尽办法帮助那些遭遇特殊困难的个人。我们与本省主流媒体协议成立相应的基金，借助于媒体的力量，动员广大群体关心和帮助特殊困难的个人或群体。目前与我会合作的两家媒体单位主要是海南日报与海南广播电视总台。我们对凡经由两家媒体专栏报道的、因临时性、突发性原因造成重大困难的人群给予救助。

除了自身开展救助项目和组织慈善活动之外，我会还积极参与中华慈善总会救助项目。主动与各医疗机构联系，宣传中华慈善总会"医疗济困行动"项目，去年中华慈善总会捐赠省内多家医院不同类型医疗器械，今年我会继续做好中华慈善总会开展"慈善医疗济困行动"。让更多的医疗单位获得急需医疗设备。

记者：海南省慈善总会成立较晚，比较年轻，仍在成长阶段，一个良性运行的机制是必要的，请您谈谈这方面的体会。

蔡长松：慈善机制运行内容主要包括宣传、激励、管理、监督等要素。

慈善离不开宣传，只有广泛宣传慈善，才能增强群众的慈善意识和促进慈善事业的发展。我们依托海南日报和海南广播电视总台等主流媒体及时报道总会重大活动，宣传慈善文化。另外，我会还编写了《慈善信息》，及时刊登我会的慈善动态和慈善事迹，寄发给各省市的慈善机构，扩大交流。

当然，激励机制对慈善事业发展也具有重要作用。我会采取各种激励措施志愿者进行表彰，使他们荣誉感和价值得到认同和提升，使越来越多的专家志愿者自觉发挥专家技能，服务慈善，不断扩大慈善志愿义工队伍。

管理和监督对慈善事业健康发展也是必不可少的。有效地管理和监督可以增强慈善机构的公信力和透明度。我会实行严格的财务制度和审计制度，自觉接受总会监事会和社会监督。

2010年是我省启动国际旅游岛建设的第一年，也是我省慈善事业起步发展的关键之年，让我们站在新的起点上，携手共进，创造美好的慈善未来。

（访于 2010 年 11 月）

男，1944年12月生，汉族，河南汝州人。先后任河南省人民政府副省长、党组成员，省委政法委员会副书记，河南省人大常委会副主任、党组成员，省总工会主席。2001年至今，兼任河南省慈善总会会长。作为河南省慈善总会的创始人和全省慈善事业的领导人，李志斌会长荣获2010年度十大"中国社工人物"称号。

李志斌

创新是慈善事业发展的不竭动力

——访河南省慈善总会会长李志斌

记者：今年以来，河南省慈善总会一系列创新之举，引起了社会各界的广泛关注，诸如启动小额冠名爱心基金、建立慈善文化教育基地、慈善项目面向社会公开招标等。在慈善组织设立基金，一般来说都是大额的基金居多。而河南省慈善总会却另辟蹊径，推出了小额冠名爱心基金，请问您是怎么考虑的？

李志斌：创新是慈善事业发展的不竭动力。慈善事业不仅需要大灾来临时的滚滚热浪，更需要日常生活中的涓涓细流。在慈善资金募集工作中，我们的主导思想是抓大不放小。几年来我们先后建立了助学、助医、济困等10多个大额基金，在逐步壮大大额基金的同时，经认真调研，今年5月份启动了小额冠名爱心基金。个人或家庭以每月10元为起捐点，单位以每月100元为起捐点，即可在河南省慈善总会设立个人（家庭）或单位

名称冠名的基金。小额基金实行零成本管理，冠名人可自主选择基金的用途。通过搭建这样的捐助平台，帮助他们实现慈善公益梦想。小额冠名爱心基金体现了人人可慈善、人人能慈善的宗旨，彰显了全民慈善的精神。活动推出后，得到了社会各界的热情支持，受到了少年儿童及其家长的欢迎，目前已成立小额基金近400个。今后，我们将进一步加大宣传推介力度，继续做好小额冠名爱心基金这篇大文章。

记者： 河南省慈善总会在慈善项目创新方面做了积极的尝试，特别是生命之树常青——儿童先心病慈善援助项目，公开招标选定项目合作医院。慈善项目进行招标，成为社会各界关注的热点，请您介绍一下具体做法？

李志斌： 生命之树常青——儿童先心病慈善援助项目推出后，省及郑州市有16家名医院报名，都想参与这个项目。经过资格审查，有7家医院获得竞标资格，而我们只能选择两家作为项目合作医院。为确保项目运作的公开、公正、公平和透明，我们采取了公开招标的形式确定项目合作医院。项目合作医院的招标，省慈善总会只制定大的原则，具体工作由评委负责。评委由省民政厅社会福利和慈善事业促进处、计划财务处，医学专家和出资方代表共7人组成，省民政厅纪检监察室代表全程监督。医院竞标陈述、评委提问后，由评委优中选优，投票选定了两家项目合作医院。

2010年以来，我们把实施慈善项目作为慈善救助的有效载体和重要抓手，积极推动慈善救助工作由"活动引导性为主"向"项目带动性为主"转变。在广泛调查研究的基础上建立慈善项目库，按照党和政府关心、困难群众需求、捐赠人乐意的原则，精心设计推出了既有长期固定又有临时救急，既有输血型又有造血型的慈善项目。在慈善项目实施中加强全省联动，如生命之树常青——儿童先心病慈善援助、慈善SOS—紧急援助等项目，由省慈善总会牵头主导，省辖市及县级慈善会参与支持。项目联动有利于整合慈善资源，形成救助的合力。

记者： 慈善文化教育基地，是培育和弘扬慈善文化的重要载体，这应该是河南省慈善总会在慈善文化建设方面的一个创新？

李志斌：慈善文化是慈善事业的精神支撑，慈善文化教育基地是弘扬慈善文化的重要场所。我们先后在登封希望文武学院和荥阳市贤孝村挂牌慈善文化教育基地。作为一个新生事物，我们将在具体的运行实践中，不断总结经验，注重发展创新，进一步增强慈善教育的针对性、时效性，增强慈善文化教育基地的吸引力和感染力。目前，我们正在制定慈善文化教育基地的规范性措施，充分发挥已挂牌慈善文化教育基地的功能和作用，同时拓展新的慈善文化教育基地。

记者：河南慈善总会提出以慈善文化宣传为抓手，深入开展全民慈善活动，这是促进慈善理念深入人心、推动人人可慈善的一个重要举措，目前进展如何？

李志斌：社会大众的广泛参与，是慈善事业发展的不竭源泉，慈善的主体是民众，平民慈善是慈善事业的根本品格。

河南省慈善总会已经集中印发了对鹤壁市和荥阳市全民慈善活动的经验材料，并下发全省各级慈善会，希望大家能抓住当前有利时机，借鉴鹤壁、荥阳开展全民慈善活动的经验，积极搭建全民参与慈善载体，扩宽全民参与慈善路径，壮大慈善志愿者队伍，努力营造良好的慈善事业发展氛围。

我们的目的是使社会各界充分认识和了解慈善事业在构建和谐社会中的重要地位和作用，全面激发社会各界参与支持慈善事业的热情，使"平民慈善"、"人人可慈善、人人能慈善"的理念深入人心，使"慈心为人、善举济世"内化为全民的自觉行动，"从自己的实力出发，从现在做起，从'能够'做起"，让"全民慈善之花"在中原大地上傲然绽放，历久弥芳。

记者：河南省慈善总会在慈善工作创新方面经验频出，亮点纷呈。作为一家慈善组织，其根本的生命力在于透明、在于公众的信任，请问河南省慈善总会在公信力建设方面有哪些举措？

李志斌：我们只是在慈善募捐、宣传及项目运作和慈善文化建设方面做了一些有益的探索和尝试，只能说取得了初步成效，还需要在今后的工作实践中进一步总结、改进和提升。

公信力是慈善的生命，是慈善组织的立身之本，是取信于民的重要保证。我省慈善事业发展的整体情况是好的，慈善组织的公信力普遍较高，但由于某些方面和某些环节的透明度不够，所以一些捐赠者还不放心，特别是在捐赠款物的使用方面，还不能得到社会的完全认可。目前河南全省各级慈善组织对此有充分的认识，切实把公信力建设作为一项长期的任务，努力打造"诚信慈善"、"透明慈善"。今年8月份，河南省慈善总会在广泛论证的基础上，制定了信息公开暂行办法。经过近3个月的实践，效果不错，社会反映很好。下一步河南全省各级慈善组织都要切实采取有力的措施，真正做到会务公开，信息公开，善款管理公开，尤为重要的是捐赠款物的管理使用务必做到公开透明，确保取信于民，取信于社会。

（访于 2010 年 11 月）

江巴吉才

男，1949年12月生，藏族，云南香格里拉人。先后担任云南省迪庆州委书记、云南省委统战部部长、云南省政协副主席等职务。现任云南省人大常委会副主任。2009年8月担任云南省慈善总会会长。

慈善事业将为构建和谐云南做出更大贡献

——访云南省慈善总会会长江巴吉才

记者： 云南省慈善总会成立于1996年12月，是我国较早成立的省级慈善会。十多年来，云南省慈善总会取得了不菲的成绩，请您给我们介绍一下云南省慈善总会的大体情况？

江巴吉才： 云南省慈善总会在各级领导和社会各界的关心支持下，在中华慈善总会的帮助指导下，始终坚持以慈善总会章程为准绳，立足公益、面向社会、服务大众，切实加强自身建设，扎实有效地开展各种慈善募捐、救助活动，不断拓展扶助覆盖面，与社会各界携手慈善，共创和谐，产生了较好的社会反响。

一直以来，我会长期开展了多种慈善活动，救助困难群体。

首先在扶老助孤方面。近年来，云南省慈善总会以救助孤儿为重点，扎实开展慈善救助活动，组织实施了"雨露助孤计划"、"送爱心献光明"

等慈善项目，分别对孤儿、白内障特困户、贫困教师、白血病患者、肾癌患者、肺癌患者，以及对昆明、保山、红河等地的肝病患者发放了大量救助款项。

其次是助医项目稳步实施。2009年，为部分贫困先天性心脏病患儿实施了免费手术治疗；向贫困慢性粒细胞白血病、胃癌患者赠送价值1384.8万元的"格列卫"药品；向贫困肾癌、肝癌患者赠送价值387.5万元的"多吉美"药品；向贫困肺癌患者赠送价值224.4万元的"易瑞沙"药品；向贫困脑梗患者赠送价值60万元的"利脑心"药品；向贫困急性白血病患者赠送价值41万元的药品。云南慈善总会还配合中华慈善总会开展了"微笑列车"项目，在我省微笑唇腭裂修复项目定点医院已达到25家，遍布全省16个州、市，为贫困患者就近就医提供了更大的方便。

在救灾扶贫方面，我会也开展了有力工作。2009年10月15日，我会投入资金1345万元，用于支持汶川地震波及到的昭通灾区的恢复重建工作。青海省玉树地震发生后，面对我省严峻旱情，我会不忘抗震救灾，募集了一批款项，用于支援玉树灾区。

记者： 筹款是慈善工作的第一要务，请问云南省慈善总会近年来的筹款情况如何？

江巴吉才： 慈善事业是一种有益于社会与人群的公益事业，是社会保障体系的一种必要补充，是不求回报实施救助的一种无私支持与奉献的事业。近年来，云南省慈善事业得到了较快发展，这些都离不开社会各界的关爱和帮助。

近年来，随着自身建设的不断加强，对外联络的不断拓展，我会的筹募水平也得到逐步提高。

在争取对外援助上，2010年，中华慈善总会"慈善医疗济困"项目对云南发放彩超100多台价值约9000万元、通讯设备7套价值2100万元、医疗体检设备1套价值850万元；此外还争取了中华慈善总会捐赠我省"全国新农村视迅综合平台"援助慈善项目30套设备，每套价值300万元，

计9000万元。

在募捐方面,去年以来我省遭受了百年一遇的特大旱灾。我会及时召开了抗旱救灾动员会,并制定了接受捐赠计划和24小时值班制度;2010年2月积极配合各有关部门,分别在云南电视台、北京电视台举办了抗旱救灾情暖人间、抗旱救灾我们在行动大型电视公益晚会及昆明市南屏街分会场捐赠的系列活动,募集慈善款人民币1亿多元,物资价值人民币3500多万元。为我省夺取抗旱救灾工作的最终胜利做出了积极贡献,为开展慈善工作提供了有力保障。

记者: 您刚才提到,云南省慈善工作的顺利开展,离不开慈善会的自身建设,请问云南省慈善总会在这方面做了哪些工作?

江巴吉才: 去年8月26日,云南省慈善总会圆满完成换届工作。我们以此为契机,积极加强自身建设。我们对章程进行修订,制定了资金管理办法,严格按照资金使用分类、使用原则、使用范围和审批程序的规定对慈善资金进行管理和使用,每笔项目经费都要经过会计师事务所的审计,并且提交审计报告,保证慈善资金的合理、有效利用。制定严格的考勤制度,加强了对工作人员的管理。建立公示制度,及时向社会公示慈善经费管理使用情况,项目进展情况及相关信息,主动接受社会监督,进一步提高了慈善总会的公信力。

在发展慈善组织的网络建设方面,我会按照政府推动、社会参与、民间运作的模式,大力推动云南省慈善组织的发展。目前,昆明市、曲靖市等9个州(市)成立了慈善会,我会正在督促条件成熟的其他州(市)成立慈善机构,力争在明年上半年之前使全省所有的州(市)和30%以上的县成立慈善机构。

记者: 云南省慈善总会一直以来都非常重视慈善宣传工作,请问有哪些值得推广和借鉴的经验?

江巴吉才: 多年来的实践,使我们充分认识到宣传对慈善事业发展的重要性。慈善要不断扩大宣传的影响力,逐步增强公信力,使公众的慈善意识不断提高,使公众更多地参与到慈善事业中来,动员和协调社会各行各业,加强各慈善组织之间的联系,形成良好的社会舆论环境,募集更多的款物来帮助那些需要救助的人们。

我会对慈善事业的宣传主要做了三方面的工作,一是充分发挥新闻媒体的作用。利用新闻媒体开展有声势、有力度、有影响的宣传,对一些慈善活动及时报道;对一些重要人物、事件进行典型报道;对一些重大慈善项目进行跟踪报道,这样做不仅提高了慈善资金利用的透明度,还使广大群众对慈善总会更加放心。二是与社会宣传力量紧密结合,有智出智,有力出力,形成合力。尽可能多地收集一些点子,组织一些活动,以激发公众关心参与慈善的积极性。三是做好云南省慈善总会的《简报》,综合近期所做的慈善工作,联合各州(市)呈报的资料,挑出典型、挑出榜样,定期撰写报道,使各级领导和社会各界及时了解和掌握我们所做的工作。

值得我们欣喜的是,云南的慈善事业已经得到社会的广泛关注,慈善正在形成一种力量,我们相信越来越多的公众也将加入到这一行列之中,让云南省的慈善事业得到长足发展,为构建和谐云南做出更新、更大的贡献!

(访于 2010 年 11 月)

贾帕尔·阿比布拉

男，1952年6月生，维吾尔族，新疆吉木萨尔人，中共党员。1971年9月参加工作，1982年2月加入中国共产党。先后任新疆维吾尔自治区民政厅党组副书记、厅长，新疆维吾尔自治区副主席、自治区党委政法委副书记等职务。现任新疆慈善总会会长。

天山南北播撒善与爱的"种子"

——访新疆维吾尔自治区慈善总会会长贾帕尔·阿比布拉

记者： 据我的了解，新疆慈善总会成立至今已14年，请您谈谈这14年来，新疆慈善总会所取得的成绩。

贾帕尔·阿比布拉： 14年来，在自治区党委、自治区人民政府的正确领导下、在社会各界的支持、帮助和参与下，新疆慈善总会认真贯彻中华慈善大会精神，积极践行"扶贫济困、安老救孤、赈灾助医、兴善助学"的慈善宗旨，全面落实科学发展观，与全疆人民一道，携手慈善，共创和谐，慈善事业取得了可喜成绩。累计募集款物6.3亿多元，先后在全疆开展了灾害救助、扶贫济困、助学助教、助医助残、扶幼救孤、老年救助等六大系列11个项目的慈善救助活动，有近百万的困难群众得到了不同形式的救助，为构建稳定和谐新疆做出了积极贡献。

记者： 慈善组织网络的铺设关系到慈善事业能否良好发展，新疆在此方面进行了哪些努力？

贾帕尔·阿比布拉： 目前，全疆慈善组织网络已初步形成。各地相继成立 27 个慈善总会，逐渐形成了组织建设有规模、开展活动有影响、宣传工作有声势的良好局面。

各地慈善组织建立后，我们把制度建设作为重点，先后建立了《新疆慈善总会资产管理办法》、《总会机关财务、财产管理的规定》、《帮困救助实施意见》、《常务理事会议议事规则》等制度，使慈善组织运行进入了制度化、规范化的轨道。同时，坚持德才兼备，以德为先的原则，认真做好慈善工作人员的选拔、培养和培训，进一步提高了全疆慈善机构工作人员的素质能力，加大了慈善工作专业化水平。

记者： 慈善事业离不开公众的参与，因此，宣传和教育十分重要，请问新疆慈善总会在创造慈善事业的社会氛围方面是如何做的？

贾帕尔·阿比布拉： 14 年来，新疆慈善总会始终把慈善教育与宣传放在十分重要的战略位置，将慈善救助和慈善教育与宣传有机结合，不断增进与社会各界的协作配合，吸纳企业优势资源开展形式多样、内容丰富的慈善活动。为了营造良好的慈善氛围，我们坚持以舆论为先导，采取政府推动、各方配合的方法，积极借助各种新闻媒介、舆论载体，宣传慈善事业。以前，我区部分群众对慈善的认识还有一定的偏差，慈善意识也还不是很强，对行善有责的理解还不是很到位。鉴此，我们对慈善工作进行了全方位、有声势、有力度、有影响的宣传，提升了慈善理念，形成了慈善氛围，促进了全疆慈善事业的持续、健康、快速地发展。

记者： 您刚才说，14 年来，新疆慈善总会共募集款物资金达 6.3 亿，结合新疆本地情况，请您谈谈募款经验。

贾帕尔·阿比布拉： 14 年来，我们围绕总会的宗旨、任务，把募集慈善资金工作放在首要位置，加强了与区内外、海内外其他公益慈善机构的交流与合作，建立了广泛、牢固的合作关系，拓宽了慈善资金的来源渠道，赢得了社会各界广泛的关注、信任、支持和参与。在开展多种形式的慈善

募捐活动中，探索出以实施慈善公益项目进行筹款的做法，使慈善项目由少到多，由简单到复杂，覆盖面已涉及全疆各个地州市，50多个县（市）。

14年来，新疆慈善总会共募集款物资金达6.3亿。其中用于助学1860万元，助医3.4亿元，助残150万元，助困1086多万元，救灾2.43亿元，助老100.15万元，助孤1241万元，见义勇为5万元，禁毒1万元，其他捐助累计143万元。共捐建学校24所、儿童福利院2所、敬老院2所、慈善村1个、资助50余家孤儿院、捐助167家医院的医疗设备等，受益人数达千万人次。

记者：在募款取得成功的前提下，慈善救助项目的品牌效应是如何打造的？

贾帕尔·阿比布拉：我们在抓好日常捐赠活动的同时，联系全疆实际，打造慈善捐助项目品牌20余个，把慈善资金用到最困难、最需要的人身上，最大限度地发挥慈善资金的使用效益。打造了以"微笑列车"、"阳光住宅工程"、"四川汶川大地震救灾活动"、"慈善医疗阳光救助工程"、"格列卫患者援助项目"等为代表的救助项目，社会反响良好。

通过慈善项目的实施，实现了慈善社会效益的最大化，新疆各民族慈善风气更浓了，在天山南北涌现出了许许多多慈善明星、慈善家和慈善志愿者，国际社会也有越来越多的公益机构和个人开始关注新疆慈善事业、参与慈善事业，全国很多知名企业家、艺术家、港澳明星也都成了新疆慈善事业的一员。

记者：为了继续推进慈善事业的发展，将在哪些重点方向进行努力？

贾帕尔·阿比布拉：当前，我区经济社会持续快速健康协调发展，已经初步具备发展现代慈善事业的经济、物质、文化和社会基础。

我们要顺应时代发展要求，突出重点，强化措施，加快推进慈善事业发展，开创全疆乃至全国慈善事业发展的新局面。

一是要适应新形势，不断完善市场化的慈善资金募集机制。关键要进一步创新资金募集机制，健全完善募集形式，不断扩大慈善资金总量；要

坚持企业、社会法人单位捐赠与群众捐赠相结合；要坚持市内捐赠与市外捐赠相结合；要坚持把市场化运作与典型示范带动相互结合起来，创新市场化的募集激励机制。

二是要着眼长远，积极构建慈善救助的长效机制，把"输血"式与"造血"式结合起来，增强困难群体的自我救助、自我发展能力；要把"一般性"与"重点性"救助结合起来，实现慈善救助效果的最大化、最优化。

三是要着力弘扬慈善文化，形成更加稳固的思想基础。要发挥慈善文化的引导作用，丰富发展慈善文化内涵，精心设计慈善宣传载体，以贴近群众、喜闻乐见的形式开展宣传。

四是要着力打造一支作风硬、能力强、专业化的慈善事业人员队伍。每一名慈善工作者要提高业务水平和工作能力，要以救死扶伤为荣，以慈善事业为荣，并思之、想之、好之、乐之。

我们有理由相信，当我们为慈善事业尽心尽力播撒爱心"种子"的时候，当全社会越来越多的人因为我们的努力而加入到慈善队伍的时候，当我们的心血与汗水都转化成为慈善品牌的社会影响力与公信度的时候，新疆的慈善事业一定会迎来高速发展的黄金时代。

（访于 2010 年 11 月）

男，汉族，1959年6月生，广东梅县人。先后担任广东省委副秘书长（副厅级），广东省委办公厅接待办主任、党委书记等职务，现任广东省民政厅厅长、党组书记，广东省慈善总会会长。

刘 洪

"广东扶贫济困日"掀慈善热潮

—— 访广东省民政厅厅长、省慈善总会会长刘洪

记者：开展"广东扶贫济困日"活动，它的意义是什么？

刘洪：开展"广东扶贫济困日"活动，是省委、省政府"科学发展、先行先试"的一个创新举措，其意义主要体现在"三个有利于"：一是有利于集中和统筹广东社会各界分散的扶贫济困力量，进一步提高社会力量扶贫济困参与度，增强扶贫济困效果；二是有利于引导人们正确认识全省扶贫工作的艰巨性，激发全社会先富帮后富、走共同富裕道路的责任意识，推进社会主义精神文明建设；三是有利于促进区域和城乡协调发展，让全体人民共享改革发展成果，推动构建社会主义和谐社会。

记者：请问"广东扶贫济困日"是如何设立的？

刘洪：广东省委书记汪洋同志高度重视我省扶贫济困工作，根据汪书记提议，今年中共广东省委十届六次全会提出："广东要设立'扶贫济困

日',鼓励对口帮扶部门以及社会各界深入贫困地区,献爱心,搞帮扶";并向国务院申报设立"广东扶贫济困日"。6月4日国务院批复同意我省自2010年起,每年6月30日为"广东扶贫济困日",具体工作由我省组织实施。

记者：为何将"广东扶贫济困日"设定在6月30日？

刘洪：主要出于两方面考虑：一方面，把开展扶贫济困活动纳入"七一"纪念建党活动，要求全省广大党员团员充分发挥先锋模范作用和生力军作用，积极参与扶贫济困活动，增强党员团员生机与活力，切实加强和改进党的建设；另一方面，6月30日前后，正值我省水灾、台风等自然灾害频发季节，也是贫困地区、贫困群众生产生活困难时期。这时开展"扶贫济困日"活动，能有效唤起社会各界爱心，也能在全社会掀起和形成关注贫困、扶贫济困、共创和谐的热潮。

记者："广东扶贫济困日"活动的主要帮扶对象是什么？

刘洪：该活动是以我省贫困人口、弱势群体和困难群众为主要帮扶对象。

记者：那么，请您简单介绍一下广东省的贫困人口及其经济现状。

刘洪：由于自然条件、资源禀赋、经济基础和历史文化等原因，我省发展不平衡的问题还相当突出，群体之间发展和收入差距仍在不断扩大。目前，我省有3409个村70万户300多万贫困人口年收入低于1500元，还有200多万户农民居住在危房和茅草房中。

记者：这次"广东扶贫济困日"活动的主题是什么？

刘洪：今年活动的主题是"扶贫济困、共建和谐"。今后，每年确定一个主题，开展形式多样、内容丰富的扶贫济困活动。

记者：这次开展的"广东扶贫济困日"活动主要有哪些方面内容？

刘洪：一是广泛开展献爱心捐赠活动，动员社会各界人士，在自觉自愿基础上，采取捐资、捐物、送医、送技术、探访、办实事等形式，广泛开展慈善募捐活动；二是深入开展访贫慰问活动，组织社会各界人士走访慰问贫困户，体验贫困群众的生活。组织开展群众性旅游扶贫活动，引导

社会各阶层爱心人士关注贫困地区和贫困人口；三是大力开展专项扶贫开发活动，采取定点结对帮扶形式，有针对性地兴办生产基地，推动产业扶贫、智力扶贫、劳务扶贫和行业扶贫；四是积极开展宣传教育活动。

记者：作为广东省扶贫事业和慈善事业的品牌，"广东扶贫济困日"活动有哪些特点？

刘洪：一是各级领导空前重视，"广东扶贫济困日"是汪洋同志亲自倡导并提议的，在申报和开展过程中，汪洋、黄华华等省领导亲自研究、亲自部署、亲自参与。各地各部门结合自身实际研究制订实施方案，部署组织相关工作，各级领导亲自发动是首个"广东扶贫济困日"的最强推动力；二是社会各界反响空前热烈，各地市、各行业以及港澳台同胞、海外华人华侨踊跃捐款捐物、访贫慰问，以各种形式开展扶贫济困活动，全社会行动起来是首届广东扶贫济困日的最大特色；三是社会捐赠空前踊跃，截至7月14日，全省各界认捐款物已达30亿元，其中，省级接收最多一笔达4.2亿元，亿元以上捐赠就有5个，还有90个（位）企业、团体和个人认捐金额在50万～8000万元。

记者："广东扶贫济困日"活动是怎样进行宣传发动的？

刘洪：各地各部门结合理想信念教育、精神文明建设以及各种主题教育活动，通过报刊、广播、电视和网络等形式，大力宣传扶贫济困的先进典型及其事迹，增强全省人民先富帮后富的责任感和荣誉感，营造扶贫济困、团结互助的社会氛围，培育乐善好施的社会风尚。

记者：这次活动取得了哪些成效？

刘洪：维护了广东努力当好和谐社会排头兵的良好形象，探索了扶贫济困社会化新模式，彰显了广东人民扶贫济困、乐善好施的新风尚，解决了一大批贫困地区、贫困人员脱贫致富的实际问题。

记者：这次扶贫济困活动中善款善物如何接收管理？

刘洪：省委、省政府明确扶贫济困活动中善款善物由省慈善总会、省扶贫基金会和各地慈善会负责善款、善物的接收、管理，每笔捐款须向捐

赠者开具由省财政厅统一印制的广东省接收社会捐赠专用收据。

记者： 捐赠者、捐赠单位享有哪些权利？

刘洪： 捐赠者、捐赠单位凭省慈善总会、省扶贫基金会和各地慈善会开具的专用收据享受减免税优惠政策。捐赠财物使用尊重捐赠者的意愿，将其捐赠款项或物品安排到所指定的项目或希望帮扶的贫困村，并欢迎捐赠者到实地考察、检查。专项捐建项目可以捐建单位或捐建者的名字命名。

记者： 如果捐赠者没有定向使用捐赠款物的意愿，那么怎么处理捐赠财物？

刘洪： 各地各部门接受的捐赠，按照谁募捐、谁安排的原则，报省扶贫开发领导小组审批后主要用于本地区、本单位的定点帮扶村、贫困社区和贫困人口、弱势群体、困难群众。

记者： 如何监督募集款物？

刘洪： 制定并出台《广东扶贫济困日活动捐赠管理办法》，各级审计机关要加强对各地、各部门募集款物的审计监督。全省的募捐情况经审计部门审计后，由活动办公室向社会公布，接受社会监督。对活动中的个人违规违法行为，要按照有关法律法规严肃处理，对活动中的单位违规违法行为，要对第一责任人进行问责。

（访于 2010 年 12 月）

男，1951年生，安徽人，现任新疆生产建设兵团民政局局长、兵团慈善总会会长。

刘 钢

在开拓创新中积极探索兵团慈善事业发展之路

——访新疆生产建设兵团慈善总会会长刘钢

记者： 新疆生产建设兵团慈善总会成立时间不长，但是却取得了很不错的成绩，请您介绍一下兵团慈善总会的发展情况？

刘钢： 新疆生产建设兵团慈善总会成立于2008年。成立三年来，兵团的慈善事业从无到有，由小到大，成果比较显著。兵团慈善总会利用慈善项目在兵团开展大规模慈善救助，营造参与慈善，共建和谐的良好氛围。围绕济困、助医、助残、救灾、抚幼等系列活动，开展了7个救助项目，累计募款物2.5亿元，为38301人次减免医药费296.4万元。分别于2008年荣获"项目突出贡献奖"，"中华慈善总会先进个人奖"，"中华慈善项目提名奖"和微笑列车项目"先进机构奖"。

记者： 随着全国对口支援新疆工作会议和中央新疆工作座谈会的召开，新疆的经济社会发展正面临着千载难逢的机遇和挑战，兵团的慈善事业也正迈向一个新的发展阶段。您对兵团慈善事业的发展有哪些看法？

刘钢： 如何在当前有利形势下，针对兵团慈善发展的方向和目标，充分利用自身慈善资源，做出必要的规划和部署，是目前总会工作的重中之重。为此，我对兵团的慈善事业发展，提出了几点思考和对策：

首先需要进一步营造支持参与慈善事业的良好氛围。兵团的慈善事业虽然取得了一些阶段性的成果，但不少群众仍然认为慈善事业与普通大众没有太多关系，是政府和企业家的事情。兵团慈善事业也还处于一种以行政手段包办公益事业的初级阶段，与发达省市相比，还存在认识不到位，缺乏长远战略等问题。实际工作中兵团的慈善机构也是倾向于向国有大型企业募捐，而很少发动和关注个人捐赠。然而，慈善事业发展的深厚基础应该是广大群众，而群众对慈善事业知之甚少或了解不够，势必会造成慈善事业公民化社会化的现代意识淡薄。

其次需要进一步建立健全慈善组织机构，提高社会公信度。目前，兵团慈善机构、慈善工作主要依靠行政部门和行政手段，慈善组织作为连接救助者和捐助者的桥梁，并没有真正发挥应有的作用。同时，因兵团各级慈善机构普遍成立较晚，职业化程度和专业化水平与内地发达省市相比差距很大，主要表现为职业化程度、专业化和社会化程度不高。具体表现在社会上募集善款的能力还不够强，各级慈善组织普遍存在基金规模较小，捐款数额不多，缺乏工作经费，工作人员不足等困难。

此外，还需要进一步提高慈善救助的能力和方式。兵团慈善事业具有很大的发展潜力，需要慈善组织探索和发掘。另外，慈善事业具有公共性和公众服务性，因此只有提高慈善救助的能力和方式，得到公众的认可，信赖，才能赢得社会广大群众的参与支持。

记者： 看来您对兵团慈善事业未来的发展和完善是有着充分的思考和构想的。您刚才提到，兵团慈善工作中，主要的募捐对象还是一些大企业，请问下一步兵团慈善事业将如何不断扩大和完善慈善资金的来源？

刘钢： 开拓进取，不断创新，建立完善的慈善事业发展机制是我们努

力的方向。我们要建立完善慈善事业筹资机制，拓宽筹资渠道，建立稳定的慈善资金来源，努力把慈善资金的来源扩大到国内社会各界的捐赠与赞助、港澳台同胞、海外侨胞及国际友人团体的捐赠和赞助。慈善资金来源还包括举办募捐、义演、义卖等慈善活动收入，慈善资金的利息收入等，全方位地扩大慈善资金的来源。此外，我们还要建立慈善资金的管理运营机制，按照国家有关法规，加强慈善资金运营管理与监督。

记者：您刚刚介绍了兵团慈善事业发展现状，分析了兵团慈善事业发展中所遇到诸多需要解决的困难和问题。您认为兵团的慈善事业在未来的发展中，还需要进行哪些探索和努力？

刘钢：近年来，兵团慈善事业取得长足发展，但也面临着慈善意识淡薄，慈善组织建设落后，经营慈善能力薄弱等发展瓶颈。我们必须从转变观念、完善机构、争取支持、项目创新、经营理念等方面着手，积极探索兵团慈善事业发展的新途径。

其中最重要的一点，就是转变观念、更新体制。慈善事业发展的实践证明，企业捐赠虽然很重要，但是个人日常捐赠更是慈善事业发展的重要基石，要大力发展慈善事业必须激发全社会的力量共同参与慈善事业。从兵团慈善发展现状来看，兵团慈善事业尚处于起步阶段，慈善组织在发展过程中还十分依赖政府的支持，慈善组织要寻求发展，自身必须实现观念和体制上的更新。一方面要接受政府的帮助，争取政策支持；另一方面要防止过分依赖政府，要在实际工作中真正发挥为政府拾遗补缺的作用。

第二点就是要积极争取政府的支持。兵团各级党委在救助中发挥的作用毋庸置疑，它能调动广泛的社会资源为慈善事业发展提供服务和支持，其中包括资金和信息资源及政策的优惠。此外，政府可以在修订法规政策，培育民间组织，慈善实施监督，慈善资金支持，完善慈善事业筹资机制，运营机制，监督反馈机制和激励倡导机制等方面给予财力、资源支持、以促进慈善事业持续、快速发展。

第三点就是要不断完善兵团的慈善组织机构和网络。慈善组织是慈善

事业发展的主体，它担负着慈善事业的大部分职责。几年来，兵团慈善总会以项目促发展，开展了助医、助困、助学等救助活动，共募款物2亿多元。伴随着慈善项目和救助工作的深入人心，兵团慈善总会也得到社会各界的认可，慈善组织机构也逐步落实。现阶段，在贯彻落实中央新疆工作座谈会议精神之时，兵团慈善总会应抓住机遇，开拓进取，争取加大兵团党委支持慈善事业的力度，争取尽早成立各级慈善机构，建立健全兵团的慈善网络。

此外，还要加强自身能力建设，加强理论研究。要对慈善事业活动中出现的新情况、新问题，在理论上进行探索和研究，寻求慈善事业发展的新思路，培育新的增长点；要分析社会各阶层人员对慈善事业的认识、兴趣和心态，有针对性地开展行之有效的活动，以使慈善事业在社会各界的积极参与和大力支持下，得到更快更好的发展。

（访于2010年12月）

先后任西藏藏族自治区团委副书记、日喀则地区行署副专员、自治区办公厅副秘书长等职务,现任西藏藏族自治区民政厅厅长、西藏慈善总会会长。

单增卓扎

让慈善事业为建设和谐西藏助力

——访西藏自治区慈善总会会长单增卓扎

记者：我国自古以来就有深厚的慈善文化传统,慈善事业是改善民生、促进社会和谐的崇高事业。慈善对于我们不断提高构建社会主义和谐社会的能力,促进社会进步、文化发展具有十分重要的意义。请问您是怎么理解慈善事业的？

单增卓扎：慈善事业是新型社会保障体系的重要组成部分,是衡量一个国家和地区文明进步的重要标志。发展慈善事业,对于弘扬中华民族传统美德,促进社会公平,构建和谐社会,具有十分重要的意义。党的十七大强调慈善事业是新型社会保障体系建设的有机组成部分,为慈善事业的发展指明了方向。同时,慈善事业也是社会主义精神文明建设的重要内容,在发展社会主义市场经济条件下,大力发扬社会主义人道主义精神,尊重人、理解人、关心人,热爱集体,热心公益,扶贫帮困,在全社会形成团

结互助、平等友爱、共同前进的社会氛围和人际关系，既是弘扬中华民族优秀传统的需要，也是社会主义道德建设的重要内容。

对于西藏来说，我认为，慈善事业是落实科学发展观的具体实践，是构建和谐西藏的重要内容。发展慈善事业，通过开展社会捐赠和倡导志愿者服务活动，重新配置和开发社会资源，能够缓解贫富差距，实现社会公平，促进城乡之间、地区之间、民族之间和不同社会阶层之间的和谐发展。我区地处祖国西南边陲，乐善好施是藏民族的一大美德。可以说，传统意义上的慈善，在藏族社会和藏民心中是深深扎根的。

记者：西藏的慈善事业十几年来，在各个方面都取得了不少的成绩，请您介绍一下？

单增卓扎：西藏慈善事业的发展起步于上世纪90年代后期。在自治区各级党委、政府的重视和社会各界的大力支持下，我区慈善事业的发展取得了初步成效。一是慈善组织的培育发展有了一定的基础。目前，在自治区民政厅登记注册的专门从事慈善活动的慈善总会和从事救死扶伤等人道主义救助的红十字会以及从事教育救助的基金会共22家。社会捐助站（点）从无到有，从少到多，也得到了相应的发展。二是社会捐赠活动蓬勃开展。1996年以来，在全区广泛开展了经常性扶贫济困社会捐助活动，共接收社会捐款2亿余元，衣物79万余件，粮食7万千克，砖茶185条，燃料300吨，药品价值45万元。社会各界和广大人民群众的爱心捐助，有力地促进了我区的扶贫济困和救灾工作，有效地帮助了农牧区弱势群体的生产、生活。特别值得一提的是，汶川大地震发生后，自治区党委、政府积极响应党中央、国务院的号召，广泛募集抗震救灾资金和特殊党费，发动社会力量共同抗震救灾，帮助灾区人民渡过难关。据统计，全区共接受各类捐款1.03亿元、物资价值0.15亿元，募捐行动之快、数额之大、参与面之广，均创我区历史之最。三是慈善项目得到较好实施。1998年至2010年，我区先后实施了"视觉第一行动"、"彭年光明行动"、"微笑列车"、"残疾孤儿手术康复明天计划"、"重生行动"、"疝气手术康复计划"、"福

彩之光"、"银联励志助学"、"王老吉助学行动"等慈善项目,为广大农牧区的白内障患者实施了复明手术,给380余名农牧区贫困户患儿进行了唇腭裂免费矫治手术,为200余名有手术适应症的残疾孤儿、疝气儿童进行了免费矫治康复手术,资助贫困大学生195名。

记者:您对西藏自治区慈善事业的未来发展有何想法和规划?

单增卓扎:今后一个时期,我们要以完善社会保障体系、理顺分配关系、发展社会事业为着力点,全面规划我区慈善事业的发展蓝图。要贯彻落实以人为本、全面协调可持续发展的科学发展观,紧紧围绕"推进西藏跨越式发展和长治久安"的新时期工作要求,依靠各级政府的推动,政策法规的引导,人民群众的参与,公益组织的运作,慈善文化的陶冶,初步形成结构合理、分工明确的慈善组织体系,建立功能完备、形式多样的志愿服务体系,营造发展慈善事业的良好社会氛围,使慈善事业在扶危济困、安老助孤、赈灾救贫中发挥更大的作用,并逐步向支持文化艺术、环境保护等社会公益领域延伸,从而促进中华民族扶贫济困、团结友爱传统美德的发扬光大,促进社会公平和社会稳定,让慈善事业为建设小康西藏、平安西藏、和谐西藏发挥重要作用。

记者:对西藏自治区慈善事业的下一步发展会有哪些具体措施?

单增卓扎:一是着力创造发展慈善事业的社会环境。研究制定加快慈善事业发展的政策措施,重点引导慈善组织开展救助帮扶活动,切实加强对慈善组织的指导、服务、协调和监督,建立"政府推动,民间运作,社会参与,各方协同合作"的慈善事业发展机制,形成政府调控与行业协调互动、行政管理与行业自治互补的慈善事业管理新格局。

二是切实加强慈善组织的自身建设。着力培育和扶持一些规模较大、影响力强、公信度高的慈善机构,充分发挥其示范和辐射作用。尚未建立慈善机构的地(市)尽快完成组建工作。已建立慈善机构的地(市)要完善工作机制,规范管理,加快发展。建立慈善组织内部各项管理操作制度,完善慈善组织内部治理结构,不断提升慈善机构规范化管理水平和效率。

采取多种措施加快人才培养，提高工作待遇，吸引更多的优秀人才从事慈善工作，推进慈善组织专业化建设。

三是多渠道、多形式地开展慈善募捐活动。不断探索多种慈善募捐形式，多渠道募集慈善资金，做到集中的捐赠和经常性的捐赠相结合；有组织的捐赠和自发的捐赠相结合；常规性的捐赠和应急性的捐赠相结合。鼓励企业在提高效益和增加财富的同时，积极参与慈善活动，塑造企业的良好形象。积极争取中华慈善总会和17个对口帮扶省市慈善机构对我区慈善事业的大力支持。

四是积极培育和发展慈善文化。把慈善理念的普及和慈善精神的培育生动具体地融入社会主义先进文化的建设中，将人道主义、人文关怀与社会主义新道德有机结合起来，广泛开展各种慈善文化活动，以直观、生动、形象的方式增强慈善事业的吸引力和感染力，积极引导提高公众对慈善事业价值的认识，不断推动慈善事业的发展。

（访于2010年12月）

陈 国

男，生于 1955 年，广州市番禺人，中共党员，本科学历，现任广州市政府副市长，分管民政等工作。2007 年 10 月至今兼任广州市慈善会会长。

掀起广州慈善事业的"热潮"

——访广东省广州市慈善会会长陈国

记者： 品牌项目建设是广州市慈善会的特色，您能介绍一下这方面的情况吗？

陈国： 我们建立了具有广州特色的慈善医疗救助体系；设立了"广州慈善日"，开展广泛募捐；举办了"慈善杯高尔夫球赛"；设立了专项基金。

记者： "具有广州特色的慈善医疗救助体系"是什么样的体系？包括哪些方面？

陈国： 一是开办"慈善门诊"，为特困人员提供免费门诊医疗；二是兴建慈善医院，为患重大疾病的特困人员提供住院医疗救助；三是兴建何耀光康复院，为身患绝症的特困病人提供临终关怀；四是开展"慈善医疗进社区"系列活动；五是开展专项医疗救助。

记者： 据我的了解，广州市从 1996 年就开始筹建慈善医院，您能否

介绍一下慈善医院方面的情况?

陈国: 1996年,经市政府批准,市慈善会开始了筹建市慈善医院的工作。7年间共为市慈善医院建设筹集资金超过1.3亿元。其中,社会各界捐款9547.8万元,政府财政拨款4048万元。2002年10月28日,市慈善医院一期工程建成并正式开业,设住院床位200张。为进一步满足我市特困人员的各种医疗需要和就医需求,经市政府批准,市慈善会从2007年1月开始市慈善医院新住院楼的建设。2009年8月28日,市慈善医院新住院楼落成,住院床位数由原来的200张增加到500张。市慈善医院从开业至2009年4月30日,治愈出院特困病人12027人次,特定门诊10030人次,为特困病人实施手术1702台次,减免特困病人医疗费用总额达9422万元。

记者: 专项医疗救助方面取得了哪些成绩?

陈国: 我们设立了"爱蕾行动"项目。2009年9月,市慈善会启动"爱蕾行动"——为患白血病青少年儿童设置募捐箱项目,计划为帮助我市户籍0～18周岁患白血病的青少年儿童设置5000个募捐箱筹集善款。目前,已在黄振龙凉茶店连锁店、农业银行各营业网点、网吧等公共场所设置募捐箱1000个,共筹款12.58万元,市慈善会注入启动资金200万元,已资助白血病患者43人,资助金额102万元。

设立了"童心基金"。2010年6月1日,市慈善会和市妇女儿童医疗中心共同设立了"童心基金",专项用于救治困难家庭重症患病儿童。市慈善会为"童心基金"提供400万元启动资金。市妇女儿童医疗中心充分利用自身优势资源全力救治困难家庭重症患儿,并提供免挂号费、治疗费和检查费减免10%的优惠。

目前已初步形成了具有自己特色的小病救助有慈善门诊,大病救助找慈善医院,不治之症晚期病人进临终关怀病区,医疗保健在社区,专项救助有"爱蕾行动"和"童心基金"的慈善医疗救助体系。

记者: 慈善专项基金是扩大和充实慈善组织善款的有效手段,广州市慈善会在慈善专项基金方面有哪些措施和行动?

陈国： 广州市慈善会为了建立稳定有效的慈善募捐渠道，让慈善走近平民，并成为常态存在于广大市民生活中，设立了多个专项基金。

与《信息时报》《新快报》联合举办了"爱心慈善金"，通过在报刊上每周一期刊登一些特困家庭的资料，呼吁社会伸出援手，共献爱心，帮助他们渡过难关。目前，共接收各界的捐款482万多元，资助市民5000多人次。

与市政协合作设立了"广州市政协委员帮扶新农村建设专项资金"项目。目前，该项目共为新农村建设筹集资金385万元，已为从化、增城建设农村小学、农村幼儿园、老人院、自来水工程、直饮水工程和文体中心等20个项目共支出521万元。

与市工商联共同设立了"凝聚力工程资金"项目，利用工商联自身的优势，发动工商界人士捐赠款项，开展扶贫济困、助学、建校，为建设社会主义新农村办实事。目前，该项目已接收到2939万元的捐款，为从化、增城、番禺的农村教育和医疗事业及其他基础设施建设支出2572万多元。

此外还有"爱蕾行动基金"和"童心基金"，这是近年新设立的重大疾病专项救助基金，"蓝天基金"是专项助学基金，均收到了较好的社会效益。

记者： 近年来，自然灾害时有发生，广州地处华南，台风自然灾害影响较大，请问广州市慈善会在灾害应对方面有何措施？

陈国： 近年来，每逢大灾，市慈善会都积极组织开展大规模的募捐活动，帮助灾区群众解决燃眉之急。其中，1998年在长江遭受水灾期间接收捐款1500万元，2003年在抗击非典灾害期间接收捐款250万元，2004年在印度洋海啸后接收捐款1700万元，2005年在广东省增城、河源等地遭受水灾时接收捐款1200万元，2006年在我省韶关等部分地区遭受水灾期间接收捐款1.03亿元，2008年在南方多省市遭遇冰灾时共接收捐款1510.5万多元，特别是在2008年汶川特大地震期间，更是全力投入救灾工作，为地震灾区接收8.31亿元，2010年为西南旱灾地区筹款682万元，为青海玉树地震灾区筹款 1.026 亿元。

每当发生重大自然灾害，民间都自发地掀起慈善捐助热潮，使我们看到在广大人民群众中间，爱心是普遍存在的。广州市慈善会通过多年的募捐赈灾活动，特别是经过 2008 年汶川特大地震灾害，现已建立起包括有应急预案、领导小组、接收捐款组、义工队伍、宣传组、募捐组在内的突发灾害应急机制。

记者： 作为一名长期致力于慈善事业的工作者，请问您对慈善工作有何体会？

陈国： 我认为，首先，我们要做好广泛的宣传工作。设立"广州慈善日"的目的就是为了加大宣传，在全市营造慈善氛围。通过召开新闻发布会，在公交车站广告栏、地铁站看板、社区等公共场所张贴（挂）"广州慈善日"活动宣传海报，印发倡议书，制作活动公益宣传短片在电视播放、短信提示等方式普及慈善知识、推广慈善文化、动员全社会参与慈善活动。

第二，慈善组织要加强自身建设，规范管理，提高社会公信度。应建立慈善行业协会完善行业自律机制；应建立和健全规范公开的财务管理制度、捐赠款物的追踪反馈机制、慈善信息公示制度；应建立统一的慈善信息服务平台。

此外，政府要加紧慈善公益事业的立法，推动慈善事业的发展。

（访于 2011 年 1 月）

掀起广州慈善事业的「热潮」

男,1933年12月出生,汉族,江苏省苏州市人,大学文化。先后担任浙江省文化厅厅长、中共浙江省委常委、宁波市委书记等职务,1990年1月任中共浙江省委常委、宣传部长。1993年1月任政协浙江省第七届委员会副主席、党组书记。是浙江省慈善总会第一、二届会长。

孙家贤

在实践的基础上开拓创新

——访浙江省慈善总会会长孙家贤

记者：浙江省慈善总会成立已有16年，请您简要介绍其发展历程和发展成就。

孙家贤：浙江省慈善总会的发展历程，大体上经历了3个阶段。第一阶段是从浙江省慈善总会注册筹建到首次会员代表大会的召开，从1994年到1999年；第二阶段是创业阶段，从2000年到2006年，即从浙江省慈善总会正式成立到首届浙江慈善大会的召开；第三阶段是开拓创新阶段，从2007年至今，慈善事业社会影响力进一步扩大，慈善组织的社会地位明显提高，慈善工作的社会氛围基本形成。到2010年底，全省各级慈善组织累计筹款达到100亿元左右，筹集物资价值达到5亿元，筹募"留本冠名基金"规模达65亿元左右，援助困难群众（不包括省外）570万人次，用于救助的资金达到约70亿元。

浙江慈善从无到有，从小到大，为推动浙江的"两个文明"建设和构建和谐社会做出了一定的贡献。同时，省慈善总会也获得多项荣誉：获得省人民政府颁发"浙江慈善奖"项目奖3个，中华慈善总会颁发的项目奖6个，其他奖5个。2004年12月和2010年1月先后被评为"全国先进民间组织"和"全国先进社会组织"，并受到民政部表彰；2007年1月、2009年7月先后两次荣获"中华慈善事业突出贡献奖"机构奖，受到中华慈善总会表彰。

记者：这16年来，浙江省慈善总会发展的基本经验是什么？

孙家贤：如果要总结16年最基本的经验，那就是：把国内外发展慈善事业的先进理念与我省实际相结合，"摸着石头过河"，在培育劝募市场中赢得发展先机，取得丰硕成果。

记者：具体到操作层面，有哪些经验是比较重要的？

孙家贤：共有6个方面：积极发展慈善文化，为慈善事业创造良好的外部环境；建构工作网络，积极推进全省省、市、县三级慈善组织能力建设；广泛筹募善款，调动三级筹款积极性，各筹各用，在慈善劝募领域不断开拓创新；不断加大慈善救助，积极发挥补充保障作用，实施慈善救助，是慈善机构存在价值最直观的体现；弘扬志愿精神，大力发展义工服务事业；完善监督机制，不断提高社会公信度。

记者：慈善文化的发展应该是慈善事业发展的根本，您能否介绍一下浙江省是如何推进慈善文化发展的？

孙家贤：我们从省慈善总会成立那天起，就把慈善文化摆在十分重要的位置。

一是开展慈善宣传。与省、市电视、广播、报纸、网络等媒体单位合作，组织各种形式的慈善宣传活动。据不完全统计，省级纸质媒体有关慈善的新闻报道就达上千篇。我们还组织了"浙江慈善十年"和"浙江慈善十五年"大型新闻采访活动，出版了《浙江慈善十年新闻报道集锦》、《浙江慈善新闻剪报2005年—2009年》，印制了《浙江慈善十年纪念邮册》。成立之初，我们编发了《浙江慈善信息》，2005年10月，《浙江慈善》杂志（内

刊）创办，目前已编发30期，在省内外产生了广泛影响。

二是组织慈善文化活动。通过组织各种"义"字类文化活动，传播慈善的理念和价值观，扩大慈善事业的社会影响。尤其是"慈善艺术品拍卖会"、"慈善新年音乐会"、"慈善年夜饭"等活动，开创了我省慈善公益文化的先河，在业内产生广泛影响，其中"慈善年夜饭"活动去年已经是第十年举办了，"慈善新年音乐会"去年也是第九次举办了。

三是经验交流和理论研究。从1999年12月召开"全省首次慈善工作经验交流（培训）会"开始，每两年组织一次，已连续组织六次，"以会代训"制度成为不同时期为推动浙江慈善事业发展统一思想、明确目标、推广经验、探索规律的重要途径。全省的慈善理论研究也取得重要成果，一批高质量的理论研究文章得到民政部领导和省委、省政府的肯定，在业内产生较大反响。

四是评选表彰先进。

记者：据我所知，浙江省慈善事业在募捐方面较有经验，您能否介绍一下这方面的情况？

孙家贤：我们从浙江实际出发，依托市场环境，创新劝募模式，使慈善筹款持续增长。

我们聘请民营企业家担任副会长，在慈善捐赠中发挥带头作用。目前，在省、市、县三级慈善机构中，由民营企业家担任副会长的比例已超过50%，省慈善总会10个"民企"副会长中已有9个捐款建立"慈善基金"。

我们创新了筹款的形式，积极发展"企业留本冠名基金"。2000年出现的"企业留本冠名基金"，为初创时期的我省慈善机构建立相对稳定的筹款机制、提高可持续发展能力作出了重要贡献。

我们还策划了慈善项目，开展定向捐赠。不断推出"慈善援助活动"和"慈善项目"，发动定向捐赠，帮助困难群众，历年来，组织的定向捐赠活动有30多次。设立的基金项目有20多个。

在大灾捐赠方面，我们积极主动地开展募捐工作，如浙江对口支援四川青川，仅善款就达20亿元，有力地支援了灾区人民。

记者： 募捐取得丰硕成果，那么救助方面呢？如何使用这些善款才能达到实效？

孙家贤： 实施慈善救助，是慈善机构存在价值最直观的体现。

我们以"群众最需要、党政最关心、慈善机构最具能力"为出发点，重点援助特困群众和边缘群体，实施了各类助学、助孤、助医、助残、助困、赈灾等项目50多个。

我们整合全省慈善资源，发挥系统效应。策划了"爱心助孤大行动"、"慈善年夜饭"、"爱心彩电，欢乐奥运"等大型慈善援助活动，促进了全省慈善机构的协作与配合，扩大了慈善工作的社会影响力。

这些年来，我们对丽水、衢州等欠发达地区慈善事业给予了更多的关心和支持。我们对省麻风病院、抗癌协会、残疾人基金会、敬老院、儿童福利院等非营利机构，给予了各种形式的资助。此外，我们还积极实施中华慈善总会援助项目。继2000年2月"微笑列车"唇腭裂免费矫治项目在我省启动以来，"格列卫"慢性粒细胞白血病救治项目、"易瑞沙"肺癌救治项目、"多吉美"肝癌救治项目、血友病救治项目等一批全国性慈善助医项目在我省实施，就2009年而言，全省受助患者达1023人，受助手术费用和药物价值人民币1.84亿元。

记者： 作为一名慈善工作者和慈善机构的领导，对这16年的发展，您有何深刻体会？

孙家贤： 我的体会有几个方面：各级党委政府的重视和支持是慈善事业发展的根本保证；大力建设慈善文化是推动慈善事业发展的强大动力；在实践基础上开拓创新，是慈善事业可持续发展的必由之路；发挥慈善工作系统优势，调动省、市、县三级积极性是塑造慈善组织"机构品牌"的重要依托；加强两支队伍建设，是发展慈善事业的组织保障；强化自律机制，是建构慈善事业公信力的关键所在。

在今后一个时期，我们要继续推进浙江省慈善事业发展，为构建和谐浙江做出更大贡献。

（访于2011年1月）

浙江温州人，1964年毕业于浙江大学物理系。新后担任温州市委常委、宣传部长，龙湾区区委书记，温州市经济开发区管委会主任，温州市政法委书记，温州市政协副主席，温州市人大常委会副主任等职务，2006年5月当选为温州市慈善总会会长，是"全国优秀慈善工作者"。2011年5月二届理事会换届，孙成堪担任温州市慈善总会三届理事会荣誉会长。

孙成堪

以"善行天下"为工作特色打造"爱心温州"慈善品牌

——访浙江省温州市慈善总会会长孙成堪

记者：您从2006年当选为温州市慈善总会会长以来，一直认真探索温州慈善工作新路子，几年来，温州的慈善事业有很大的发展，请您具体介绍一下？

孙成堪：温州市慈善总会紧紧依靠温州市委、市政府对慈善事业的支持、推动，发动社会各界积极参与慈善事业，以科学发展观为指导，紧紧抓住发展这个主题，解放思想，开拓创新，勇于实践，善于总结，致力于推动温州慈善事业的积极发展和进步。

近五年来，以"善行天下"为工作特色的"爱心温州"慈善品牌统领着各项慈善工作，使温州慈善事业的繁荣发展有了明确的目标和扎实的、

以"善行天下"为工作特色　打造"爱心温州"慈善品牌

切合温州实际的理论指导,强有力地推动了温州慈善事业快速发展,把温州慈善工作提高到一个新的水平,把温州慈善事业推进到一个新的发展阶段。尤其是从2008年以来,我们开展了慈善助医、慈善赈灾、慈善助学、慈善助困、慈善助残、慈善论坛、慈善晚会等十大典型慈善活动,每年都有30多个慈善项目在运行,每年投入慈善救助金都在4000万元以上,近40000户贫困家庭得到直接救助,温州市鹿城老城区和文成、泰顺等贫困县的慈善扶贫项目每年的受助人数达10多万人次。

此外,温州华侨多,在外经商的人多,他们长期以来不断回报社会,做善事、行善举,形成了"善行天下"的感人局面。这是温州市慈善总会慈善工作的一个重要方面,我们有责任把海内外温州人的爱心和善行凝聚在"爱心温州·善行天下"的慈善大旗之下,完成温州人从"商行天下"到"善行天下"的凤凰涅槃。温州市慈善总会在2008年首次用"爱心温州·善行天下"冠名召开了"温州慈善论坛会"和"温州改革开放三十年十大慈善家、十大慈善人物评选活动",取得了非常好的社会效果。市慈善总会在2010年还联合和支持有关单位在中西部经济欠发达地区开展了"爱心温州·善行天下"慈善活动,在贵州、云南、青海、四川等地救治了485例贫困白内障患者;募集700多万元赈灾款在玉树地震灾区建立了一所慈善眼科医院;支持温州人微笑联盟在四川地震灾区手术216台,救治了116例贫困唇腭裂患者。温州人这种"善行天下"的举动,不但使这些地区的困难群众受益,而且还得到许多有识之士的高度赞赏。民盟中央李重庵副主席对此表示:"温州模式已经为中国的经济建设作出了贡献,现在,他们正在以实际行动逐渐推出和完善一个社会建设的温州模式。"

记者:募捐工作是慈善事业的源泉和基础,温州慈善总会近年来在创新募捐机制、开展多元化的募捐活动方面有不少突破性的尝试和进展,也取得了优秀的成绩。

孙成堪： 温州市慈善总会二次理事会开展工作以来，就非常重视慈善募捐工作。截至2010年底，温州市慈善总会和各县（市、区）慈善总会共募集善款达127003万元（含汶川地震赈灾款），发放救助金105401万元，有1249490名贫困同胞获得救助，其中市慈善总会募集善款27174万元（含汶川地震赈灾款），发放救助金24575.65万元，救助贫困同胞156632人。如今，以"爱心温州"为慈善品牌、以"善行天下"为工作特色的温州慈善事业正日益深入人心，"爱心温州"慈善品牌成了温州市慈善总会的一张金名片。

在具体的募捐方法和机制创新上，我们一是引进市场化劝募机制，走定向捐资和非定向捐资相结合的路子，并把捐资重心转移到定向捐资上。从2007年至2010年底，建立了总额为5120万元的9个慈善基金，根据协议规定，每年有367万元各类基金用于温州市慈善总会17个救助项目的支出；同时，定向捐赠扶贫、助医、助学、助困等慈善项目的捐款已经达14948万元。二是开展集募捐、救助、宣传、义工活动为一体的"慈善活动月"。在慈善活动月中，以捐资为主题，以救助为平台，以宣传为先导，以义工为支撑，推出多项慈善活动来带动"慈善一日捐"，声势大，发动面广，效果很好。二届理事会以来，市慈善总会在"慈善一日捐"活动中共募得善款4715.68万元。三是抓赈灾募捐。在"桑美"超强台风、"5·12"汶川地震和青海玉树地震、舟曲特大泥石流灾害发生后，市慈善总会共接收社会各界的赈灾捐赠款达11568万元。四是基层慈善分会开辟了慈善募捐的新渠道。2007年全市分会募集善款4800万元，2008年全市分会募集善款9000万元，2009年全市100个分会募集善款1.02亿元，三年共计募集善款2.3亿元，大大促进了慈善事业的发展。

记者： 慈善救助是与困难群众的需求息息相关的，救助体系的建设和慈善品牌项目的打造是一个慈善组织的生命力所在，就此温州市慈善总会进行了哪些有益的尝试？

孙成堪：要想让社会各界和慈善总会同心同德，共同行动，必须要建立与政府最关心的、老百姓最需要的慈善救助项目库，并告知社会各界，让社会公众了解。

现在，温州市慈善总会的慈善救助项目库通过慈善总会的网站宣传和在历年来的慈善救助活动，特别在系列慈善助医救助活动中正在深入人心。我们为此加强了宣传工作，努力构建全市慈善宣传工作网络，通过媒体的宣传把项目细化、量化，更方便了广大民众参与慈善捐赠和慈善活动，形成了人人可慈善的浓厚慈善氛围。

温州市慈善总会平均每年投入救助的善款是当年捐款总数的95.72%（不包括汶川赈灾款），远远超过基金会条例规定用于慈善救助不低于70%的要求。救助项目也在不断增加，从2007年的17个到2010年34个，形成了一张覆盖面很广的慈善救助爱心网。

在确定对全市各地慈善救助项目援助上，我们不搞传统的一刀切，而把救助重点放在文成、泰顺这两个原国家级贫困县和下岗职工多、也是市慈善总会重要捐资地的温州老市区，开展了冠以"爱心温州"慈善品牌的助学、助老、助医、助贫等20多个慈善救助项目，同时改进了救助方式，把过去逐级下发的救助方式改变为面对面救助方式，保证了真正困难的群体能及时得到慈善救助。

记者：慈善基层网络建设和慈善义工队伍建设对于慈善事业触角的延伸和完善有着重要的意义，是慈善事业繁荣发展的重要基础之一，温州市近年来在这方面有哪些成就和进展？

孙成堪：基层网络建设和义工建设是慈善工作的重要基础。我认为，慈善总会的工作重心要下移，要把工作立足点放在社区、村居。

2007年以来，我市基层慈善分会发展很快，2007年全市基层分会只有37个，截至2010年10月31日，全市11个县（市、区）已成立基层慈善分会128个，其中乡镇、街道分会109个，企业分会12个，部门分会9个，

基本形成了覆盖全市城乡的慈善基层网络。值得一提的，是 2010 年 5 月 6 日成立的有海外温籍华人自发组织的侨爱慈善分会，为凝聚世界各地温州侨胞的爱心提供了重要的慈善平台。

义工是慈善工作的重要组成部分。温州市慈善总会在 2008 年建立了市慈善总会慈善义工分会。目前，全市慈善组织共拥有近百支慈善义工队伍，有慈善义工 15000 多人，其中，市慈善总会有近 50 支慈善义工队，有慈善义工 8000 多人。这些慈善义工们活跃在社会的各个层面，为社会的安定团结、为需要帮助、关爱的人送去物质帮助和精神慰藉做了大量的慈善工作。

（访于 2011 年 1 月）

张 凡

中共党员。先后担任西安市财政局副局长、西安市人民政府市长助理、西安市委常委、西安市人民政府副市长、西安市人大常委会副主任等职务。现任西安市慈善会会长。

慈善是构建和谐西安的重要推动力

——访陕西省西安市慈善会会长张凡

记者： 西安慈善会是我国较早成立的慈善组织之一，请简单介绍一下西安市慈善会的概况和组织机构，贵会自成立以来，主要做了哪些工作？

张凡： 西安市慈善会是1997年9月经市民政局批准注册登记的具有独立法人资格的公益性、非营利性社会团体组织。其宗旨是发扬人道主义精神，弘扬慈善文化，继承和发扬中华民族扶危济困、乐善好施的传统美德，倡导社会公平公正，和谐友爱，通过开展多种慈善活动，帮助需要帮助的人们，促进社会和谐建设。

西安市慈善会具有一套严密、完整的内部管理制度，保证了各项慈善冠名基金的募集和各项救助善款的规范发放，有公开、公正的实施系统和监督系统，保证善款的合理安全使用，欢迎社会各界和海内外的爱心人士积极参与，支持我市慈善事业。

西安市慈善会成立十多年来，共募善款善物8095.98万元，设立"慈善冠名基金"1.8亿元。开展了一桥（慈善便民桥）二扶（扶贫济困，安抚孤老）三助（助学、助医、助残）等十多个品牌项目，慈善受益人口约75万人次。

记者：西安慈善会多年来在普及慈善理念、宣传慈善文化、创造慈善氛围等方面做了很多工作，也取得了相当大的成绩，尤其是西安慈善会的志愿义工团队更是一大特色，请你介绍一下？

张凡：长期以来，西安市慈善会下属各个慈善志愿义工大队的志愿者们，一直在各自所在单位积极开展慈善志愿义工服务活动。2009年11月21日，西安市慈善会成立了西安市慈善志愿义工总队，下设12个慈善志愿义工大队，慈善志愿义工骨干达到1000余人。多年来，他们在助残、助孤、助学、助老等方面做了大量的志愿义工服务，树立了良好的社会形象，赢得了社会各界的广泛赞誉。

尤其在2010年4月份向青海玉树灾区救灾募捐活动中，西安市慈善会慈善志愿义工总队所属、西安交大管院CEO学友会、真爱、大明宫、陕鼓、陕西爱心企业商会、秋林、西工大青年志愿者等八个慈善志愿义工大队连续三天在交大思源广场、曲江会展中心广场、大雁塔北广场等地开展了为玉树灾区慈善募捐大行动。三天共募得200767.5元善款。在慈善募捐大行动期间，一支由慈善志愿义工骨干组成的记者队伍积极配合慈善募捐大行动，他们默默奉献，多次亲临各个慈善募捐点，及时报道大行动中涌现出的先进典型，有力地配合了此次慈善募捐工作。通过此次慈善募捐大行动，锻炼了我们的慈善志愿义工队伍，同时也为我们今后开展更大规模的社会慈善志愿义工服务活动积累了经验。

记者：如何把一些临时性救济活动发展成长期的扶助项目，从应急的输血扶助提升到新时期长效的造血机制是每一个慈善组织都面临的问题。西安慈善会在推出自己的特色慈善品牌项目——慈善便民桥时是否也充分考虑到了这一点？

张凡：是的，近年来，我们在帮扶贫困地区和救助困难群众方面，开始注重帮扶贫困地区和困难群众脱贫致富及造血功能的培养。比如：以前，在给贫困地区建造慈善便民桥时，往往仅从解决贫困地区群众的生活及出行问题出发，大多建造的是小型慈善便民桥。如今在慈善便民桥的选址上不仅考虑解决几户人家的生活及出行问题，而且开始通盘考虑集中财力物力，做出一些大手笔，建造可供运输使用的中型慈善便民桥，为贫困地区发展本地区特色经济创造条件，不断增强贫困地区的造血功能，促进贫困地区及周边地区经济发展，使困难群众真正走上脱贫致富的康庄大道。在救助困难群众方面，西安市慈善会拟与相关部门及单位协商，在有条件的情况下，重点救助零就业家庭和具有劳动能力的困难群众，除举办一些相关知识和职业技能培训班外，还要对他们进行树立正确的人生观、价值观等方面的培训，增强他们二次就业的信心；在有条件的情况下，积极与职介机构及相关慈善单位合作，为困难群众二次就业架桥铺路，使他们早日走上新的工作岗位，让他们及全家开始走向新生活。

记者：西安慈善会成立以来在慈善救助方面取得了许多卓有成效的业绩，但同时也面临一些困难，请问下一步将如何发展？

张凡：多年来西安市慈善会做了大量的慈善工作，特别是2008年换届以来，加大了春节送温暖、助学、助孤、助残、助老等方面的力度及救助标准，同时也加大了慈善便民桥的建设规模，从而进一步加快了西安市各区县贫困地区及贫困人口脱贫致富的步伐。2009年西安市慈善会荣获中华慈善总会授予的中华慈善先进机构奖、西安市慈善会慈善便民桥项目荣获中华慈善总会授予的中华慈善突出贡献项目奖。

与此同时，我们也看到，我们的慈善工作与经济发达地区相比，还存在较大的差距，概括说来，差距有三点，第一，由于我市经济发展相对滞后，企业家和市民参与慈善活动的人还相对较少，捐赠善款金额相对较小，成为我市慈善事业发展的最大困难和瓶颈。第二，慈善救助的社会需求与实施救助之间存在较大差距，救助工作还需要不断创新。第三，慈善理念

还不够普及。

　　面对以上的差距和困难，需要我们不断加大慈善文化的宣传力度，积极普及慈善理念，营造一个温馨祥和的慈善文化氛围，造就一个"人人参与慈善"的良好局面。我们将进一步在慈善工作的广度和深度上狠下功夫，深入企事业单位，培育和建立更多的慈善冠名基金，使我会慈善善款募集工作有一个大的飞跃，努力缩小与经济发达地区在慈善工作方面存在的差距，为构建人文西安、活力西安、和谐西安作出更大贡献。

　　一花引得百花开，万紫千红总是春。今后，西安市慈善会将进一步加强慈善文化建设，使慈善事业的发展不仅依赖道德和信仰的支撑，而且依靠制度的呵护和强有力保障。同时，不断地加大对慈善文化的宣传力度，积极普及慈善理念，继续加大慈善志愿义工队伍建设的力度和范围，让慈善与爱心成为市民的一种生活方式，营造一个"人人参与慈善"的良好局面，为构建人文西安、活力西安、和谐西安作出更大贡献。

（访于 2011 年 2 月）

陈云金

男，1946年出生，汉族，宁波市人。先后任余姚市委副书记、书记，舟山市副市长、台州市常务副市长、宁波市政协副主席。

2008年9月，担任宁波市慈善总会会长。

打造优秀项目品牌
推进慈善事业又好又快发展

—— 访浙江省宁波市慈善总会会长陈云金

记者： 据我们了解，仅仅在2010年全年，宁波全市两级慈善机构募集善款总数达5.03亿元。请问宁波市慈善事业取得如此丰硕成绩最重要的经验是什么？

陈云金： 宁波市慈善总会成立于1998年9月。十几年来，宁波的慈善事业取得了令人欣喜的成绩。截至2010年底，市县两级累计募集达25.4亿元，市县两级累计救助支出16.23亿元，受助106万人次。

这些成绩的取得，其中一条重要经验就是坚持打造优秀慈善项目品牌，从而推进慈善事业又好又快发展。我们坚持"依靠社会办慈善、办好慈善为社会"的理念，在实践中不断探索，努力打造具有自己特色的慈善募集和救助项目品牌，先后推出了"慈善一日捐"活动、与企业（单位）建立

"慈善冠名基金"等募集品牌；推出了"牵手结对"活动、"彩虹助学"活动、"慈惠童心"工程、"救救白血儿"、"精神病康复行动"等救助品牌。

近几年，我们又推出"千村慈善帮扶基金"、"双百扶贫工程"等救募结合的项目，我们还创办了宁波颐乐园、宁波华慈医院两个公益实体。通过这些慈善品牌我们吸引了大批慈善资金，帮助了大量困难群众，受到了社会各界的好评。

记者：如您所说，打造优秀慈善项目品牌是宁波慈善取得丰硕成绩的重要经验，请问您怎么看待慈善事业中搞品牌建设的重要性和必要性？

陈云金：我们认为，对慈善事业推行品牌战略，应当把它与慈善事业的性质、特征和作用联系起来去认识，这样我们才能理清思路，明确方向，抓准工作的着力点。

打造慈善项目品牌，是慈善事业市场化运作的客观需要。慈善的社会特性决定了它的运作不能单纯依靠行政手段。从长远来说，慈善组织必须立足于自身努力，不断摸索市场经济规律，通过创新工作机制，打造优质项目品牌，才能在劝募市场激烈竞争中站住脚跟，逐步发展壮大。

打造慈善项目品牌，是普及慈善文化、扩大慈善影响的有效载体。慈善事业的发展离不开慈善文化宣传的推动、引导。而慈善组织推出的品牌项目，本身就是慈善文化的一项内容。一个好的项目往往能激发人们的爱心，使成千上万的人从中受到启发和教育。甚至一个项目能感动一座城市，这是难以用金钱衡量的。

打造慈善项目品牌，是突出救助重点、提高慈善资金使用效益的重要途径。慈善事业的资源是有限的，必须创新救助模式，把有限的资源利用好、配置好，发挥其最佳的效益。打造慈善项目品牌，也是拓宽善款募集渠道，提高慈善资源的开发能力，壮大慈善实力的内在要求。一方面现在劝募市场竞争日趋激烈；另一方面，捐赠主体的捐赠意愿也越来越个性化。面对新形势、新情况，必须增强创新意识，坚持与时俱进，用新的工作机制、新的运作手段去吸引更多的慈善资金。

记者： 请您结合实际工作和具体的慈善品牌说明一下如何用新的工作机制、新的运作手段去吸引更多的慈善资金？

陈云金： 我们回顾走过的路程，在募集工作上，大体经历了这样几步：第一步，创建阶段，善款的增长，主要靠每年一次的"慈善一日捐"活动。第二步，从2004年初开始，我们大力发展各种形式灵活多样的冠名定向救助基金。截至2010年年底，全市慈善机构共建立各类冠名慈善基金2010家，协议规模25.2亿元。这佐证了冠名基金在一日捐基础上大大前进了一步，它更能体现捐赠者的意愿，体现企业与社会互利双赢。现在走的是第三步，就是要在坚持历年成功做法的基础上，把募集和救助两者更紧密地结合起来，面向社会，打造项目品牌，用项目来带动募集、用项目来促进救助，做到一日捐、冠名基金、项目三管齐下。项目具有品牌化的特点，更能把公益品牌与企业品牌结合起来，提升企业品牌形象，使企业的捐赠热情得到进一步激发。

记者： 打造项目品牌，是慈善工作中一项综合性的系统工程，不但工作量大，而且十分细致、复杂，必须精心策划、精心组织、精心实施。如何成功地打造好项目品牌，宁波已经积累了一些经验，请您简要介绍一下？

陈云金： 首先是着力打造救募结合的项目品牌，以有吸引力的救助项目来带动募集。慈善机构可以推出的项目品牌其内容多种多样，一般来说有这样几种：一是以募集为主的项目；二是以救助为主的项目；三是向社会公开推出的通过发动公众捐赠来达到救助目的的项目，也就是救募更为紧密结合的项目，如"救救白血病患儿"等。这类项目的特点是，捐助内容、捐助对象、捐助金额更加公开透明，有利于吸引大批资金。我们认为，相比之下，第三种类型的项目具有更多的优势，更符合资助者和受助者双方的意愿，其影响和带动作用更大。所以近年来，我们着重在打造救募更为紧密结合的项目上多下功夫、多花力气。

其次是加强社会调查，选准慈善项目。选准项目是打造慈善品牌的基础和前提。在项目的选择和确定过程中，应当考虑这样几个条件：一是救

助内容为困难群众所迫切需要,而政府相关部门又暂时不能顾及;二是预计该项目推出后,有可能引起强烈的社会反响,激起民众爱心,解决项目所需的资金;三是救助的数量不是最大,但社会效益又很好,慈善机构能够承受资金募集和支付能力。只有具备了这三个条件,才能使项目达到必要性和可能性相统一。为此,要做深入细致的社会调查。项目初步确定之后,就要制订切实可行的实施方案,使之具有较强的可操作性。

再次就是精心策划包装,提升项目效应。项目不在于多,贵在于精。项目一经确定,就要精心策划,精心"包装",使之推得出、打得响,通过各种形象化的手段向社会推出,以达到最佳社会效益。项目"包装"中尤其要注意项目的名称。名称既要体现项目的内容,又要叫得响,又能使人一听就明了。

第四要加强联合,形成整体合力。宁波市和县(市)区两级慈善机构很重视加强对项目开发工作的领导。在年初制订工作要点时,把项目开发工作纳入年度重要工作内容,明确责任制。对于在全市范围内有普遍作用的项目,可以上下联动,采取统一策划、统一推出、分头实施、各负其责,更好地发挥集聚功能,形成整体合力,推动慈善事业又好又快发展。

此外还要加强宣传力度,扩大品牌影响。通过强有力的新闻宣传,进一步营造慈善氛围,普及慈善意识,扩大项目影响力,提升项目的品牌价值。为了更有效地发挥媒体的优势和作用,必要时可以与媒体联手,联合打造项目品牌。

(访于 2011 年 2 月)

张旭升

男，汉族，1945年3月生，山东昌乐人。2003年4月至2008年1月任青岛市政协主席、党组书记。第十届全国政协委员。现任青岛市慈善总会会长。

用慈善品牌铸就爱心城市

——访山东省青岛市慈善总会会长张旭升

记者：青岛市的慈善文化建设卓有成效，青岛市慈善总会在大力弘扬慈善文化，积极传承民族精神，促进了青岛慈善事业的健康快速发展方面做出了积极的探索，请您介绍一下青岛市在慈善文化建设方面的亮点？

张旭升：青岛市慈善总会把慈善文化建设放在首位，遵循"在宣传中展开慈善工作，在慈善工作中建设慈善文化"的原则，以春风化雨般的滋润，在街道、社区、企业、学校等社会各个层面涵养慈善文化。具体来说，青岛市在慈善文化建设方面有三个亮点。

加强与新闻媒体的合作，形成推动慈善事业发展的合力，是青岛慈善文化建设的一大亮点。青岛市慈善总会在本地媒体上开办慈善专版、专页，编辑出版慈善图书，建立"青岛慈善网"。同时通过报纸、电台、电视、公益广告、文艺演出等方式，广造舆论，激发广大群众奉献爱心的热情。

此外还充分运用广告屏、移动电视等现代化宣传工具，使慈善文化渗透到社会的每个细胞，做到家喻户晓、人人皆知。

举办形式多样的文化活动，使慈善理念深入人心，是青岛慈善文化建设的又一亮点。青岛慈善文化方面的活动好戏连台：连续举办大型慈善晚会、广场文化演出和"元旦慈善晚宴"，通过开展群众喜闻乐见的文艺演出形式，生动感人的慈善原创事迹，进一步扩大慈善事业的影响力，带动更多的人投身到慈善事业当中。为增强活动的活力，还适时组织义工讲师团，举办慈善专题讲座、慈善沙龙等。此外还举办慈善摄影作品比赛、慈善征文、"慈善好新闻"评选等文化活动，通过这些活动，使慈善文化在青岛无处不在。

着力开展慈善文化理论研究，不断探讨慈善发展新思路是青岛慈善文化建设的第三大亮点。青岛市慈善总会在开展慈善文化建设中，注重理论研究工作，用理论指导实践。通过建立慈善理论研究中心，举办"慈善论坛"等活动，从不同角度和层面，对青岛慈善事业发展的现状以及新形势下如何加快慈善事业的发展等一系列问题进行了全面而深刻的分析与阐述，对慈善工作的进一步开展起到了强有力的指导作用。

记者： 在我国现代慈善事业的发展进程中，慈善的品牌项目建设越来越被慈善机构重视，青岛慈善在慈善品牌的建设中取得了哪些成绩？

张旭升： 青岛市慈善总会在建构慈善文化价值理念的同时，从社会发展的大视野中找准自己的角色定位，在与各种文化的碰撞与磨合中凝聚共识，开拓创新，实行品牌战略，凭借青岛名牌荟萃的优势，精心打造"慈善青岛"慈善品牌，推动慈善事业的可持续发展。在"慈善青岛"的总品牌下，推出了"慈善一日捐"、慈善冠名基金、"新年第一槌"拍卖、元旦慈善晚宴等募捐品牌，通过系列品牌活动，募集善款多达4.8亿元，铸就了爱心城市的坚实基座。

记者： 请您介绍一下青岛慈善品牌建设的具体做法和经验？

张旭升： "慈善一日捐"活动已经在青岛连续开展了9年，得到了社

会各界的广泛支持和认可，通过"一日捐"，全市已累计募集资金达2.2亿元，其中，市慈善总会募集资金5747.9万元，市民捐款热情年年高涨。广大市民纷纷参与到这项品牌爱心活动中，机关、企事业单位的参与率更是达到100%。个人捐、单位捐，一年一度的"慈善一日捐"已经成为青岛社会各界和广大市民扶贫济困、奉献爱心的重要平台。

慈善冠名基金是一种相对稳定的募救机制，通过包装和推介，这种机制以其灵活的形式，企业和社会双赢的优势吸引了越来越多的企业参与。在此基础上，青岛市慈善总会进一步拓展工作思路，积极探索建立"个人（家庭）冠名基金"的新形式。截至目前，共有30家单位和326家个人（家庭）与总会签订了慈善冠名基金，基金本金达2.84亿元，每年增值部分达1449万元。

元旦慈善晚宴是联合新闻媒体、爱心企业、爱心市民共同举办，企业和个人通过提供赞助、购买座席、提供拍品、现场竞拍等方式参与捐赠。共募善款300余万元，全部用于救助青岛市贫困先天性心脏病患儿，取得了良好的社会效果。

"新年第一槌"慈善拍卖活动，通过面向社会征集拍品集中拍卖的方式募集资金，是"平民参与慈善"的重要形式之一。

记者：在善款募集方面青岛市取得了不凡的成绩，慈善事业的落点在于慈善救助，请问在慈善救助方面青岛市有哪些具体实施的品牌？

张旭升：与一个接一个的慈善募捐品牌相呼应的是一个接一个的慈善救助品牌。围绕特困学生、特困家庭、先天性心脏病患儿等弱势群体的需要，培育了"社会献爱心，慈善送温暖"、"心连心救助工程"、"慈善助学"、"慈善助医"、"慈善培训"、"慈善超市"等救助品牌，慈善阳光普照到103.7万户困难家庭。

慈善助困，情暖人间。青岛市慈善总会每年元旦春节期间都开展"社会献爱心，慈善送温暖"活动，共支出资金6000万元，为城乡低保家庭、军烈属、老伤残军人等困难群体送去温暖。

慈善培训，授之以渔。出资206万元开展"慈善助你从业"项目，为3300名下岗失业人员及新市民进行再就业培训，变"输血"为"造血"，提高了他们的工作技能和再就业能力，上岗率达90%以上。

慈善助学，托起希望。出资705万元对3320名贫困大学生给予资助；支出138万元，定向支持青岛市慈善教育事业发展；支出172万元为农村贫困校改建校舍，资助困难学生，托起了贫困学生新的希望。

慈善助医，播撒爱心。与6家医院设立"慈善门诊"，支出善款485万元，使8813户特困家庭受益；实施"心连心救助项目"，支出善款544万元，对272名特困家庭先心病患儿实施手术；"微笑列车"项目，为930名唇腭裂患儿实施免费矫治手术；"复明工程"为136名贫困家庭白内障患儿实施免费手术；引进"格列卫"等6个救助项目，造福近1000名贫困患者。

慈善超市，温馨万家。开办了27家慈善超市和互助站，为5600户特困家庭免费发放物资折款约343.8万元。

有了这些慈善品牌项目，在未来的工作中，青岛慈善总会将进一步把握时代发展脉搏，把慈善文化建设与构建和谐社会密切结合起来，以提高全社会的慈善意识为己任，把慈善工作不断推向前进，让青岛成为全国最具爱心的城市之一。

（访于2011年2月）

曹新平

男,1956年1月出生于江苏徐州,汉族,浙江宁波人。1971年1月参加工作,1984年5月加入中国共产党。2009年7月至今,任徐州市委书记、市人大常委会主任。在2011年9月17日的中共徐州市第十一届委员会第一次全委会上,曹新平当选为市委书记。十一届全国人大代表。现为徐州市慈善总会会长。

慈善不是口号 而是一种责任

——访江苏省徐州市市委书记、慈善总会会长曹新平

记者:近几年来,徐州市的慈善事业驶入了快车道,我们了解到,截止到2010年底,徐州全市各级慈善机构累计进账善款3亿余元,其中市慈善总会4年累计进账善款2亿元,救助支出9000多万元,市域范围内15万人次得到慈善救助。而且江苏省慈善总会还曾经在徐州召开现场会,推广徐州慈善工作经验。您怎么看待徐州慈善事业的飞速发展?

曹新平:我认为,一座充满温情慈爱的城市,才是现代文明的城市;一个人人承担社会责任的城市,才是令人钦佩的城市。慈善事业的发展水平,是一个城市走向和谐进步的重要标志。因此,自2006年12月我兼任慈善总会会长以来,注重把慈善救助纳入社会保障体系的大盘子统筹考虑,不断完善慈善宣传、劝募、救助和发展四大运行机制,努力让徐州成为一

座充满关爱的慈善之都。

记者：在您的大力倡导下，徐州市十分注重慈善文化建设和慈善理念的普及，使得慈善在徐州逐步深入人心，为慈善事业的发展营造了一个良好的社会氛围。请问这方面有哪些好的做法？

曹新平：主要有三点。第一，发挥主流媒体的宣传作用。徐州市慈善总会与我们当地媒体密切合作，共同开办《慈善徐州》、《爱心徐州》等专版、专题节目，取得了很好的社会宣传效果。第二，发挥主题晚会的轰动效应。从2007年开始，每年春节前夕都由徐州市委、市政府主办一台慈善主题晚会。每次晚会都由徐州电视台和相关网站全程直播，在社会上产生强烈反响，4场晚会的现场认捐善款总额已经过亿元。第三，发挥慈善队伍的"播种机"作用。徐州市慈善总会在全市公开招聘两批25位慈善形象大使，另有在总会正式注册的慈善义工1200多人，他们在慈善宣传、善款募集和各项慈善救助活动中都发挥了很好的作用，打破了"慈善事业是富人的专利"的误区，使慈善真正成为人人有责、人人关心、人人参与的事业。

记者：我们了解到，徐州的几大慈善救助品牌项目都是您亲自策划、亲自倡导的？

曹新平：我认为，慈善总会的工作一定要紧紧围绕"改善民生、保障民生"，打出自己的品牌，特别是慈善救助要有别于政府实施的社会保障，突出对社会最弱势群体展开人道主义救助，充分发挥其社会保障的补充作用。为此，我先后提出"三个不让"的工作思路和目标，即：不让一个孩子掉队；不让一个贫困学子进不了校园；不让一个棚户迁居特困户买不起住房。围绕这"三个不让"，4年多来，徐州市慈善总会精心组织实施了一系列具有徐州特色的慈善救助项目：

一是着力打造"关爱残儿"品牌。几年来累计投入善款近千万元，分别实施"情暖孤残"、"健脑助行"、"聆聪语训"、"大病救助"、"特才培育"、

"康复训练"等工程，受助残疾儿童4200多人，使他们残疾的身躯得到康复，残缺的心灵得到抚慰，艰苦的学习、生活条件得到改善。该项目曾被中华慈善总会评为"中华慈善突出贡献（项目）奖"。

二是不间断实施"慈善助学"项目。该项目资助对象主要是全市当年高考录取的城乡贫困家庭子女。4年来，徐州市慈善总会共拨出善款600多万元，资助贫困学子2000余名。目的是绝不让一个手捧大学录取通知书的寒门学子，因缴不起学费而被拒之大学校门之外。

三是从2009年6月开始组织实施"爱心助孤"活动。到去年"六一"前夕，全市4282名孤儿和视同孤儿均得到结对资助，使他们在享受农村"小五保"或"城乡低保"待遇的基础上，又多了一道生活保障线，基本做到"生活有保障、学习有帮助、精神有慰藉"。

四是从去年初启动"棚户迁居助困"项目。徐州市慈善总会设立额度为2250万元的"棚户迁居助困基金"，为市区棚户区改造中没有购房能力的低保、特困户提供购房资助。房产使用权归迁居户所有，而产权则由迁居户与市慈善总会共有。待受助家庭经济状况好转后，再以原资助金额买回所居房产中市慈善总会拥有的产权部分。真正实现"居者有其屋"。截至去年10月底，市慈善总会已对61户棚户迁居特困户予以资助，支出购房资助款650多万元。这类资助对象虽然为数不多，但项目实施后影响很大，因为它涉及到民生之要事，解决的是特困拆迁户中的"大急、大难"，其效果是"彭城寒士俱欢颜"。实践证明，这项工作由慈善总会来做，具有诸多好处：一是有利筹集资金；二是扩大慈善影响；三是适合民间组织操作，促进社会和谐。

记者：作为徐州市市委书记，亲自兼任市慈善总会会长，您最大的感受是什么？

曹新平：慈善不是口号，而是一种责任。我们强调"不让一个孩子掉队"，温暖了孤残儿童的心；"不让一个贫困学子进不了校园"，圆了有志

青年的人生之梦;"不让一个棚户迁居特困户买不起住房",不折不扣地实现"居者有其屋"。尤其值得一提的是,2008年北京残奥会上,来自徐州的选手取得了7金3银1铜的佳绩,参赛、夺牌人数均居全国地级市之首;参加残奥会开幕式演出的320名聋人演员中,就有14位徐州姑娘。轰动全球的残疾人舞蹈《千手观音》的新领舞程铖,也是徐州特教中心走出去的。看到这些,我内心深处十分欣慰。慈善,让徐州更美丽,让徐州人更善良、更文明、更幸福。

(访于 2011 年 3 月)

女，汉族，山西沁源人，先后任成都市委外宣办（市政府新闻办）副主任、成都市对外文化交流协会副秘书长等职。2008年起任成都市委宣传部巡视员，2009年10月兼任成都市慈善总会常务副会长。

王莉琳

开拓创新　扎实推进
不断开创慈善工作新局面

——访四川省成都市慈善总会常务副会长王莉琳

记者： 据了解，截至去年年底，成都市慈善总会已募集资金60954.13万元。如此丰厚成果的取得，得到了怎样的支持，请您简要介绍一下？

王莉琳： 成都市慈善总会成立于1995年5月，始终坚持以扶老、助残、救孤、济困、赈灾为宗旨，不断开拓创新，扎实推进各项工作，充分发挥了慈善事业在社会保障体系中的重要补充作用，形成了"宣传立体化、募捐社会化、救助项目化、财务透明化"的工作格局，促进了成都市慈善事业的大发展。

近年来，市委、市政府每年主办的大型慈善晚会，对宣传慈善理念、募集慈善捐款、激活全社会的慈善要素，起到了关键性作用。市委、市政府"两办"下发"送温暖、献爱心"慈善一日捐活动的通知，各级领导率

先垂范,树立榜样,确保了慈善资金的及时到位。对社会上重大的慈善行为,政府部门及时给予必要的回应,并加以积极引导。为做好善款劝募工作,党政主要领导邀请企业负责人联谊座谈,以实际行动引领慈善事业的发展,赢得企业家对慈善事业的大力支持。

市慈善总会成立以来,未从善款中提取一分钱作为工作经费,市财政局给予全力支持,保证了慈善事业可持续发展。2009年12月,市人大常委会决定,将每年的10月19日作为"成都慈善日",这标志着我市慈善事业走上了制度化的轨道。

记者: 慈善资金的募集,政府的支持必不可少,但慈善总会自身的努力更加重要,请问在这方面您有什么经验可以和我们分享?

王莉琳: 近年来,为筹措慈善资金,我们重点在创新募捐形式、开辟募捐渠道、拓宽慈善资源上下功夫,取得了显著成绩。

从2003年起,我市坚持每年开展"慈善一日捐"活动。2006年,我们将该项活动与"向困难群众'送温暖、献爱心'社会捐赠活动"有机结合,募捐金额从2003年的51.2万元增至2009年的3070.49万元,募捐资金总额突破1亿元,为扎实开展各项慈善救助活动提供了有力保障。

此外,我们积极开展对外交往,引导外地资源参与成都慈善事业。一是争取中华慈善总会、省慈善总会支持。开展了"四个一万工程"、"福彩帮困助学"、"王老吉·学子情"、"宝马优秀教师奖励金"等慈善项目,引入慈善资金153.43万元。开展了"慈善医疗济困行动"、"慈善视力健康室"工程等活动,共接受捐赠医疗设备2558台,总价值10062.6万元。为都江堰、彭州等灾后重建引资上亿元。二是与世界超级模特组织共同举办了"情系玉树·慈善之光"慈善拍卖酒会,征集超模民族服装、饰品及书画、工艺品等进行现场拍卖,拍卖及现场捐款256.68万元,这是我会首次与国际组织合作开展的慈善募捐活动。三是与上海海通证券期货公司合作,在都江堰中学设立了"海通期货"助学(奖学)金。

面对国际国内重大灾难,慈善总会立即启动重大灾害应急预案,工作

由常态转入应急状态,第一时间向全社会发布募捐倡议书、公布捐赠方式和账号、延长工作时间、节假日不休息、专人负责善款接收,并与相关银行统筹联动等,帮助灾区人民渡过难关,重建美好家园。特别是"5·12"汶川大地震发生后,我会克服各种困难,认真做好善款的接收工作,共收到善款约3.34亿元。

记者: 资金到位后就要物尽其用,力争发挥其最大效能,请问成都市慈善总会涉及哪些救助领域?

王莉琳: 在抓好"阳光工程"的同时,我们还开展了赈灾、医疗、助困等救助活动,不断拓展慈善救助领域。

自2006年始,我会着力打造以"阳光"命名的六大慈善救助系列品牌——"阳光圆梦工程"、"阳光宏志工程"、"阳光育苗工程"、"阳光新居工程"、"阳光助老工程"和"阳光重建工程",初步形成了以帮困助学为主、涵盖建房、助医、扶贫、赈灾等方面的慈善救助体系,基本形成了一个以"阳光圆梦工程"、"阳光宏志工程"、"阳光育苗工程"三大工程构成的从小学、初中、高中直到大学完整的帮困助学体系,并取得了显著成效,受到了社会各界的广泛关注和赞誉。

针对稀有疾病患者,我们与中华慈善总会、博大医院、普瑞眼科医院联合开展了"特罗凯"慈善赠药、"全可利"慈善赠药、"拜科奇"和"万他维"赠药援助、白血病儿童救助、"2010博大之心100万社区"公益行等慈善医疗救助项目,为身患晚期肺癌、肺动脉高压、血友病和动脉高压、泌尿系统和眼科疾病等贫困患者提供免费医疗援助。

记者: 慈善理念的创新有助于慈善道路的拓展,请问成都市慈善总会近期在这方面做了哪些工作?

王莉琳: 首先要完善窗口服务。从2010年起,我们在捐赠接收窗口,创新建立慈善日志和慈善意见登记簿,详细记录下捐赠者真实动人的场面和感人故事,并积极做好登记整理工作,为积累素材、了解民心、掌握募捐动态和研究慈善工作发展打下良好基础。同时,为方便爱心人士在节假

日期间的咨询和慈善捐赠，进一步提升我会的公共服务形象，今年，我会尝试性开放春节捐赠接待窗口，共收到爱心款3.235万元，充分体现了我市公民慈善意识在逐步增强。

其次是开展调研交流。自2009年12月起，我会多次到县（市）慈善会进行了调研，与有关人员座谈，指导他们解决工作中的实际困难，共同探讨慈善工作思路。同时，为学习国内其他城市优秀慈善工作经验，创新工作理念，我们先后走访了中华慈善总会以及其他兄弟省市慈善总会，学习交流慈善工作经验，开阔视野，为进一步发展好我市慈善事业打下基础。

第三点就是推出了"慈善招商"。2010年，我们大胆创新，尝试引进了市场经济招商方式，推出"慈善招商"理念，通过设计包装不同需求、不同金额的慈善捐助产品，再通过产品进行招商引资。目前，我们已初步设计包装出各类慈善项目80多个。

（访于2011年3月）

男，汉族，1950年4月生，内蒙古突泉县人，先后任呼和浩特市委副书记、市长，内蒙古自治区人大常委会常委。是第十一届全国人大代表。2009年12月当选呼和浩特市慈善总会会长。

汤爱军

坚定信心 迎难而上
不断推动慈善事业健康快速发展

——访内蒙古自治区呼和浩特市慈善总会会长汤爱军

记者：据了解，呼和浩特市慈善总会成立于2003年，2009年12月28日，第二次会员代表大会暨第二届理事会召开，进行了总会换届。换届后展开工作的第一年，面对新形势、新要求，如何能更好地将工作落到实处，您可否简单介绍一下？

汤爱军：呼和浩特市慈善总会始终坚持"政府推动、民间运作、社会参与、各方协作"的工作方针，紧紧围绕扶贫济困、助医助学、安老助孤的工作宗旨，加强慈善工作队伍的自身建设，以提升慈善总会的公信力和社会影响力为重点，以筹募慈善基金、实施慈善项目为载体，加大慈善工作宣传力度，逐步在全社会形成献爱心、做善事的良好社会氛围，不断推动慈善事业向前发展。

记者：您作为第二任会长，在慈善事业这条道路上可谓任重而道远。请问，您上任后，慈善总会做了哪些探索及阶段性工作？

汤爱军：换届后，呼和浩特市慈善总会具有了非营利公益性社会团体和事业单位双重性质。去年，总会立足实际，在组织机构建设、慈善事业宣传、筹募、救助等方面进行了积极探索和有益实践，诸如：在"六·一"儿童节前夕开展了向蒙古族学校捐书助学活动；在全国"爱眼日"当天，组织有关部门和企业，开展了为敬老院老人和儿童福利院孩子免费验光配镜活动，并向他们宣传爱眼护眼知识。

2010年，西南五省发生严重旱灾，青海省玉树县、甘肃省舟曲县地震和泥石流灾害发生后，呼和浩特市慈善总会迅速行动，向社会发出倡议书，及时向社会公布慈善总会的捐赠电话和捐款账号，动员社会各界捐助灾区，共募集旱灾捐款1138606.20元，地震捐款1358569.70元，泥石流灾害捐款95315.20元，并全部电汇灾区，有力地支援了灾区群众的生产生活和灾后重建。

去年7月底，我会发动慈善企业、爱心人士，开展了"慈善圆梦"贫困大学生救助行动。全市城乡低保家庭和特殊困难家庭中符合救助条件的106名贫困大学生，共获得助学金53万元，将被连续资助四年。

2011年春节前夕，慈善总会联合内蒙古海亮房地产开发公司再次开展了"慈善情暖万家"送温暖活动。今年开展的"慈善情暖万家"送温暖系列活动，在去年基础上增加1000户，共选择1700个城乡低保家庭和特困家庭，为每个家庭救助300～500元。我们将把"慈善情暖万家"送温暖活动，作为每年元旦、春节期间的主要活动长期开展下去。

记者：现在已走进换届后的第二年，在总结第一年经验教训的基础上，您认为慈善工作的重点应放在哪些方面？具体如何实施？

汤爱军：慈善事业是社会的公益事业，只有获得社会各界的关心支持、积极参与，才能健康发展。我们的工作重点，首先是加强慈善宣传，逐步扩大慈善事业的社会影响。采取多种形式，宣传报道慈善事业的政策法规、

具体做法及典型事迹；开展慈善文化进社区、进乡村、进企业活动，引导广大群众继承并发扬扶贫济困、乐善好施的传统美德，增强承担社会责任、参与慈善事业、促进社会和谐的责任意识，积极引导更多有识之士及市民群众，把慈善之心变为慈善之举。通过建立慈善网站、发布慈善公益广告信息、创办慈善杂志、举办各类慈善活动等方式，逐步扩大慈善事业的影响。

其次是健全募捐长效机制，不断增强救助能力。慈善捐赠是继市场分配、政府税收分配之后的社会"第三次分配"。要建立健全以捐赠为主导，政府投入为补充，社会广泛参与的捐赠机制。落实完善激励捐赠的优惠政策，以建立"创始基金"为基础，发展设立大额冠名基金和留本冠名基金。通过开展"慈善一日捐"、举办慈善高尔夫球赛等活动，联合银行发行慈善联名卡等形式，积极开展公益营销策划筹募善款，提高慈善总会的救助能力。

第三要创新救助形式，使贫困群体得到切实救助。慈善救助能否体现必需、凸显高效，是增强慈善机构凝聚力、感召力，促进慈善事业发展壮大的关键所在。要坚持慈善救助规范有序的原则，在项目管理、资助信息反馈、绩效评估等方面，建立和完善一套行之有效的制度和方法。树立慈善救助工作的新理念，建立慈善救助数据库，实践和探索"项目援助"的方法，逐步实现"一安"（安老）"五助"（助学、助困、助医、助老、助孤、助残）"一创建"（创建慈善超市）即"一五一"的慈善工作目标，让我市贫困群体得到实实在在的慈善救助和帮扶。

最后要加强慈善队伍建设，不断提高慈善工作的社会公信力。慈善队伍的工作水平、服务水平是提高慈善事业社会公信力的关键所在。慈善总会向社会提供的服务越好，就越具有社会公信力，从而得到政府、企业和全社会的支持，才能汇聚更多的慈善资源。为此，要加快建立呼和浩特市慈善信息平台，着力解决慈善捐赠者和受助者之间的沟通不畅、慈善组织及项目运营信息不透明、慈善资源的供求信息不对称等问题。

坚持加强自身建设不放松，强化责任意识，强化规范管理，狠抓募捐、管理、使用三大环节,切实维护慈善总会的社会公信力。自觉接受主管部门、审计机构、社会舆论和人民群众的监督,真正做到让捐赠者放心、让受助人满意、让全社会明白,为慈善事业的发展提供强劲动力。

记者：新的一年，慈善总会在组织架构上是否会有新的举措或调整，请您大致介绍一下？

汤爱军：2011年，呼和浩特市慈善总会拟在全市所有旗县区设立慈善总会，力争用3～5年的时间，形成市、旗县区、乡镇（街道）上下贯通的三级慈善组织体系，发展成为以慈善总会工作机构为主体，基层慈善站点为基础，慈善志愿者、义工队为补充的慈善组织网络运行体制。逐步建立慈善义工、志愿者队伍，加强对专（兼）职慈善工作人员及慈善义工、志愿者的业务培训工作，为全市开展工作提供组织保障。

同时，为了使特困群众能够及时得到慈善事业的关爱和帮助，慈善总会确定每周一为慈善信访接待日，形成慈善信访接待制度，以满足困难群体向慈善机构求助的需要。

（访于2011年4月）

女，1948年12月出生，山东泰安人。

曾担任济南市卫生局局长、济南市副市长、市政府党组成员等职务。2008年1月济南市市政府特约咨询。2008年5月兼任济南慈善总会会长。

张 泽

创新做慈善　全力促和谐

——访山东省济南市慈善总会会长张泽

记者：据我们了解，近几年来，济南慈善事业在各级党委、政府和社会各界的大力支持下，成绩斐然，在山东省乃至全国都走在了前列。请问济南慈善总会发展的根基是什么？

张泽：慈善事业是社会保障体系的重要补充，是改善民生、促进社会和谐的崇高事业。近年来，我市各级慈善组织以科学发展观为指导，始终坚持"党委领导、政府推动、法律规范、政策引导、社会参与、慈善组织实施"的工作方针，认真践行"扶贫济困、安老救孤、赈灾助医、兴善助学"的慈善宗旨，不断完善"捐有渠道，救有平台，助有标准，用有监督，管有效应"的慈善运行机制，充分动员和依靠社会力量，深入扎实开展各项慈善工作，全市慈善事业持续发展。

济南慈善总会成立13年来，各级慈善组织累计募集善款4.23亿元，

救助困难群众81万人（次），资助贫困学生9578名，救助大病患者1025名，对保障并改善民生、促进社会和谐发挥了积极作用。

记者： 慈善事业的发展离不开社会慈善意识的培育和引领，在宣传和动员方面您有什么经验可以和我们分享？

张泽： 首先是加强慈善文化理念宣传。我会编发了《济南慈善总会会刊》、《济南慈善简讯》、《济南慈善年鉴》和《慈善事业与和谐济南》等书籍，并开办济南慈善网站，召开济南慈善大会和慈善理论研讨会，积极宣传中华民族扶危济困、乐善好施的优良传统，大力倡导"人人可慈善，人人能慈善"、"我帮你我快乐，我受助我感恩"的慈善理念，在全社会积极营造关心慈善、支持慈善、参与慈善、崇尚慈善的良好舆论氛围，动员和引导更多的人、更多的社会资源参与到慈善事业中来，让慈善成为全社会的自觉行动。

其次是注重对慈善事业典型的宣传。充分利用广播、电视、报纸、网络等新闻媒体，多形式、多途径地宣传慈善事业在保障改善民生、构建和谐社会中的重要作用，突出宣传广大企业、机构参与和支持慈善事业的典型事迹，不断增强企业和机构参与慈善事业的责任感和荣誉感，从而扩大慈善事业的社会感召力。

再次就是搞好大型慈善活动宣传。每年开展的"慈心一日捐"、"情暖万家"等大型募捐救助活动，坚持宣传先行，认真策划报道。2009年济南慈善总会与济南电视台举办了"情暖泉城"慈善文艺晚会，宣扬了泉城人民心系慈善、爱撒泉城的现代慈善精神。2010年，我会与有关单位举办了"慈善济民生，爱心铸和谐"迎新春联谊会，邀请300多名困难家庭代表和150名社会各界爱心人士同吃小年饭，并对困难家庭发放新年大礼包，充分体现了慈善的温暖，社会反响很好，提高了济南慈善事业的影响力。

记者： 拥有了良好的品牌宣传，更要依托卓有成效的募捐模式，请问您如何看待慈善筹募的创新问题？

张泽： 积极开展形式多样、富有成效的慈善募捐活动是慈善事业发展

的前提和基础。自 1997 年以来,我会每年在全市定期开展"慈心一日捐"活动,市领导带头捐款,机关干部踊跃参加。截至目前,全市"慈心一日捐"活动累计募集善款 3.6 亿余元,占慈善总会社会募集善款总额的 85%。

每年元旦、春节期间,慈善总会都会向困难群众送温暖、献爱心,并及时发动群众,先后开展了向印度洋海啸灾区捐款、济南市"7·18"特大暴雨灾害募捐及支援南方雪灾赈灾捐款活动。特别是 2008 年"5·12"汶川大地震后,迅速掀起了捐款赈灾热潮,全市各级慈善组织共募集善款 7694.59 万元,捐物折款 589.2 万元,有力支援了抗震救灾工作。

此外,我会还集中开展了物品捐赠活动。每年组织动员社会各界捐献闲置物品,通过各级慈善机构或慈善超市赠送给困难群众,受到困难群众和广大市民的普遍欢迎。目前,全市累计募集捐赠物品价值 850 多万元。

我们通过设立冠名慈善基金等方式,让有条件的企事业单位认领慈善基金,留本付息,合同认捐。在省市领导的支持下,市慈善总会会长带头抓,副会长靠上抓,深入企事业单位做耐心细致的宣传动员工作。2009 年全市各级慈善组织共募集慈善基金 8.7 亿元,实现了历史性突破。

记者:除了品牌宣传、模式创新,您认为还有什么因素是发展慈善事业所不可或缺的?

张泽:完善的慈善组织体系是慈善事业发展的载体和支撑。我市着力健全了覆盖城乡的慈善组织网络,加强县区以下基层慈善组织建设,推动慈善工作进农村入社区。目前,全市 10 个县(市)区都成立了慈善总会,所有乡(镇、办)设立了慈善分会,92% 的村(居)设立了慈善联络员,并在机关和企事业单位创建了 19 家基层慈善工作站,使慈善组织得到了深入发展,为慈善募捐及救助工作提供了便捷高效的网络和平台。

目前,我会已形成以市级慈善机构为龙头、县(市)区慈善机构为主体、乡(镇、办)慈善机构为依托、村居和企事业慈善机构为延伸的四级慈善组织网络,进一步畅通了募捐救助渠道。其次,我会积极完善了基层慈善组织各项规章制度,加强村居慈善组织建设。通过推广天桥区"社区

救助站"、历城区"邻里互助站"、平阴县"孝直慈善互助基金"等好的经验，推进发展社区慈善、平民慈善，夯实慈善事业的基础。

2004年，我会建立起济南市社会捐助中心和爱心慈善超市，构筑了随时接收社会捐赠和满足困难群众需要的捐助和救助平台，通过近几年的探索发展，基本形成了市、县（市）区和部分街道（乡镇）三级慈善超市网络，成为覆盖城乡的社会救助体系的重要组成部分，已救助困难家庭3.9万余户。

记者： 新的一年，济南慈善总会在帮扶救助方面，是否有新的安排与规划？

张泽： 2010年，济南慈善总会累计募集善款8948.39万元，救助各类困难群众17万人（次）。2011年，市慈善总会将创新募捐和救助机制，加大救助力度，计划安排1396.4万元（占上年度可使用善款的72%），实施"中慈妇女保健中心"项目、"肾衰竭贫困患者血液透析救助"项目、"亲体肾移植贫困患者救助"项目、"贫困残疾人安装假肢"项目、"中医医疗康复保健"项目及"扶贫就业培训"项目六大救助工程。

（访于2011年4月）

合肥市民政局党委书记、局长,合肥市慈善协会副会长兼秘书长,合肥市第十一届、十二届政协委员。大学本科学历,经济师、政工师职称,2000年起担任合肥市供销社主任,2007年调任合肥市民政局局长。现为安徽省合肥市慈善协会副会长。

方东屏

慈善任重道远　爱心播撒希望

——访安徽省合肥市慈善协会副会长方东屏

记者：据我们了解，近几年来，合肥市慈善协会接收善款善物共计18190.66万元，其中善款17065.76万元，物资折合人民币1124.90万元。善款的累积离不开卓有成效的筹募机制。合肥市慈善协会在这方面有哪些方式方法上的探索与创新？您可否和我们分享一下。

方东屏：为大力弘扬中华民族"扶贫济困，助人为乐"的传统美德，动员全社会力量筹集善款善物，为社会困难群体提供更多的帮助和关爱，进一步推动我市社会救助体系的完善和慈善事业的发展，2006年12月，市民政局与市慈善协会联合组织、开展了合肥地区首次"送温暖·献爱心，慈善一日捐"活动，初步形成了"政府推动、民间运作、社会参与、各方协作"的慈善事业发展新机制。"一日捐"活动的开展，不仅为慈善公益事业募集了大量的资金，同时对县区乃至街道、企业等基层各类慈善公益

组织的建立，以及活动的开展均起到了积极的推动作用。

2009年11月，由香港宝文置业（安徽）有限公司出资200万元冠名的"宝文·慈善基金"正式设立。该基金主要用于资助品学兼优且家庭经济困难的大学新生、高中新生，以及支持贫困地区学校体育、教学设施建设。自此，我会拥有了第一个慈善冠名基金。

除上述两点外，协会还建立了"三个一"慈善爱心工程，即建立一个慈善爱心店、设立一个爱心捐助箱、组建一支志愿者队伍。2004年8月，经过调查研究，我们先后在和平国际大酒店、皖能大厦等15家单位悬挂"慈善爱心店"牌匾、置放捐赠箱，单位的志愿者在义务管理捐赠箱、引导顾客捐款、传播慈善意识等方面发挥了很好的作用。慈善协会从这些捐款箱里陆续回收零星捐款3万多元，虽然数额很小，但通过开展"三个一"爱心活动，既倡导了社会各界奉献爱心、人人参与支持慈善事业，又为企业参与公益慈善活动、履行社会责任、树立良好形象提供了平台。

记者： 请问在发展本会慈善救助项目的基础上，合肥市慈善协会在"走出去、引进来"方面有哪些尝试？

方东屏： 近几年，我会拓宽协作渠道，加强了与中华慈善总会、安徽省慈善协会，以及省内外兄弟城市慈善组织的联系。开展的项目包括由世界轮椅基金会、中华慈善总会、省慈善协会实施的"行走、渴望"，并协助总会在我省实施了"特罗凯肺癌患者医疗救助"项目等。由于药品的特殊疗效以及价格昂贵等原因，"特罗凯"项目的实施有着较为严格的申报、审批程序，合肥市慈善协会作为中华慈善总会在我省开展"特罗凯肺癌患者医疗救助"项目唯一的实施机构，本着规范、便民的原则，认真为每位患者提供服务。至2010年4月底，已为我省各市381人（次）发放了价值近700万元的药品。

2008年底，民政局、市慈善协会有关负责人与中华慈善总会签署了全国第五家、华东地区唯一一家以中华慈善总会冠名的"中华慈善合肥医院"落户合肥的协议。经过近一年筹备，以合肥市第一人民医院（南区）、合肥市滨湖医院为基础的中华慈善合肥医院已正式对外接诊。按协议要求，该院每年为城乡贫困群众就医就诊减免医疗费用不少于500万元。为支持该院开展的慈善医疗救助项目，除市慈善协会专项安排150万元外，多家企业通过协会向中华慈善合肥医院定向捐赠191万元。与此同时，国内外有关慈善组织（个人）还为我市儿童福利院、农村敬老院等社会福利机构、社会特困群众，捐赠款物约866万元（含医疗卡、家用电器、食品、药品等）。

记者：据了解，各级慈善组织围绕党和政府中心工作，开展了一系列积极有效的慈善公益活动。您能否就抗震救灾方面大致介绍一下？

方东屏：合肥市慈善协会2003年8月成立，发展至今，慈善事业在社会保障体系中的重要补充作用日益彰显，社会的慈善意识明显增强。"5·12"汶川特大地震和"4·14"玉树地震灾害发生后，我市各级慈善机构迅速在全市范围内组织开展救灾募捐活动，全市共募集款物13562.69万元（其中汶川地震接收捐款11107.21万元、物资折合人民币849.31万元；截至2010年6月22日，玉树地震接收赈灾款1406万元、物资折合人民币200.17万元）。在两次抗震救灾活动中，合肥各阶层的爱心人士都以实际行动展现了平民慈善的精神，对灾区人民战胜灾害、重建家园给予了有力支持。

记者：慈善资金的合理使用一直是社会关注的热点问题，您认为该如何管好、用好每一笔捐赠款，维护并提升慈善组织在社会上的公信力？

方东屏：依据《中华人民共和国公益事业捐赠法》及《合肥市慈善协会章程》等有关规定，并参照外地做法的成功经验，市民政局督促、指导市慈善协会逐步规范和不断完善了慈善救助的申报、审核、审批程序。先后制定、修订了《合肥市慈善救助申报、审批制度》等，不仅对救助的对象、范围、救助款领取的手续等作了明确规定，还根据不同类型的慈善救助履行严格的报批程序。

市纪委、市审计局不仅对"慈善一日捐"等日常捐赠情况进行复核，还特别对抗震救灾捐款的接收、管理、拨付进行了多次、专项审计。审计

情况均表明：市慈善协会各类款物捐赠渠道畅通，管理和拨付程序规范，相关制度执行情况良好，没有发生挤占、挪用、截留、瞒报捐赠款物违法违纪现象。

此外，市慈善协会十分注重通过报刊、杂志、电视台、电台等媒体以多种形式宣传慈善理念，并通过大众媒体把慈善协会接收捐赠的情况、开展慈善救助活动的动态，及时向社会公告。诸如每年开展的"慈善一日捐"，活动结束后，期间的捐款数据都会通过媒体向社会公布；汶川地震灾害发生后，协会更是不间断地通过市民政局网站等途径向社会公布捐款的接收情况。慈善事业的"阳光操作"，增强了广大群众对慈善事业的理解和支持，促进了人人关心慈善事业、参与慈善事业的良好社会风尚的形成。

（访于2011年4月）

方庆云

福建闽侯人,1952年参加工作,1953年加入中国共产党。先后任福州市市委常委、政法委书记,市纪委书记,市委副书记、正厅级巡视员、闽东北经济协作区常务副主任等职务。2009年被中华慈善总会评为"中华慈善优秀工作者"。

慈善事业是构建和谐社会的重要因素

——访福建省福州市慈善总会会长方庆云

记者：据我们了解，福州市慈善总会成立时间不长。作为第一届理事会会长，您认为慈善事业应以什么为基础？其发展过程中有哪些需要改进的地方？

方庆云：我认为，慈善事业的基本出发点应坚持"以人为本，关爱民生"、"救危助急，济困扶贫"。何谓关爱民生？凡是有生命的弱势群体，不论男女老少，都应当同样关爱、同样关心、同样帮助。

多年来，我们在实践中探索发现，慈善救助对象主要是"助孤—助老—助残—助学—助医—救灾"及临终关怀，人生一站式全过程。目前社会上的捐赠者，在救助对象的选择上各有不同。面对政府号召的特大地震或洪涝灾害救助，普遍是积极响应；公益性助学项目，如捐建学校、图书馆，也会广泛参与。总体来看，救助大学生见效快，助孤助残等也有所支持，

但主动救助孤寡老人的为数不多。

捐赠者根据自身情况,有权选择受助对象,但作为慈善机构,就要全面考虑、统筹规划、科学安排,使应该得到救助的对象都能分批、分期逐步得到落实,充分体现慈善关爱民生的精神。

除了做好助孤、助老、助学、助残、助医、救灾外。还要根据善款筹措情况和捐赠者的意愿,逐步发展一些慈善公益性项目,比如慈善敬老院、慈善学校、慈善医院、慈善超市、慈善环保等项目,不断把慈善事业做强、做大、做实。

记者:慈善救助采取的形式有很多,请问,在这一点上我们要如何选择和取舍?

方庆云:对弱势群体的救助,我感觉应根据慈善资金筹措情况和救助者的困难程度,分别采取不同的救助形式。对于临时性困难(如因灾、因病、因故等导致的),一般可采取一次性临时救助,使他们渡过难关;而在资助贫困学生的问题上,最好根据学年情况,给予定期(三年或五年),每年每人1000元的扶持,助其顺利完成学业;对于孤儿和孤寡老人,则要采取长期救助的方法,(比如孤儿救助到16岁,孤老救助到去世),每年每人1000元。这样才能真正起到慈善关爱生命的作用。

记者:您刚才提到,对于孤寡老人的主动救助,目前尚存在不足。请问,要采取怎样的措施或方法使其更快更好地发展?

方庆云:在经济上,政府为孤寡老人提供保障,但生活上,由于年老体弱,他们大多无法自理且需要别人照顾。针对这一问题,可采取以社区为单位成立慈善助老服务站,按照孤寡老人的数量,从下岗职工或待业人员中选聘慈善助老服务员,经过培训持证上岗,给予其生活补贴,每天上门无偿帮助老人搞卫生、洗衣服等。既帮助孤寡老人解决了生活料理上的困难,也为下岗待业人员找到了一种就业途径。

对老年人而言,临终关怀也是一件善事。孤寡老人的后事谁来料理?为了体现人道主义精神,可与有关殡葬陵园单位联系,争取让他们参与慈

善事业。建立慈善陵园，为城市孤寡老人提供免费安葬。这也是慈善事业的一大功德。

记者： 近几年来，随着慈善事业的发展，涌现出不少热心公益的个人和团队，您认为他们在其中发挥了怎样的作用？

方庆云： 慈善事业的一举一动，都会影响到社会的各个层面。凡是能主动关心、支持、参与慈善的人，首先是献出了爱心，起到了典范的作用。榜样的力量是无穷的，必将促进和推动社会力量的参与；其次，得到救助的弱势群体，就会感到社会对他的关怀，在心灵中产生感恩的理念，将来事业成功也将会回报社会。这一点已在许多的事例中得到印证。还有一些人，当前虽然无法用更多的钱物捐赠给慈善事业，但他们的心灵也将因此受到感染与启迪，从而赞美慈善事业，积极参与慈善事业的活动。

正确引导和发挥社会民间慈善者共同参与慈善，这是促进慈善事业发展不可忽视的力量。每年都有一批人自发性地开展慈善活动，自筹善款，自找对象，将财物发放给贫困人群。这种做法有些不够规范、手续不完整。根据要求，我会将其纳入慈善轨道规范管理，使他们能够更好地发挥作用。

在救助的过程中我们发现，很多人之所以成为弱势群体，原因是多方面的，有的是从小失去父母、无依无靠的孤儿；有的因天灾人祸致病致伤致残、失去劳动能力；有的年迈体弱，生活无法自理。这些弱势群体，政府已经采取了低保、医保和社保制度，使其最低生活得到了保障，但数量是有限的，还有就是各地经济状况不同，标准不一，因此还需要通过社会爱心人士的捐赠，通过慈善渠道给予救助，使他们的生活得到保障，为政府排忧解难，完善社会保障体系。

记者： 在这一领域，不仅存在着个人的力量，慈善事业兴起后，一些企业开始陆续参与进来履行社会责任。您对此持怎样的看法？

方庆云： 慈善事业的发展，是企业家事业成功之后，回报社会的一个好平台、好渠道。

许多企业家在事业成功之后，主动回报社会，这是必然的趋势，也是

社会的责任。一个企业的成功,除了企业家自身的主观才智得到充分发挥外,还必须有许多客观因素,诸如:党的改革开放决策给予的发展机遇;政府政策的优惠,扶持发展;广大群众的支持和奉献;为企业的发展提供土地等资源;各行各业的支持,为企业提供劳力、物资、交通、能源、贷款等供应。如果没有这些外部因素的存在,拥有再大能力的光杆司令也将一事无成。所以,聪明的企业家应该正面理解自己成功的过程和内涵,自觉回报社会,这是明智的选择。

有的企业已把慈善事业列入发展规划,根据经济发展状况,每年从利润中划出一定的比例,投入慈善事业。捐赠者可自愿选择,"建立慈善基金"、"定向捐赠"、"统筹安排"、"一次认捐分期付款"、"自选救助项目"、"实物捐赠"、"义演义卖"等等。企业(捐赠人)是慈善事业的主体,慈善机构是为企业慈善(捐赠人)提供服务平台,好比"水源(捐赠人)—水渠(慈善机构)—灌溉(受助者)"的关系,三者密不可分。

(访于 2011 年 5 月)

生于1944年12月,汉族。先后任泉州市人民政府副市长、市委常委、常务副市长、市委副书记、泉州市人大常委会主任等职务。2005年5月起担任泉州市慈善总会会长。

薛祖亮

倡导慈善文化理念　构建慈善服务平台

——访福建省泉州市慈善总会会长薛祖亮

记者：据我们了解，泉州市慈善总会成立于2001年，时至今日，泉州在慈善网络的铺设方面进展如何？

薛祖亮：10年多来，泉州市慈善总会发挥联络、指导和促进作用，积极推动慈善组织网络建设。目前，共拥有会员单位93个，个人会员112名，全市11个县（市、区）先后成立县级慈善会，两级慈善组织共筹到及认捐善款超过20亿元。作为在福建省率先实现两级慈善组织"一片红"的地级市，泉州市慈善总会已初步形成覆盖全市、互相支持、通力合作的慈善工作网络。

记者：国内外的经验告诉我们，发展慈善事业必须依托"人文关怀"的良好社会环境，这种环境的形成，需要有文化的承载和激励。面对慈善文化宣传工作，您有哪些经验可以和我们分享？

薛祖亮：宣传慈善文化、倡导慈善理念、营造慈善氛围，是发展慈善事业的重要依托。泉州市慈善总会积极倡导"100万不算多，1元钱不算少"、"任何个人财富最终都是社会财富"的慈善理念，努力营造"人人为我，我为人人"的社会慈善氛围。

在慈善文化的宣传方面，我们每年都会联络有关单位和企业开展各项慈善活动，为企业家和受助对象搭建沟通的桥梁，并与电视台、报社、广播电台等媒体相互配合，进行全方位的跟踪宣传报道。

其次，我会定期出版《泉州慈善》内部刊物，报导慈善工作动态，并与中国新闻社泉州支社合作，编辑出版《泉州慈善群英》大型画册，共汇编了110位获得"中华慈善奖"、"中华慈善事业突出贡献奖"、"八闽慈善奖"、"泉州慈善家"等荣誉称号的慈善家。汇编出版的《共同托起他们的理想·助学行动》专刊，总结了8年来我会助学活动的情况。

与此同时，泉州市慈善总会与香港泉州慈善促进总会、香港福建希望工程基金会、台湾佛教慈济慈善基金会合作，联手开展了一系列慈善救助项目，为我市慈善事业发展做出积极、有益的尝试，扩大了在海内外的社会影响，赢得了许多企业家及社会大众的信任与支持。

记者：目前，各地都在努力打造有竞争力的慈善品牌，以吸引更多的企业、单位和个人参与社会慈善捐赠。请您简单谈一下，泉州市慈善总会在品牌打造方面有哪些成效和收益？

薛祖亮：目前，泉州市慈善总会主要打造了慈善助医、慈善助残、慈善助学、慈善助困、慈善公益五大品牌，开展慈善救助项目20多个，共投入善款2.47亿元，被广大群众赞誉为"德政工程"。

在医疗救助领域，我会与香港泉州慈善促进总会联合，在11个县、市、区开设慈善门诊部，为11.6万人次免费门诊、送药；为2185名癌症、白血症、尿毒症贫困病人提供医疗补助；为248名贫困先天性心脏病儿童实施"爱心手术"。

开展慈善助残项目，为7490名贫困白内障患者实施复明手术；482名

贫困肢残人得以装配假肢,发放轮椅220部;334名贫困聋儿配戴了助听器。

帮扶助学项目的实施,2076名贫困中小学生得以完成学业;资助6050名贫困家庭子女就读职业中等学校;1985名贫困大学生圆梦"象牙塔";621名贫困残疾生获资助,参与阳光就业培训;43所中小学建立了"爱心图书室";20所寄宿制中小学校配备了空气能热水器;10所特教学校配备了多媒体设备。其中,香港福建希望工程基金会通过我会向贫困地区捐建希望小学183所。

市慈善总会成立以来,助养16周岁以下孤儿3550名,为2140户贫困家庭、留守孤儿等开展慈善送温暖活动,675户低保户获得资金补助装修了安居房。

在慈善公益建设方面,37个边远山区贫困村开展了卫生饮水工程;43个边远乡(镇)卫生院配备了B超机、X光机、全自动生化分析仪、心电图机等。

记者:作为著名的侨乡,泉州是个民营经济比较发达的城市。面对富有爱心的企业和个人,在慈善服务平台的构建上,泉州市慈善总会做了哪些具体工作?

薛祖亮:我们认为,慈善组织为企业家和个人的捐赠行为搭建服务平台,是第三次收入分配,也是企业家及爱心人士实现自我价值,提高财富品质的主要渠道。

泉州市慈善总会首先在创新筹资模式上下工夫,找准慈善与企业的最佳结合点,引导国有企业、民营企业家按照自己的意愿和要求,捐资设立冠名慈善基金。同时,为海外华侨、港澳台同胞设立各种专项冠名基金。

其次,全市连续五年组织开展了"爱心满泉州、慈善一日捐"活动,每次活动,市、县两级领导率先垂范,有效地促进了活动的深入开展,五年来共募集善款1878万元。目前,"慈善一日捐"活动已逐步向制度化、规范化方向发展。

三是提升慈善组织的公信度。根据章程及工作需要,我会设立了监

事会，适时增补工作人员，并加强制度建设，用制度规范和制约慈善工作的各个环节，提高工作整体效率。按照《泉州市慈善总会冠名慈善基金管理使用办法》，为同意设立冠名慈善基金的捐资者设立专用账户，按年度向捐资者报告基金的使用情况，并采用累计的方法计算捐资者的捐款资金（包括利息），资金的预算在征得捐资者同意后，再实施救助项目；也可按照捐资者意愿定向捐助，款物去向充分透明，以此加强对慈善资金的管理。凡捐赠收入，都要开具慈善捐赠发票；年度慈善资金收支情况向理事会报告，定期向社会公布，接受社会、审计监督。

第四，我会落实了慈善优惠、奖励措施。市委、市政府充分利用法律法规有关捐赠条款，兑现各项优惠政策和措施，支持和鼓励各项捐赠活动，为慈善事业发展提供了良好的政策环境。根据相关规定，我会制定了对慈善捐资者的表彰办法，适时提请市政府对于慈善捐赠数额较大的捐资者给予表彰，并授予"慈善家"、"慈善大使"荣誉称号；对于港、澳、台同胞的慈善捐赠，根据福建省、泉州市两级政府的规定给予申报表彰。我会还积极参与福建省慈善总会、中华慈善总会各项评选活动。目前，泉州市获奖的个人、单位数目居福建省第一位。

（访于 2011 年 5 月）

男,1950年出生,先后担任台州市人民政府秘书长、台州市政协副主席兼市总工会主席等职务。2008年兼任台州市慈善总会会长,2010年任台州市慈善总会专职会长。

张锦鸣

全民慈善 爱在台州

——访浙江省台州市慈善总会会长张锦鸣

记者：党委、政府的领导和支持,对慈善事业发展有着重要的作用。请问台州在这方面都做了哪些工作？有何创新？

张锦鸣：实践证明,党委、政府的领导和支持是慈善事业发展的基本保证。历年来,台州各级党政领导对慈善工作给予了高度重视和大力支持,有效推动了台州慈善事业不断发展壮大。

首先,党委常委会每年都会听取慈善工作汇报,并研究解决若干主要问题。党政主要领导亲临慈善机构了解有关情况。四套班子成员带头捐款捐物,身体力行。此外,慈善工作每年都被写进党委、政府工作报告,作为一项经常性工作常抓不懈。

其次是设立了"5·15台州慈善公益日"。为进一步倡导"全民慈善"理念,2009年3月,市人大确定设立台州"慈善公益日",定为每年的5

月15日。公益日的设立对推动台州慈善事业又好又快发展具有重要意义。

2009年台州市人大常委会听取并审议了市政府《关于全市慈善工作情况的报告》，并向市政府发出《关于全市慈善工作的审议意见》，进一步推动了慈善事业发展进程。同时，将慈善工作纳入市委对各县（市、区）的党建工作考核内容，使各级党委、政府更加重视慈善工作，进一步加大了支持力度。

针对我市慈善事业发展的客观需要，2010年5月，市委办、市府办在充分调研、主动协调的基础上，从实际出发印发了第二个《关于加快推进台州慈善事业发展的意见》，这将在今后一段时期内，对促进我市慈善事业发展产生深远影响。

记者：您刚才提到"5·15台州慈善公益日"，据我们了解，其设立在浙江还是首创，您能否介绍下有关情况和取得的成效？

张锦鸣：自2003年1月台州市慈善总会成立以来，短短七年多时间里，公益慈善事业的发展从无到有、从小到大，为市社会保障体系建设作出了积极贡献。但同时，台州慈善事业也面临着发展的瓶颈制约。如何构建新的工作平台、推进慈善事业快速持续发展，成为我市各级慈善总会面临的新课题。2009年市政府发文，明确将每年的5月15日确定为"台州慈善公益日"。两年来，台州市慈善总会借助公益日这一慈善工作平台，开展了慈善宣传、慈善捐赠、慈善救助、慈善义工服务等活动，对台州慈善事业发展产生了积极的促进作用。

近年来，我会举办了领导干部慈善专题论坛、公益日主题慈善晚会、慈善书画展、"爱华杯"慈善征文比赛、"台州慈善行"新闻采访活动；召开了台州市第二届慈善大会，开展了第二届台州慈善奖评选活动；出版发行《爱在台州》报告文学集、《台州慈善事业发展报告》蓝皮书；开展了"慈善开启光明"、"慈善助我行"、"慈善关爱·美丽村校"等专项救助活动以及"千店万户慈善行"暨台州市首届"慈善爱心示范经营户"创评活动等等。通过精心组织、上下联动，充分展现了台州"动力慈善"、"活力慈善"、"魅力慈善"的慈善风采。

"台州慈善公益日"的设立与系列主题活动的开展，对于搭建一个激发社会爱心、凝聚各界善举的平台，提高全民慈善意识，推动慈善事业全面健康发展、建设和谐社会都产生了积极的影响。

记者：慈善救助工作是慈善职能的集中体现。八年来，台州市慈善总会累计拨出救助款物5.55亿元，救助困难群众44.5万人次，可谓成果显著。台州市慈善总会在救助领域开展了哪些公益项目？

张锦鸣：以人为本，关注民生，充分利用已有慈善资金最大限度地造福困难群众，是慈善总会一直努力的方向。改革开放以来，台州的社会经济得到快速发展，但是南北差距、贫富差距依然存在。因此，扶贫济困并为党委、政府民生工程添砖加瓦，是慈善工作的重要目标之一。

几年来，台州各级慈善机构先后实施了诸如"大学生圆梦行动"、"助孤工程"、"安居工程"、"彩虹行动"、"迎祖国60华诞·送温暖情满台州"、"慈善关爱·美丽村校"等20多个救助项目，广泛开展助老、助学、助残、助医、助孤、赈灾等各类扶贫济困救助活动，为特困群众解愁，为政府分忧。在救助模式上，逐步实现从传统的以发钱为主要形式的简单"输血型"救助，向以项目援助为主的"造血型"救助转变。通过为救助对象提供生产资料，或提供扶贫贷款，或对受助对象进行技能培训，为他们创造条件自谋生计，摆脱贫困。

记者：台州慈善义工组织近几年发展迅速，在社会上影响很大，为志愿服务事业发展作出了积极贡献。台州市慈善总会对义工组织给予了哪些扶持？

张锦鸣：台州市慈善总会成立以后，一直非常重视组建一支慈善志愿者队伍。2006年5月28日，台州市慈善总会义工分会正式成立。义工分会成立后，市慈善总会进一步加强管理和业务指导，做到思想上重视、组织上帮助、政治上鼓励、业务上指导、物质上支持。并逐步加强义工队伍规范化、制度化、专业化建设，管理、指导义工组织在发展中完善、在完

善中提升。

目前,各县(市、区)慈善总会义工分会均已建立,全市注册义工达2万余人,开展帮困助弱、环境保护、消防宣传、医疗卫生、扶贫支教、助人为乐等各项社会公益服务2500多次,参与义工活动人数达3万人次,服务时间超过60万小时。在2008年的抗震救灾中,台州慈善义工积极开展各种赈灾工作,成绩突出。台州慈善义工队伍的快速成长,正成为我市慈善事业发展的一支有生力量,成为我市志愿服务体系建设的一道亮丽风景。

下一阶段,我们将继续探索建立志愿服务的长效机制,推广并普及慈善义工注册制度、培训制度、绩效评估制度、表彰制度等,提高志愿服务专业化水平,促进志愿服务有序发展。倡导各义工分会组织慈善义工进企业、进社区、进校园,常态化地为困难群体提供服务和帮助。

(访于2011年5月)

常反堂

男，汉族，1947年2月生，山西长子县人，1966年8月加入中国共产党。先后担任长治市人民政府秘书长、长治市人民政府副市长等职务。1998年2月至今任长治市人民政府副市长、党组成员。现任山西省慈善总会副会长、长治市慈善总会会长。

慈善情满人间　凝聚和谐力量

——访山西省长治市慈善总会会长常反堂

记者：长治市慈善总会成立于2004年年底，时间虽短，却呈现出良好的发展态势。您能否和我们分享一下总会的工作成果？

常反堂：六年多来，我会以"发展慈善事业，救助遭遇不幸的个人和群体，促进和谐社会建设"为职责，坚持"以民为本，以弱为尊；为民服务，为贫解困"的工作方针，将"慈善宣传、筹募善款、项目救助、自身建设"视为公益慈善工作的基石和着力点。在传承中探索，在探索中创新，在创新中突破和发展，全力推进慈善工作"十大"救助服务活动深入开展，为贫弱群体解难、为党委政府分忧。

截至2010年底，长治市慈善总会募集善款善物总价值1.73亿元，发放善款善物价值近1.63亿元，25万余贫困群众从中受益。全市涌现出了首届"十大慈善人物"、"十大慈善企业"及"百名孝星"、"十大孝星楷模"，

受到中华慈善总会、山西省慈善总会的充分肯定。我会开展的"康复助医"项目，于2009年被中华慈善总会授予"中华慈善事业突出贡献奖"。2010年在山西慈善贡献奖表彰大会上，长治市荣获慈善奖项113个，居全省各地市之首。

记者：目前，各地慈善总会都在争相开展"慈善一日捐"活动，使其几乎成为发展慈善事业的共有品牌。请问长治市慈善总会的"慈善一日捐"有何创新与发展？

常反堂："慈善一日捐"活动，是中华慈善总会和山西省慈善总会领导并推动的一项筹募救助服务，长治市慈善总会2005年启动第一届"慈善一日捐"，至今已走过6个年头，募集善款善物共计1707.57万元。捐赠款物按照《章程》规定和捐赠人意愿，在全市相继开展了助孤、助学、助医、助老、助困及"慈善情暖万家"活动，并对外发布公示公告，力争做到公开透明。

这几年，通过不断探索创新，我会逐步把集中性募捐与经常性募捐、筹集善款与社会救助、筹集善款项目化与救助项目品牌化三方面有机结合，推动了"慈善一日捐"活动的深入开展。在该活动的推动下，市县两级慈善机构组织实施了"定向援助捐"、"冠名基金捐"、"海外友人捐"、"义卖义演捐"、"合作项目捐"、"日常经常捐"、"慈善热线捐"等一系列公益慈善项目。

2007年长治市政协义卖197幅书画作品，义卖款30万元，全部捐献给慈善公益事业，开创了我市公益慈善事业市场化运作机制的新途径。在全市慈善捐赠大军中，有一道靓丽的风景线，那就是百姓慈善家、慈善楷模人，在他（她）们中间，有离退休官员，更有心怀感恩、知恩图报、传递爱心的普通民众。一颗颗慈心，一桩桩善举，传承着公益慈善文化的内涵，带动着全市公益慈善募捐不断拓展，筹集社会公益慈善资源的力度步步深入。

记者：在宣传倡导公益慈善理念的同时，慈善项目品牌化逐渐受到重

视。据了解，长治市慈善总会不甘人后，多个救助领域均有涉及，请您大致介绍一下？

常反堂： 首先，我们连续六年成功开展了"慈善情暖万家"活动，全市460余家企业参加，募捐善款善物2086.9万余元，救助困难家庭近6万户，23.8万余名困难群众得到救助。

在医疗救助方面，我会进一步拓展了"慈善医疗济困"行动，争取到国内外捐赠的价值6121.8万元的医疗设备，并将其配备到全市35个基层医疗机构，极大地改善了医疗单位的设施条件，缓解了周边困难群众"看病难、看病贵"的问题。此外，还对城乡低保户、老红军、老八路、五保户和贫困家庭病患者在费用上给予减免。据初步统计，约10万人从中受益。

我会2005年启动的"关爱生命·慈善助孤"活动，使千余名孤童的基本生活状况得到改善。六年来，这个慈善助孤品牌救助项目，累计募捐并发放善款500余万元，救助全市孤儿1394名。在项目的开展上，我们不仅注重孤童基本生活的保障，同时也注重对其智力开发的帮助，以"输血型"帮扶为主转向"造血型"救助为主。

先天性心脏病患者是长治市慈善总会慈善救助的又一特殊群体，他们因家庭困难得不到及时医治，不仅给病患者带来痛苦，而且给家庭造成不幸和严重负担，近几年来，总会开展了"百名贫困家庭心脏病患者康复助医"活动，与长治市人民医院联合开展"贫困家庭心脏救助"活动，与西安高新医院联合开展了"心新工程"。目前，共治疗贫困家庭患者424例，减免手术费用近714万余元。

助学方面，我会开展了"朝阳助学"活动，连续五年累计募集善款528万元，扶助1770名贫困学生顺利入学。2005年启动的"夕阳扶老"救助服务活动，以及随后进行的"百名孝星"、"十大孝星楷模"评选等，宣传尊老、爱老、助老、孝老，为弘扬"大慈善"理念、构建和谐长治提供了有力的精神支撑。

记者： 在慈善救助项目蓬勃开展的同时，在加强慈善网络建设方面有

哪些举措？

常反堂：慈善机构建设和慈善组织网络体系的完善，是公益慈善事业科学发展的重要基础和前提条件，更是提高公益慈善事业公信力和信誉度的切入点和关键所在。

总会成立后，由执委会决定，在县市区一级设立慈善分会，这样的分支机构便于社会监督，及时公开透明。在慈善组织体制方面，总会与慈善分会之间是领导与被领导关系；在慈善运作机制方面，坚持的原则是"统一领导，双层管理；上下联动，整体推进；各负其责，优势互补；携手爱心，共创和谐"。

我会认真建立、健全以《章程》为核心的各项规章制度和管理办法，坚持自律、他律和互律"三项"制度，特别是强化了财务管理制度的建设和监督，基本做到公开、公正、透明，切实提高了全市公益慈善事业的公信力和影响力。

（访于 2011 年 5 月）

1947年10月生,山东泗水人。先后任黑龙江省委常委、省政法委书记兼省社会治安综合治理委员会主任,吉林省委常委、省政法委书记,吉林省委副书记、吉林省人大常委会副主任等职务。2010年6月任第十一届全国人民代表大会内务司法委员会委员。2011年3月,出任吉林省慈善总会会长。

唐宪强

让慈善阳光洒满吉林大地

——访吉林省慈善总会会长唐宪强

记者: 据了解,吉林省慈善总会成立于1993年,是全国率先成立的省级慈善组织。多年来,省慈善总会较好地发挥了慈善组织的功能作用,成为政府联结社会、联系广大人民群众的桥梁纽带。您能否介绍下吉林省慈善总会自成立至今,取得了哪些突破性进展?

唐宪强: 改革开放以来特别是"十一五"时期,在各级党委、政府和慈善组织的积极倡导下,广大企业和城乡居民积极参与,省慈善总会通过各种渠道募集资金开展了赈灾、助学、助医、助老、扶贫济困等多项社会公益活动。吉林省慈善事业不断壮大,在社会保障和构建和谐社会中发挥了重要作用,取得了令人瞩目的成绩。

多年来,全省各级慈善组织始终坚持政府推动和社会互动相结合,营造"人人可慈善"的良好氛围,走出了一条符合吉林实际的慈善事业发展

之路；始终围绕民生大局，广泛实施社会救助，累计接收慈善款物30.6亿元人民币，慈善救助项目惠及全省120多万贫弱人口，涌现出一批有影响的救助项目和慈善品牌，成为保障和改善民生的重要力量；始终重视各类突发事件和重大自然灾害的应对工作，积极动员社会各界踊跃捐赠，为灾区群众提供了无私、有效、快捷的援助，有力弘扬了"一方有难，八方支援"的中华民族传统美德；始终注重加强慈善组织建设，全省9个市（州）、60个县（市、区）全部建立了慈善组织，社会捐助接收站点从无到有、从少到多，蓬勃发展，建立了经常性社会捐助接收站点724个，初步形成了覆盖城乡的慈善组织网络。

特别是2010年，面对突如其来的洪涝灾害，全省各级慈善组织坚决响应省委、省政府的号召，迅速掀起吉林历史上规模最大的捐赠热潮。不到三个月的时间，全省累计捐赠款物高达8.1亿元，为灾区人民战胜灾害、重建家园提供了强力支持，慈善事业再次彰显了社会主义大家庭的温暖。

记者：在慈善事业的发展过程中，各地慈善总会都在强调品牌化建设。请问，吉林省慈善总会在慈善救助品牌项目的打造方面，有何经验及进一步的打算？

唐宪强：多年来，在省委、省政府的高度重视和社会各界的大力支持下，全省慈善事业培育了一批有影响的救助项目和慈善品牌。吉林省是全国率先由省委、省政府统一规范开展"双日捐"的省份，募集善款的数量逐年递增，2007、2008两年都超过1亿元。五年来，全省累计募集善款10亿多元，累计接收慈善款物22.7亿元，救助困难群众500多万人。

在巩固"双日捐"成果的基础上，我会计划有针对性地加大赈灾、济困、扶老、助残、救孤、助学、助医力度，在人民群众关注的热点、难点、重点领域实施项目。要做大慈善品牌，在继续搞好"生命之光"、"圆梦大学"、"情暖万家"等传统品牌项目的基础上，探索法律援助、心理援助等多种形式，实现我省慈善救助品牌的新突破。结合困难群体的多样化需求，结合本区域的实际情况，有针对性地开展救助活动。把那些现有社会保障

制度未能惠及、自身困难又非常突出的群众纳入到慈善救助范围。注重与经济社会发展紧密结合起来，根据不断出现的新情况、新问题开展救助活动。要着力在法律援助、心理援助、环境保护、智力扶贫等方面加强研究，每年力争推出1～2个新的慈善救助项目。

募集资金是发展慈善事业的关键，是做好慈善工作、实施慈善救助的物质基础。要坚持多元化、多渠道、多形式开发慈善资源，引导企业以"留本付息"、"分年付本"、"一次捐助"等形式建立冠名基金，不断扩大慈善资金规模，实现可持续发展。

近年来，我省通过外部支持，已经成功开展了"微笑列车"、"希望之星"、"格列卫"、"依瑞沙"、"多吉美"等系列慈善项目，积极争取了爱佑华夏慈善基金会、澳门明德慈善会对"生命之光"项目的支持，得到了中国社工协会"神华爱心行动"项目对儿童白血病和先心病的救助。这些项目的成功实施，为我省的贫困群众提供了及时有效地帮助。

下一步，全省各级慈善组织要进一步加强与外部慈善组织和机构的沟通联系，认真学习借鉴各地发展慈善事业的先进理念和开展慈善活动、开发慈善项目的经验，争取更多的救助项目落户我省，推动全省慈善事业快速发展。

记者： 开展社会救助活动必须坚持公开透明原则，这是社会最关心、捐赠者最关注的问题。吉林省慈善总会在这一点上有何举措？

唐宪强： 在进行社会救助的同时，我会要求各级慈善组织加强自身建设，切实提升慈善事业的公信力。全省各级慈善组织要建立健全并严格执行各项规章制度，自觉接受政府部门的年度审计和社会各界的监督，让善款在"阳光"下操作，确保善款善用、专款专用。

接下来，省慈善总会计划大力提高慈善法规化水平。健全完善慈善法规制度，是确保慈善事业健康持续发展的重要保证。各级慈善组织要加强慈善政策、法规的制定宣传，逐步健全推进慈善事业发展的相关制度。要按照架构合理、管理科学、运行规范、监督有力的要求，着力加强各级慈

善组织内部管理，建立规范、公开的财务管理制度和信息披露制度，自觉接受社会各界监督。切实形成按制度、按程序、按规范开展慈善活动的运行机制，提高慈善组织的公信力，真正打造透明慈善、阳光慈善。

记者： 在吉林省今年发布的《关于加快推进我省慈善事业发展的意见》征求意见稿中，提出了建设慈善激励机制的问题，您能否简单介绍一下？

唐宪强： 我们要求各级慈善组织在制定规章制度的同时，要完善慈善激励机制的建设。通过激励"回报"，进一步提高企业和公民的慈善意识，吸引更多优秀人才投身慈善事业，增强慈善事业的号召力、向心力和凝聚力。

特别是对于积极向慈善组织捐赠和积极参与慈善活动的个人及其家庭成员，在发生特殊困难时，可直接到慈善组织申请慈善救助，慈善组织还要积极为其创业提供便利。要真正发挥慈善事业作为社会保障体系的重要补充作用，使困难群众感受到全社会对他们的关爱。

（访于 2011 年 5 月）

男，汉族，1954年10月出生，江苏建湖人，先后任某集团军政治部副主任，南京警备区政委、中共南京市委常委，2007年1月转业任苏州市民政局党委书记、局长，苏州市慈善总会常务副会长。

林 超

"慈善手拉手，关爱你我他"

——访江苏省苏州市慈善总会常务副会长林超

记者：作为较早成立的市级慈善会，苏州慈善事业发展至今，呈现出怎样的态势？今年是否有新的规划？

林超：苏州市慈善总会成立于1995年12月，全市12个县市、区也相继成立了慈善机构。十几年来，在市委、市政府的高度重视和社会各界大力支持以及广大市民热情参与下，形成以关爱贫困群众为主题的慈善募捐和慈善救助系列活动，有力推进了苏州慈善事业迅猛发展。

根据《2011年度慈善救助项目实施方案》，本年度计划安排资金1287万元，在继续开展常规救助项目的基础上，将新增贫困家庭儿童重大疾病慈善救助、资助市精神病福利院建立康复作业诊疗室等7个救助项目，并加大对慈善助学、慈善助孤、精神病慈善病床等项目的救助力度。

记者：据了解，自2007年以来，苏州市慈善事业逐渐步入有序、规范、

高效发展的快车道。近四年来，共募集款物价值22.92亿元（其中协议认捐10.6亿元），救助支出款物价值11.221亿元。请问，市慈善总会在开展工作的过程中，取得了哪些成绩与突破？

林超："慈善手拉手，关爱你我他"，是我市慈善总会的主题词，更是慈善工作实践经验的结晶。近年来，苏州市慈善工作坚持以扩大慈善募集和加大慈善救助为重点，把握机遇，开拓创新，整体推进，取得重大突破，形成了四种模式：

一是推行协议认捐。2007年，我会成功举办了"百家企业慈善捐赠"活动，市和县市、区上下联动，共动员了205家企业，协议认捐10.6亿元。企业参与慈善捐赠，为慈善募集开辟了资金来源的新渠道。

二是依托项目募集，即依托"慈善助学"、"暖心行动"（儿童先天性心脏病救助手术）、"慈善超市"、"慈善精神病床"等具体救助项目开展募捐，得到社会爱心人士广泛认可。如"慈善助学"，每年由爱心企业和市慈善总会共同出资，七年来累计资助贫困学生5200多人，资助金额1600多万元。同时，"暖心行动"更是得到了市侨办大力支持，爱心侨胞自愿出资参与。2007年至2009年，我市共为贫困家庭先天性心脏病儿童施行手术116人次，救助资金172.74万元。

三是常规募集与应急募集相结合。在做好一年一度"慈善一日捐"等常规募集活动的基础上，针对自然灾害等突发事件，开展应急募集活动。2008年汶川发生特大地震后，我市慈善总会向灾区汇出应急救助款100万元；联合15家单位向全市发出"我们的心紧紧在一起"抗震救灾慈善捐赠倡议；第一时间成立由主要领导负责、相关部门参加的精干、高效抗震救灾指挥部，统一组织和协调救灾工作，确保全市抗震救灾慈善募集取得重大胜利。募集款物总价值5.54亿元，占全市募集总量的57.05%，在全省和全国地级市慈善募集总量中均居首位。

四是实施好慈善联合救助。围绕"七助一联"，即：助困、助学、助医、助老、助孤、助残、助急和联合救助。我会每年都制定实施慈善救助项目

计划，切实做到上下联动、有分有合，充分发挥各级慈善机构的作用，不断扩大受益群众覆盖面，做到救到急处、救到难处、救到实处，把有限的善款用到党和政府最关心、社会困难群众最需要的善事上。近年来，每年救助资金都达到或超过上年募集总量的80%以上。

记者： 现在大家普遍认为平民是慈善的"脊梁"，普通民众及企业的力量不容忽视。苏州市慈善总会在启发"平民慈善"方面做了哪些工作？

林超： 首先是强化宣传，在广大民众中培育现代慈善文化氛围。探索构建慈善网站互动平台，开展慈善信息化建设，实现慈善资源共享，为捐赠者与求助者架起一座爱心桥梁；形成苏州慈善救助项目的"菜单式"宣传目录，向社会各界提供全面的救助信息需求。

其次是延伸触角，挖掘慈善资源募集潜力。继续完善协议认捐、冠名基金、定向捐赠等募集方式，在现有基础上建立各项跟踪服务，有效督促企业的诚信认捐行为；根据不同的捐赠需求设立项目认捐、定向捐赠，围绕特定的救助项目开展募捐；大力发展社会慈善，探索在全市各社区建立慈善捐助工作站点，广泛倡导社会化互动捐赠行为，扩展民间慈善资源；继续为企业提供完备的慈善捐赠服务，为企业的捐赠意愿"量身定做"捐助方案。

去年11月，苏州市慈善总会（基金会）启动设立个人冠名慈善基金。凡向苏州市慈善总会（基金会）捐赠1万元以上的个人及家庭，均可拥有由自己命名的爱心基金，基金由市慈善总会（基金会）统一管理，按捐赠人意愿使用，并接受审计部门和社会的监督。

记者： 作为一家慈善组织，取得民众的信任至关重要，可以说是获得了源源不断的生命力。请问苏州市慈善总会在公信力建设方面有何举措和打算？

林超： 我举个简单的事例，2010年2月，苏州市慈善总会向3城区的慈善资助站点发放标识挂牌，30个受到资助的工疗站和慈善超市统一挂出"苏州市慈善资助站点"标识牌。通过这一形式向社会公示慈善服务的公

益项目,促进慈善项目资助的透明化、规范化。

在公信力的打造上,我们一直奉行"阳光慈善",规范制度,优化慈善款物监管。建立评估机制,对慈善项目进行"机遇分析"、"危机分析"和"反馈分析",确保慈善救助效益最大化。在今后的发展过程中,我们将进一步完善以章程为核心的各项内部管理制度,细化管理,简化流程,强化监管力度,实行透明救助,提高慈善公信力。

(访于 2011 年 6 月)

崔文信

男，汉族，1946年生，河北徐水人，先后任中共锦州市委书记、中共沈阳市委常务副书记、沈阳市人民代表大会常委会主任；2007年在沈阳市慈善总会第三届常务理事会第一次会议中当选沈阳市慈善总会会长。

精心开展项目　推动慈善事业全面发展

——访辽宁省沈阳市慈善总会会长崔文信

记者： 近年来，沈阳市的慈善事业快速发展，您能否概述一下其总体情况？

崔文信： 沈阳市慈善总会自1999年成立以来，从起步到发展，取得了长足进步。特别是2007年以后，我们着力构建了政策支撑、文化理念宣传、救助项目、募捐方式、组织网络建设和法规保障六大慈善体系。

先后出台了《关于加快慈善事业发展的意见》《沈阳市慈善捐赠管理办法》等政策文件，组织开展了一系列慈善项目，使沈阳市的慈善事业得到跨越式发展，取得了令人瞩目的成就。10年多时间，累计募集资金4亿多元，救助支出近4个亿，先后开展了50多个慈善项目，多次协助政府完成大规模扶贫帮困活动，近50万贫困群众从中受益。

记者： 据悉，2010年，沈阳市慈善总会全年共接收社会各界捐款

4660.6万元（其中赈灾捐款2627.4万元）；接收捐赠物资折合人民币52.8万元。救助款支出合计4255.4万元；救助物资支出折合人民币71.67万元，惠及贫困群众10余万人次。丰厚成果的取得离不开强有力的后备力量，请问，沈阳市慈善总会的发展以什么作为支撑点？

崔文信：这种发展是以开展慈善项目为支撑点的。从2007年以来，我们始终以项目为纲，在建立含7大类50余个项目库的基础上，精心策划、精心组织，使慈善项目的开展更加具有科学性、目标性与实效性。通过开展一系列主题鲜明并有较强针对性的项目来凝聚人心，实现救助与募捐的良性循环，并赢得社会公信力。

记者：一个慈善项目从规划设计到开展实施，很难一蹴而就。请问沈阳市慈善总会在这一方面有何经验？下一步有何打算？

崔文信：我们力求在准确定位、找准切入点的情况下，开展慈善救助项目：

一是紧紧围绕市委、市政府的重点民生工程，开展项目。比如，在政府建立农村养老中心的主体工程完工后，配套资金遇到困难，我会开展了慈善援建项目，投入配套资金，用于庭院建设、内部设施、康复设备等方面，具有代表性的项目有"关爱夕阳"、"老年日间照料站"等，迄今已投入资金逾千万元，使20余个养老机构受益。今年，继续开展的"关爱夕阳"项目，将为沈阳市农村中心敬老院改扩建提供资金，并为32家各援建一座蔬菜大棚。

二是根据救助对象的需求开展项目。如资助贫困大学生的"圆寒门学子大学梦"，至今已连续开展7年，投入900多万元，使3000多名贫困学子顺利踏入大学校门。今年的"圆寒门学子大学梦"活动，将为500名贫困家庭大学新生每人提供3000元入学补助。

三是结合重大节日开展项目。沈阳市以地方立法的形式，确定每年的9月1日为"沈阳慈善日"。围绕这一慈善项目，我们已连续数年开展主题系列活动。活动的开展都是以项目为龙头，带动募捐救助，取得了良好效果。仅2007年第一届慈善日，就为敬老、助残、助学、助医、济困等项目募

集资金 5000 余万元。此外，我会每年元旦、春节期间开展的"情暖万家"两节济困项目，资金投入 500 多万元，既增强了慈善影响力，又使贫困群众得到了实际救助。

四是面对重大突发性灾害，及时启动项目。如四川汶川、青海玉树地震，沈阳市慈善总会都迅速启动救灾项目，及时开展大规模募捐救助，为灾区人民募集赈灾款 1.5 亿元。既对灾区的恢复重建起到了积极作用，又通过慈善募捐救助项目的开展，弘扬了大爱无疆的慈善精神。

2011 年，沈阳慈善日活动主题确定为"残健同行 共享蓝天"，将重点关注残疾人特困群体并开展残疾人就业、康复、教育、救助、维权、婚姻和文体活动等。今年将进一步发挥慈善公益组织的联动作用，并推动与国内外、境内外公益组织间的合作，力争在慈善资金、物资和项目支持方面实现新突破；同时着力抓好结合重大节日开展项目、搭建慈善平台，推动慈善项目的经常化、社会化效果。

记者：您刚才提到了慈善公益组织的联动作用。据了解，沈阳市慈善总会 2008 年 4 月启动了慈善公益组织联席会议制度。您能否介绍一下这种颇具特色的组织形式？它对慈善事业的发展起到了怎样的助推作用？

崔文信：3 年前召开的沈阳市慈善公益组织联席会议第一次会议，标志着联席会议制度正式启动。市慈善总会、市红十字会、市职工爱心慈善基金办公室、市残疾人救助基金会、市希望工程办公室、市教育基金会等 6 家慈善公益组织，迄今已发展到 7 家。整合资源、形成合力，联手开展全市性的慈善募集和救助活动。

过去，沈阳市的各家慈善公益组织发挥各自优势，开展了大量的慈善救助活动。但是由于彼此之间缺乏沟通联络，难以形成合力，甚至造成了重复募捐、多头救助的情况。实践证明，这种在"理念一致、事业和使命一致、工作特征一致"基础上建立的慈善联动机制，对整合慈善资源，形成慈善大格局，做大做强慈善公益事业都有着较强的针对性、实效性。比如，通过慈善公益组织联动开展的为农民工子女提供免费午餐的"爱心午餐"项目,各成员单位共出资1000余万元,解决了农民工子女的午餐问题。

今后一段时期,各个慈善公益组织将联手"沈阳慈善日"等系列活动。各慈善公益组织将联合推进慈善排行榜,评选出十大爱心捐赠企业、十大爱心捐赠个人、十大慈善人物、十大慈善义工等,并举行颁奖典礼。各慈善公益组织还将共同搭建信息沟通平台,联合建设沈阳市儿童福利院等10大慈善教育基地。各慈善公益组织发展的志愿者队伍也将进行整编,实行全市统一编号,建立志愿者实名制数据库,进行动态管理。

(访于2011年6月)

1946年出生，北京人。先后担任安阳市市委常委、常务副市长，市委副书记，市政协主席，市人大主任等职务。2003年12月至今任安阳市第一届、第二届慈善总会会长。

张锦堂

慈善阳光沐古城　救助工程暖人心

——访河南省安阳市慈善总会会长张锦堂

记者： 请问安阳市慈善总会于何时成立？近几年有哪些成就和新的动向？

张锦堂： 安阳市慈善总会成立于2003年底，2009年进行了首次换届。两年以来，我会累计救助各类困难群众11万余人次。仅2010年，全市各级慈善组织就募集慈善款物价值5900余万元，发放救助款物共计1900余万元，救助困难群众8万余人次……

所有这些成果的取得，得益于品牌救助工程的逐渐形成、募捐渠道的不断创新，更要归功于社会各界爱心人士的积极参与，使温暖的慈善阳光能够洒遍古都的每一个角落。

记者： 您刚才提到，喜人成果的取得离不开卓有成效的慈善救助项目。据了解，安阳市慈善总会在品牌建设上实施了几大工程，请您大致介绍一下？

张锦堂： 仁爱抚孤工程、朝阳助学工程、情暖万家工程、康复助医工程、轮椅助行工程……在古都安阳，提起慈善总会这个名字，人们的心头总会涌起一股暖流。

为了让家庭贫困的孤儿感受到社会大家庭的温暖，自2004年以来，市慈善总会在全市开展了"仁爱抚孤"工程，并确立应助尽助的原则。2010年拿出近40万元善款，对全市1853名未满18岁的孤儿进行了救助。

在安阳，这样的救助活动还有很多。去年，市慈善总会拿出710万元先后实施了10余个救助项目。"朝阳助学工程"救助贫困学生1160名，发放救助金77.8万元；"康复助医工程"救助大病病人83人，发放救助金50余万元；"情暖万家工程"救助困难户2032余人，发放物资价值70余万元；爱心超市救助项目救助困难家庭6169户，发放物资价值近130万元；慈善敬老院项目资助滑县、龙安区、文峰区敬老院建设资金60万元；配合省慈善总会实施生命之树常青——先心病患儿救助项目，匹配资金20万元，已救助16名，资金支出6万元，剩余资金留待今后使用；"轮椅助行工程"匹配省助残济困总会18万元，发放轮椅2000辆；千名公务员走访帮扶千户困难家庭活动，发放救助物资价值近18万元；资助市按摩医院购置医疗设备10万元。

为使更多困难群众得到有效救助，我会在精心打造5大品牌救助工程的同时，还组织实施了近20个救助项目。慈善超市救助项目和慈善医院救助项目就是其中重要的两项。自2008年12月市慈善超市爱心救助区启动以来，每年都向困难低保对象发放慈善超市救助卡，供其到慈善超市选购生活必需品。截至目前，慈善超市共救助1.6万余人，发放救助物资价值200余万元。去年7月，市慈善总会还分别拨付了5万元的以奖代补资金，帮助各县（市）区建立了慈善超市。如今，慈善超市救助已成为日常救助困难群众的主渠道。

实施慈善医院救助项目，是我市慈善事业发展的一个创新之举。2009年，市慈善总会借助市第二人民医院和市按摩医院现有资源，建立了两家

慈善医院，向困难群众发放了33500张慈善医疗救助卡，全年为困难家庭提供医疗减免服务2000余人次。救助对象持卡看病，可以享受多项减免服务。

记者： 慈善事业的良好发展态势，离不开群众的大力支持。请问安阳市慈善总会在激发市民捐赠热情方面有何举措？

张锦堂： 开展"慈善救助一日捐"活动、发展冠名慈善认捐基金、发放传递慈善爱心贺年卡、开通慈善捐赠热线、举办安阳书画名家慈善义捐创作笔会……在市慈善总会的大胆创新和精心组织下，来自社会各界的股股暖流奔涌而来，为发展慈善事业提供了强有力的物质基础。

2007年，市政府专门下发《关于在全市开展慈善救助一日捐活动的通知》。4年来，活动范围不断扩大，募集额度不断提高。去年10月底，全市各级慈善组织在"慈善救助一日捐"活动中共收到善款2280余万元。

2009年，市慈善总会借换届之机，大胆创新，向全社会推出"冠名慈善基金"实施办法，得到社会各界广泛关注，许多热衷于慈善事业的企业家，纷纷主动要求认捐。短短半年时间，市慈善总会就募集认捐基金5380万元。

在通过居民消费实现捐赠方面，发行爱心慈善贺年卡是一种有效途径。2010年年初，市慈善总会联合市邮政局开展"迎新春 传递慈善爱心贺年卡"活动。贺卡由市慈善总会和市邮政局共同设计，每枚售价6元，其中3元作为善款收入。据统计，此次活动共销售慈善贺卡20余万枚，募集善款70余万元。

为满足广大群众足不出户即可实现捐赠的愿望，去年7月，市慈善总会联合中国联通安阳分公司开通了专门为贫困学生募集善款的慈善热线——"1601616"，号召大家"每天节约一元钱，拨个电话捐慈善"。捐赠人只需拨打热线电话，根据语音提示操作即可实现捐赠。

此外，我会还通过设立募捐箱、在酒店设立慈善爱心桌等多种形式进行募捐，激发社会各界爱心人士的捐赠热情。

慈善阳光沐古城　救助工程暖人心

记者： 2011年，安阳市慈善总会在品牌建设及筹募活动方面，有何打算及下一步规划？

张锦堂： 今年安阳市慈善总会预计支出善款470余万元。全市在巩固好"救助贫困学生"、"救助大病病人"、"救助孤儿"、"慈善超市救助"等原有救助项目的同时，从省助残济困总会和省慈善总会争取轮椅2500辆、SOS紧急救助项目资金10万元和先心病患儿救助资金30万元，重点实施"轮椅助行工程"、"SOS紧急救助项目"和"救治先心病患儿项目"。同时加强慈善超市和慈善医院建设，鼓励有条件的乡镇（街道）、村（社区）建立慈善超市，为救助困难群众提供更加方便、快捷的服务。

此外，全市还将加大慈善募集力度，开展"一元捐"、"一日捐"、"电话捐"、"基金捐"、"销售捐"、"义拍义卖捐"、"项目捐"等募捐活动，并围绕安老抚幼、助残济困、助医助学、环境保护、社区服务、公益服务等开展活动，打造品牌慈善救助项目。在市区部分高校及行业协会首先建立慈善分会，建立市、县（区）、乡镇（街道）、村（社区）四级义工组织网络，逐步增加义工服务基地和义工服务队数量。

（访于2011年6月）

男,汉族,1937年9月生,甘肃省白银市人。先后任甘肃省白银市委常委、秘书长,市委副书记,市政协主席等职。1998年5月退休。1999年白银市慈善总会成立时任副会长,2006年11月换届后任会长至今。2009年荣获"中华慈善优秀工作者奖"。

蔡德玉

努力探索西部慈善事业发展新模式

—— 访甘肃省白银市慈善总会会长蔡德玉

记者：据了解，白银市为中国的有色金属工业做出了不可磨灭的贡献。但随着20世纪90年代以来的矿产资源枯竭，铜城白银的发展一度滞缓。在这种形势下，白银市慈善总会如何将慈善事业发展得如火如荼、有声有色？

蔡德玉：作为一个典型的资源枯竭型城市，白银市正在加快实施城市经济社会的转型步伐。在市区，大企业职工的收入水平偏低，棚户区居民较多，城市贫困人口仍然不少，各类老弱病残群体迫切需要社会慈善组织的有效救助。此外，我市所辖的5个县区都是干旱山区，需要救助的面很广。所以说，在城市整体转型的紧要关头，越是需要社会各个层面的全力帮扶，需要慈善事业来助推。5年来，我会在原有基础上加大组织体系建设，先后在总会下成立了两个分会，协调指导各县区成立了慈善会。结合实际，

集思广益，转变工作思路：

一是转变慈善组织孤军作战的做法，充分依靠社会各界热心人士动员募捐，会同共青团、妇联、残联、侨联和各县区开展联动募集善款，拓宽了募集渠道。

二是转变了过去募捐只盯机关单位、国有企业的做法，面向社会各界，有重点、有目的地动员一些实力强、热心慈善事业的民营企业家积极捐助，充分发挥他们的骨干带头作用。

三是转变了单一的募捐形式，突出抓好专项基金和冠名基金的设立以及定向捐款，先后设立了"慈善育才助学基金"、"生东慈善教育基金"、"高凌霄慈善教育基金"和"浩瀚助学金"四个助学基金，使募捐目的更明确，救助对象更具体，从而进一步激发了捐款人的积极性。

四是转变了泛泛动员的做法，狠抓项目引捐。我会积极向省慈善总会及外地有关慈善机构上报救援项目，争取到项目资金835万元。

五是转变单纯捐助款物的做法，由物资捐助发展到文化捐助和智力支持，即尝试推行"文化慈善"。共筹募图书价值35万余元，全部分发到"农家书屋"及乡村文化站，为群众送去科技知识和精神食粮。

记者： 对于发展慈善事业，各地都总结出一套行之有效的做法，可谓"八仙过海，各显神通"。在慈善这条道路上，白银市慈善总会有哪些经验和我们分享？

蔡德玉： 制度建设上追求全面，执行力上追求一丝不苟，募捐方式多管齐下，不但重视物质救助，更探索推行"文化慈善"。我认为这是白银市慈善的主要特点。谈到成功经验，我认为是"组织机构要健全，管理制度要完善，宣传动员要到位，募集方式要灵活，物质文化救助要并重"。

我会在不断完善章程的基础上，制定了《救助办法》《财务管理办法》、《表彰捐赠者办法》、《慈善育才助学基金管理办法》等11项规章制度和操作规程，确保各项慈善活动的规范健康开展。

在执行力上，要求各个环节的工作人员务必照章办事，杜绝一切不符

合程序和规定的申请和救助行为，对募集所得善款严格管理，公示救助对象并接受社会各界监督。

在募捐方式上，多方出动，运用交朋友、广宣传、造氛围、讲实效的方式开展募捐。成立宣传组，突出了对慈善典型的宣传。在救助家庭贫困大学生的过程中，我会与市电视台联合开办了"育才助学行动"系列报道。每晚播报1人，四年共报道100多人，引起了社会各界的广泛关注。

多年来，我会不但重视物质救助，更开始探索施行思想上的救助，如推行"文化慈善"。如何扭转"等、靠、要"的落后思想，在长远来看，比救助对象得到几百元钱或几袋面粉显得更为重要。这就是我们为何搞"文化慈善"的本意和动机。一个观念落后的人看了几本励志书籍也许并不能马上改写命运，但长期性的影响不容小觑。

记者：良好的慈善运作模式将带来丰硕的成果，请问白银市慈善总会近年来取得了哪些成效？解决了哪些实际问题？

蔡德玉：这些年来，我们不断拓展募捐渠道，创新救助形式，创立了"文化慈善"新机制，近4年时间募集善款、善物（折价）和基金利息收入共计3622.9万元。相比于这里不够强大的经济实力，可以说是白银市慈善历史上的一大突破。

有了善款善物，我们就可以为老百姓办很多实事。如2007年和2009年，特大干旱席卷我市，一些地方颗粒无收，当地群众食无粮、饮无水、烧无煤，生活非常困难。我们及时深入灾区，先后拿出价值32万元的面粉，共救助3285户、11800多人，缓解了灾区群众的困境。

在兴学助教方面，我会重点抓"慈善育才助学基金"和"生东慈善教育基金"的组建。四年来慈善育才助学基金共救助特困生496名，2007～2008年每年每人资助4000元，2009～2010年每年每人资助5000元。"生东慈善教育基金"本金已达1000万元，自设立以来，已资助家庭困难高中学生2300名，奖励中小学优秀教师340名、优秀高中学生700名，共发放资助金、奖金496.5万元。另外，还筹集到资助款240余万元，修

建了4所中小学校舍。

记者：您刚才提到"文化慈善"将成为西部慈善今后发展的一个重要方向，请问您对于中国西部慈善事业的发展模式有何展望？

蔡德玉：正是因为西部城市普遍存在着受助个人和家庭发展经济的观念比较落后的问题，才促使我们在一手抓物质上的扶危济困，另一方面探索实施"文化慈善"。

一个贫穷的人、一个贫困的家庭，如果改变了因循守旧的思想，这样催生的社会价值要比直接给他们解一时之困更具有深刻的现实意义。当然慈善不能代替主流的教育机构，但慈善帮着去做了，且帮着去填补了一些政府机构职能不能到位的"空白"，这就是"文化慈善"的真谛。西部很多地区和白银市的情况类似，白银慈善的构想模式是否有所裨益，这是个仁者见仁，智者见智的事情。

（访于2011年7月）

河南省浚县人,1946年12月生。先后任濮阳市委副书记、濮阳市人大常委会主任等职务。2005年1月任濮阳市慈善总会会长至今。

涂教科

建立捐赠机制　打造救助品牌
扎实推进慈善事业又好又快发展

——访河南省濮阳市慈善总会会长涂教科

记者： 据了解，作为经济欠发达地区，濮阳市慈善总会成立仅6年多的时间，就取得了令人瞩目的成绩。请您介绍一下濮阳市慈善工作的情况？

徐教科： 濮阳市位于冀鲁豫三省交界，洪涝、干旱、风雹等多种自然灾害频发。全市共有6个县（区），其中国家级贫困县1个,省级贫困县2个。几年来，虽然经济有了突飞猛进的发展，人民生活水平明显提高，但我市目前尚有26万余残疾人，20.96万城乡低保对象，1万多名重大疾病患者，特别是农村还有近20万人处于缺口粮、缺衣被的贫困状况，他们都需要得到政府和社会的救助，实现追求幸福生活的美好期盼。

濮阳市慈善总会成立于2005年1月，我们从市情出发，审时度势，发动广大干部群众持续开展"慈善一日捐"活动，广泛募集资金，精心实

施慈善救助，推进了慈善事业健康快速发展。6年多来，我会共募集款物1716.89万元（含为四川汶川、青海玉树灾区捐款226.45万元），积累慈善发展基金近200万元，发放款物价值1210余万元，救助重大疾病患者、残疾人、特困教师、特困学生等弱势群体16900多人次。

记者： 濮阳市开展的"慈善一日捐"活动，在2008年中华慈善突出贡献奖表彰大会上，被授予"中华慈善突出贡献（项目）奖"，请您谈谈实施过程中的经验和体会？

徐教科： 慈善事业，必须发动广大人民群众积极参与，才能深入持久地发展。为此，《市民政局、市慈善总会关于在全市开展"慈善一日捐"活动的实施方案》确定，从2005年开始每年4月为捐赠月，盈利企业捐出一年中一天的利润，机关、部队、社会团体、事业单位捐出一天中节约的开支，干部职工捐出一天的工资，个体工商户、从业人员及群众捐出一年中一天的收入，学生捐出一天的零花钱。

6年来，我们已成功开展了7次"慈善一日捐"活动。募集资金总额和其他地市相比不是很多，但就我市情况来看，每年都有提升。从开始的几十万，到目前突破340余万元。"慈善一日捐"活动为广大群众参与支持慈善事业提供了一个奉献爱心的平台，不仅开辟了慈善资源，壮大了慈善实力，使广大弱势群体感受到了龙城大家庭的温暖与和谐，更进一步强化了人们的慈善理念，增强了慈善意识。目前，"慈善一日捐"已在我市形成一种经常性的捐赠机制，成为发展慈善事业的有效载体，凸显了慈善事业在社会保障体系中的重要补充作用。

记者： 据悉，濮阳市慈善总会精心策划并打造了一系列品牌项目，实施慈善救助。请问在这方面有哪些举措？

徐教科： 策划和落实救助项目，我会坚持党和政府最关心、困难群众最需要的原则，急困难群众之所急，帮困难群众之所需，把有限的资金用到最需要救助的群众身上，实现慈善救助效益最大化。

一是科学策划慈善项目。根据政府政策变化和困难群众需要，我们设

计了"扶危济困送温暖"、"烛光救助行动"、"贫困学子圆梦工程"、"高中慈善阳光班"、"蓝天救助行动"、"关爱肢体残疾人·慈善助行"等一批在社会上有感召力、有影响力的品牌救助项目,并逐步把救助对象整合到特定的救助项目当中。

二是强化责任,确保慈善救助项目落实到位。对每一个救助项目都明确分工,定岗定责,制定详尽的实施方案,明确工作程序、操作规范和验收标准,真正使慈善救助工作制度化、规范化。

三是上下左右联动,与相关部门、县区慈善组织密切协作,把重点救助项目做大做强,如"贫困学子圆梦工程"。几年来,我会和团市委、市总工会及各县区慈善总会对每年考入本科以上大专院校的困难学子进行联合救助,募集资金145万元,救助贫困大学生728名。不仅整合了慈善资源,形成规模救助,而且增强了慈善工作的影响力,保持了救助活动的持续性。

记者: 在救助项目上,濮阳市慈善总会如何加强管理并维护慈善项目的社会公信力?

徐教科: 培育一个品牌不容易,要保护一个品牌也不容易。为使慈善救助项目赢得社会公信力,我们制定了《慈善资金募集管理办法》、《救助管理办法》等规范性文件,设立了监察委员会,坚持收支两条线,使救助项目规范有序,使善款善物安全有效;坚持"开门办慈善,透明对公众"的原则,对重大募捐活动和救助项目及时公示、阳光操作,监察委员会、民政、审计随时或定期监察监督,确保慈善救助项目公开、公正、公平,维护了慈善项目的社会公信力。

记者: 目前,濮阳市正在深入开展"一创双优"活动,您认为今后如何适应新形势、创新开展慈善工作?

徐教科: 濮阳开展的"一创双优"集中教育活动,是市委、市政府针对濮阳经济社会发展的实际做出的重大战略决策。我市的慈善事业必须紧紧围绕市委、市政府的工作中心,适应形势,把握机遇,坚持创新,突出特色,科学发展。

一是加大宣传力度，营造慈善氛围，为发展慈善事业奠定良好的社会基础。采取多种形式，大力宣传企业和广大群众的社会责任，树立慈善典范，鼓励社会各界参与慈善，调动和凝聚社会力量，促进慈善事业发展。

二是创新善款募集机制，实现慈善捐赠新突破。持续开展"慈善一日捐"活动，认真抓好企业和个人冠名基金，设立形式多样的慈善捐赠项目，开展多层次、多形式的慈善募捐活动，形成以慈善基金认捐、慈善一日捐、慈善项目捐赠相结合的募捐模式。

三是创新慈善救助模式，打造慈善救助品牌，使贫困群体得到切实救助。以救助促进募捐，以募捐推动救助，树立慈善救助品牌。

四是进一步强化慈善组织建设，建立健全市、县、乡（街）、村（社区）四级慈善组织网络体系，发挥慈善机构的社会化功能。

五是严格慈善组织的管理和监督，增强责任意识，强化规范管理。狠抓募捐、管理、使用三大环节，切实维护慈善总会的社会公信度和影响力。

（访于 2011 年 7 月）

男，1941年3月出生，江苏太仓人。先后任中共金坛县委书记，中共镇江市委副书记，镇江市人民政府市长、镇江市政协主席。先任江苏省慈善总会常务理事，镇江市慈善总会会长。

周大平

结缘慈善济助民生

——访江苏省镇江市慈善总会会长周大平

记者： 据了解，镇江慈善文化源远流长，而今更是发展成为城市文化的重要特色。不知镇江历史中是否就已出现了具有代表性的慈善组织？现如今市慈善总会成立后，慈善事业呈现出怎样的发展态势？

周大平： 早在宋代，镇江就出现了以"义渡救生"为标志的慈善团体；成立于清代的"镇江救生会"，是中华史上最早的民间救生慈善组织之一。镇江市慈善总会成立后，知善向善，率善而行，普及以大爱为核心的"平民慈善"理念，尽心尽力为弱势群体谋求福祉，走出了一条政府推动、社会参与、各方协作的慈善事业可持续发展之路。

截至2010年底，市慈善总会本级资金总规模为17741.77万元，其中合同认捐10480万元，累计结余资金7181.94万元。全市慈善资金总规模87339.78万元，其中合同认捐68146万元，账面实际结存资金19193.78万元。

几年来市慈善总会本级累计救助支出 2911.14 万元，救助 3.3842 万人次。

在各方努力下，镇江慈善事业取得了较为显著的成绩，走在了全省慈善工作前列，在改善民生、抗灾减灾，以及建设大爱镇江、构建和谐社会方面做出了重要贡献，赢得了社会的广泛赞誉。2009 年 6 月，镇江市"慈善助医阳光工程"被中华慈善总会授予"慈善突出贡献奖"；市慈善总会被民政部授予"全国先进社团组织"称号。

记者： 可以说镇江有着良好的慈善根基，但巧妇难为无米之炊，办好慈善，先要夯实资金家底。请问镇江市慈善总会在资金的筹集方面，有何经验和具体措施？

周大平： 我会在调研的基础上，拓宽思路，广辟渠道，采取"一日捐"、"经常捐"、"认捐"、"定向捐"、"冠名捐"等多种举措募集慈善资金，在较短时间内奠定了全市慈善资金的稳固基础。在学习省内兄弟城市做法、听取企业意见的基础上，镇江市慈善总会提出了《在工商企业中开展慈善认捐、冠名资金的募集工作方案》，具体实施办法是：骨干企事业单位一次性认捐慈善资金，每年实捐到位 5%，直至认捐数额全部完成。先后有 15 家重点骨干企业自愿与我会签订了认捐协议，共认捐慈善资金 1.23 亿元。自 2008 年以来已实捐资金 2395 万元，连续四年认捐到位率 100%。

除去"认捐"，市区连续 6 年开展了"慈善一日捐"活动，形成了慈善募集的品牌项目。活动氛围一年比一年浓厚，群众参与面一年比一年广泛，成效一年比一年显著。目前，"慈善一日捐"活动累计募集善款 6112.5 万元，其中市慈善总会本级募集 2233.76 万元，成为慈善募集稳定的主渠道之一。

一方有难八方支援，"5·12"汶川特大地震、玉树地震、西南地区旱灾发生后，市慈善总会第一时间启动抗震救灾捐款机制。首先从市慈善资金中向灾区进行部分捐款，并开展了多种形式的募集活动，掀起灾区捐款热潮。几年来，全市慈善机构会同民政部门共募集抗灾救灾捐款 8086.67 万元，捐物折款 1067.76 万元；其中市慈善总会单独接收捐款 472.72 万元，

捐赠款物全部及时用于抗震救灾。

记者：目前，各地都在倡导品牌创新，请问镇江市慈善总会在品牌项目建设上做了哪些工作？效果如何？

周大平：几年来，镇江市慈善总会精心组织实施了慈善助医、助学、助残、助老、助孤、助困等一系列救助项目，并配合省慈善总会完成了一批救助项目。救助办法逐步配套，救助成效不断扩大，做到为党和政府分忧、为贫困人群解难。

"慈善助医阳光工程"是我们实施的重点品牌项目，先后出台了《镇江市区慈善资金助医办法》、《镇江市区青少年儿童白血病慈善救助办法》等，对贫困人群自付医药费实行大力度救助，形成了慈善助医与医疗保障相衔接、基本医疗"制度内助医"与"制度外助医"相结合的较为完整配套的慈善助医体系。基本解决了低保家庭制度内基本医疗费问题，大大缓解了制度外高额医疗费的情况，并逐步惠及到市区低收入重病患者。几年来，慈善助医救助贫困病患8235人次，支出138.25万元，救助青少年儿童白血病患者49人次，支出238.01万元；救助儿童大病医疗88人次，支出101万元。

除此之外，"慈善助学圆梦行动"向3286名大学和高中职高学生发放慈善助学金383.74万元，使一批贫困家庭学生顺利升学、安心就读；"慈善助残健行行动"为186名贫困残疾人安装假肢，支出52.65万元；"慈善助老复明行动"为260名贫困白内障老人施行复明手术，支出45.5万元，使贫困老年人重见光明；慈善助孤行动，向市区在校的22名和分散居住的51名孤儿每月发放生活费600元，使他们生活无忧，安心读书，幸福成长。慈善"聆聪行动"向市特教中心和市康复中心捐赠语音助听设备4台套，总价值93.85万元，一批聋哑儿童经过训练已能进行语音交流，为实现能听会讲创造了条件。

在慈善品牌项目建设的基础上，我会还连续4年实施了关爱重病和遭遇意外不幸特困家庭的"温暖行动"，向3131户特困居民每户发放2000

至3000元的救助金，共支出783.6万元；"慈善助医强基行动"，向市区68个老区和经济薄弱村卫生室每家赠送了价值2.1万元的医疗设备，提高了村卫生室防病治病能力；配合省慈善总会实施了"儿童心蕊工程"项目，大额度救助全市22名符合条件的先天性心脏病患儿施行了手术治疗。

记者： 对一个慈善机构来说，良好的社会形象和较高的社会公信度是一笔宝贵的无形资产，慈善事业的成败很大程度上取决于慈善机构能否取得社会公众的信任。面对公信度的建立，镇江市慈善总会开展了哪些工作？

周大平： 我会十分重视慈善队伍自身建设，着力建设一支慈善热情高、敬业精神强、业务技能精、社会形象好的慈善工作队伍。

首先，注重调查研究，坚持正确决策。市慈善总会每年都安排两个月深入基层调查研究，广泛听取基层干部和群众的意见、建议，保证救助项目科学合理、救助成效不断提升。

其次，注重制度建设，实行严格管理。我会先后制定了《慈善资金管理办法》、《慈善救助管理办法》等10多项慈善募集、救助、管理制度，特别是严格资金管理，所有救助行动都制定规范性实施细则，规定严格而明晰的程序和手续，确保公平、公正、公开。市慈善总会办公经费由市财政另行安排，不占用基金一分钱，且每年主动邀请并配合市审计局对慈善资金收支情况进行专项审计。

当下，镇江吹响了城市跨越发展、后发先至的号角，作为精神文明建设的重要组成部分和社会保障体系的必要补充，慈善工作应为此作出新的奉献。

（访于2011年7月）

男，1959年2月生于四川广汉。先后任土地管理局（国土资源局）副局长、芜湖市副市长，现任芜湖市慈善总会会长、芜湖市红十字会会长。

詹云超

创新是慈善事业发展的源动力

——访安徽省芜湖市慈善总会会长詹云超

记者：从今年5月份公布的全国城市慈善捐赠排行榜上我们了解到，芜湖人均年捐赠和城市捐赠GDP占比排行均为全国第17位，城市捐赠收入位列全国第26位。芜湖市慈善总会取得如此骄人的成绩，您有何经验和感受和我们分享？

詹云超：慈善事业发展的良好成绩，是方方面面努力的结果。首先是市委、市政府的高度重视。芜湖市委、市政府致力于建设创新芜湖、优美芜湖、和谐芜湖、幸福芜湖，对慈善事业高度重视，把慈善事业纳入全市"十二五"发展规划，市财政每年拿出500万元作为市级慈善资金，市主要领导定期听取慈善工作汇报，市五大班子领导全部出席慈善大会，对慈善工作提出明确要求；分管副市长担任市慈善总会会长，市级老领导出任市慈善总会名誉会长，亲自登门劝募，指导项目实施。

其次是社会各界广泛参与，多方筹措善款善物。市慈善总会努力开拓慈善服务领域，配合政府有关部门在紧急救援、扶贫济困、助老助孤、助残助医等方面做了大量工作，全市各界积极响应。2008年至2010年，全市各级慈善协会、爱心团体共募集资金和物资1.5亿多元。

第三是打造具有品牌效应的重点项目。市慈善总会和民政局联合开展的"鸠兹救助"项目荣获2008年度"中华慈善奖"，市慈善总会和市福彩中心联合开展的"福彩圆梦、慈善圆梦"助学活动荣获2009年度"中华慈善奖"，市民政局、市慈善总会和全市各大媒体联合开展的"联动济困"项目荣获2010年度"中华慈善奖"；2009年我市"情暖江城"助老项目和"同一片蓝天"大型慈善项目荣获"中华慈善突出贡献奖"，17个单位和项目荣获"安徽慈善奖"。目前，芜湖市已逐步形成了符合市情、具有地方特色的慈善品牌项目，救助了大批困难群众，成为社会大救助体系中重要的一环。

第四是致力于打造慈善文化，创新慈善理念。市慈善总会招募义工，开展志愿服务，建立芜湖公益网，开展"慈善创业项目大赛"，提出"慈善回报"理念，都是在创新上下工夫，努力让慈善行为成为普通百姓身边的习惯，着力打造具有地方特色的慈善文化理念。

记者：您刚才谈到了"慈善回报"理念，在2011年4月出版的《中国慈善发展报告》中，也重点提到了芜湖创新慈善激励机制，在全国率先提出了"慈善回报"理念。请您给我们大致介绍一下？

詹云超：2009年以来，芜湖市慈善总会开展了大量走访调研活动，在和全市各界的广泛接触中，逐步形成了"要激励个人慈善行为"的共识。在此基础上，市慈善总会联合有关单位提出了"慈善回报"理念。其主要内容是：芜湖市民凭慈善总会的捐赠票据，在入学、就业、就医、购房时享受相应优惠。这个理念一提出，很快得到了许多爱心单位的响应。

目前，我市市民凭慈善捐赠票据可以在多家指定医院享受免费体检、治疗费减免的优惠；子女在指定幼儿园入学，可以享受学费减免的待遇；

甚至在购房时也可以享受到相当于捐赠款几倍乃至十倍的优惠。市慈善总会部分会员单位在用工招聘时明确提出慈善义工优先。这是我市社会各界共同参与慈善、联合激励慈善行为的一个良好表现。

记者： 您多次提到要联合做慈善，我们也听说芜湖慈善事业的一个重大特色就是"整合社会力量，全市协同工作"。您能否举例给我们说明一下？

詹云超： 我举两个例子吧。一是助学。作为我市慈善事业的品牌项目，经过几年来的探索，终于走出一条具有本地特色、适合芜湖市情、各部门协同发展的慈善新途径。自2005年以来，市慈善总会、市福彩发行中心联合开展了"福彩圆梦、慈善圆梦"助学活动，发放资助款600多万元，4000多名贫困学子圆了大学梦。市慈善总会积极配合香港信义集团，实施"信德（信义）慈善希望学校"项目，捐助的1000万元善款，专门用于35所困难镇、村小学教学楼及其配套设施的建设。

在市委、市政府的号召下，全市形成了浓厚的助学氛围，一大批单位、企业和个人主动加入到捐资助学的行列中来：市总工会连续12年开展"金秋助学育才关怀行动"，市关工委2009年成立爱心助学基金会，团市委开展"爱心圆梦大学"公益助学活动，市委宣传部、市文明办、市学联启动了"希望工程爱心圆梦大学"活动，市教育局开展了"勤工俭学助学基金"，市妇联实施"春蕾计划"，关爱女童，海螺集团设立海螺川崎助学金，市工商联、市光彩事业促进会开展了"助学子圆梦，促社会和谐"助学活动，影艺明星赵薇在家乡芜湖设立"赵薇助学金"等。这些只是全社会联合开展助学的一部分。

二是助困。市慈善总会、芜湖报业集团、芜湖广播电视台联合开展"联动济困"项目，即市慈善总会对媒体报道的困难群众，一经查实立刻开启绿色通道，第一时间给予救助；全市各大媒体对于慈善总会救助的困难群众进行报道，呼吁社会各界共同帮扶；基金会、企业、机关事业单位、社会团体、爱心市民共同参与救助帮扶。

实施3年来，该项目救助范围扩大到全市困难群众，并适当展开对外地在芜湖特困人群的救助；救助类型也由最初的因病返贫扩大到因灾返贫、因老返贫、因学返贫等；联动范围由媒体扩大到全市相关单位、企业。市文明办、市妇联、团市委等单位相继加入联动救助行列。随着项目的不断壮大，一大批企业纷纷注资，广大社会团体、基金会、爱心市民积极响应，逐步构筑了慈善机构、新闻媒体、基金会、企业、机关事业单位、社会团体、爱心市民七大助困版块。

记者：今年是"十二五"开局之年，也是芜湖市慈善总会成立10周年，请您简单谈一下芜湖市慈善总会"十二五"期间的整体规划和2011年的工作目标？

詹云超："十二五"期间，我市将着力开展慈善宣传，营造慈善氛围，拓宽募捐渠道，加大救助力度，强化自身建设，力争把芜湖建设成为全国知名的慈善城市。

2011年，市慈善总会将以成立10周年为契机，召开第二届慈善大会，举办慈善公益创业大赛及系列活动。积极开展各项劝募和救助工作，完成募集各类慈善款物总价值2000万元的目标。扎实开展慈善救助项目：助学方面，继续开展"慈善圆梦"助学活动；助病方面，开展未成年人白血病救助和儿童先天性心脏病援助项目，今年计划救助约30名未成年人白血病和儿童先天性心脏病患者；助老方面，为每一所敬老院招募一支义工服务分队，联系一个结对帮扶单位；助孤方面，拟动员会员单位开展助孤行动，与妇联等单位联合开展关爱留守儿童活动，与街道、社区合作，积极开展关爱空巢老人志愿服务；助困方面，救助一批因灾、因病以及遭遇突发性事故的困难家庭。

（访于2011年8月）

赤峰市慈善总会副会长。先后在赤峰市京剧团、赤峰市直属机关工作委员会工作。2002年1月至2009年5月,任赤峰市红十字会副会长。2009年6月至今,任内蒙古自治区赤峰市慈善总会副会长。

丛雅丽

打造少数民族地区慈善事业发展新模式

——访内蒙古自治区赤峰市慈善总会专职副会长丛雅丽

记者: 作为"红山文化"发源地,赤峰市文化底蕴深厚且极具民族特色,以蒙古族为主体的少数民族占全市总人口的18.7%。据了解,赤峰市慈善总会成立较晚,初期只有一张办公桌、两把办公椅。经过这些年的发展,目前慈善事业境况如何?

丛雅丽: 改革开放30多年来,赤峰市经济社会长足发展,人民生活有了极大改善,但与先进地区相比仍稍显滞后,12个旗县区中就有8个是"国贫县",属边疆少数民族欠发达地区。如何针对本地实际发展慈善事业、惠及人民群众,是我们面临的一个新课题。

赤峰市慈善总会成立于2009年,短短两年多时间,由"一穷二白"、蹒跚起步,到"强筋壮骨"、快速发展。截至2011年5月,我会共募集慈善款物价值6000余万元,开展了覆盖全市的抗灾、助困、助医、助学等

多项慈善救助工作，开创了赤峰市慈善工作新局面。中华慈善总会高度评价赤峰市独特的"平民慈善"发展道路，为经济欠发达地区创新慈善事业发展，"提供了具有借鉴意义的赤峰模式"。

记者：慈善事业的良好发展态势，其后方必然有坚实稳定的组织领导。在慈善组织建设方面，您有何经验和我们分享？

丛雅丽：2009年，赤峰市慈善总会转为准处级事业单位，由分管副市长担任会长，直接领导全市慈善工作，市民政局具体分管，从根本上明确了慈善事业的"功能定位"；确定了机构、编制和人员，使慈善总会成为独立"法人"，明确了市慈善总会的"机构定位"；全市12个旗县区全部建起慈善总会，广大慈善工作者找准自己的"角色定位"，为开展慈善工作提供了坚实有力的领导和组织保证。

市四大班子领导关心、重视、支持慈善总会工作，亲自视察、现场办公，并且组成考察团到上海、浙江等地学习交流，争取慈善项目。市民政局领导亲自过问、主抓慈善工作；各旗县区加强领导，理顺体制，组织实施了一批有影响力的慈善项目。召开了全市第一次会员代表大会、慈善"双十佳"表彰大会、全市慈善工作会议，市慈善总会在社会上的影响力、凝聚力和公信度不断提高。

坚持"市委领导，政府推动，社会各界参与、慈善组织实施"的工作方针，形成推动慈善事业发展的合力，这是赤峰市慈善事业发展的有效模式。在实施"十二五"规划开局之年，市委、市政府把"大力发展慈善事业，开展好社会救助工作"，纳入了全市经济社会发展的总体盘子中，提上了议事日程。

记者：据了解，"创新"二字已成为赤峰发展慈善事业的不竭动力与源泉。请您就创新精神，谈一下市慈善总会在资金募集与救助品牌打造方面有何举措？

丛雅丽：市慈善总会在工作中立足一个"引"字，扩大一个"联"字，讲求一个"实"字，以扩大募集渠道为重点，以打造慈善救助项目品牌为

中心，呈现出组织机构发展壮大、募捐渠道不断拓宽、慈善项目稳步实施、灾害救助及时到位、对外交流合作不断扩大、慈善宣传深入人心的鲜明特点。

市慈善总会创新募捐形式，设立了"小额冠名爱心基金"。基金以"月捐 10 元，快乐奉献；月捐 10 元，建立您的爱心储蓄银行；月捐 10 元，放飞您的公益梦想"为宣传主题，采取个人或家庭以每月 10 元为起捐点，单位以每月 100 元为起捐点，即可设立以个人（家庭）或单位名字冠名的小额爱心基金。个人、家庭或单位可自由选择阳光助学、关爱孤老等慈善项目，也可根据自己的意愿，指定爱心基金的用向，使人人都能做慈善成为可能。两年来，我会先后创立了"建国慈善基金"、"毅刚慈善基金"、"春城慈善基金"等多个"企业留本捐息"冠名基金，有效地开展了助学、助老、助困、自然灾害救助等项目。这种"品牌效应"，为我市爱心企业和企业家搭建了奉献爱心的平台，成为我市慈善募捐的重要来源。

此外，借助外力、依靠品牌项目带动募捐工作。市慈善总会向中华慈善总会、自治区慈善总会等争取到"微笑列车"、"格列卫"、"春立阳光计划"等救助项目 900 多万元；募集"阳光医疗设备"、肾透析设备价值 1000 多万元，捐赠给我市 7 家旗县区的医疗机构。"格列卫"作为全国唯一落户地市级的项目，为我市 15 名白血病和胃肠道间质瘤患者，已发放捐赠药品价值 200 余万元。

"校安工程"是市委、市政府实施的十项民心工程之一。我会在积极争取到天津"佛教慈善功德基金会"第一笔善款 20 万元后，又先后到香港、福建、浙江、上海等地筹募善款 100 多万元，用于 7 个旗县区的校安工程建设。由中华慈善总会、自治区慈善总会、赤峰市慈善总会共同打造的"慈善情暖万家"救助品牌，争取到上两级慈善总会的捐赠款物价值 27.5 万元。市慈善总会又自筹资金 120 万元，发放到 8 个旗县区。

针对赤峰市近两年来遭受严重旱灾的实际情况，我会向国内外慈善组织和慈善友人发出"倡议书"，收到捐款捐物价值 100 余万元。我们争取

并引进了美国 LDS 慈善会"慈善引水工程"救助项目,分别对 5 个旗县区实施援助,共拨付资金 58 万元,选定 8 个贫困村重点援助。市慈善总会又多方筹集资金,使该项目总投资达到 110 万元,打出深水井 8 眼,为 8 个贫困村的几万名群众和牲畜解决了饮水难题。

近两年来,我会进一步扩大对外交流,有序推进了慈善工作项目。邀请中华慈善总会、自治区慈善总会领导,来我市参加"慈善进万家"大型活动启动仪式,并现场进行捐赠;邀请浙江、北京等省市慈善组织来我市考察慈善项目。

为落实自治区与北京市"对口帮扶和区域合作座谈会"精神,去年 8 月末,北京市慈善协会与赤峰市慈善总会在北京召开专题会议。今年 1 月,赤峰市慈善总会与北京市慈善协会签订了 250 万元的项目援助意向书。在支持"校安工程"等援助项目上达成共识,北京市朝阳区慈善协会对口援助林西县第三小学教学设备 30 万元资金,目前已经到位并投入使用。

记者: 在慈善事业的发展过程中,涌现出的志愿者和义工组织可谓功不可没。赤峰市慈善总会是否也有这样的一支队伍?

丛雅丽: 为激发各行各业参与慈善工作的积极性,我会成立了"365 义工联盟",设立了医疗卫生分会、文化教育分会等分支机构。围绕市慈善总会的重点工作、重大活动,发挥各行各业的本职特长,开展特色鲜明、有序高效的志愿服务活动。

目前,慈善义工已成为市慈善总会一支不可替代的骨干力量,体现了"我慈善 我快乐"的理念,"365 慈善义工联盟"也成为独具特色的"赤峰模式"之一。

记者: 听您介绍了这么多,可说是亮点纷呈,在慈善宣传和慈善文化传播方面,赤峰市慈善总会开展了哪些工作?

丛雅丽: 针对赤峰市经济社会发展实际,市委、市政府树立"大慈善"观念,建立了由市政府分管领导牵头,以民政部门、慈善总会为主,宣传、文化、教育、财政、工会、团委、妇联等部门参与配合、整体联动的组织

协调机制。

　　采取"慈善界与传媒界互动"、"内宣与外宣互动"的有效形式,开展慈善宣传和慈善文化传播;做到了宣传工作"六有":有宣传部门和新闻媒体支持,有一支稳定的宣传骨干队伍,有一批慈善品牌栏目宣传阵地,有一定的宣传报道成果,有一批先进典型引路,有不定期工作简报交流,进一步营造了有利于慈善事业发展的社会环境。

　　今年,市慈善总会筹建了"赤峰慈善艺术团"。利用我市独有的文化底蕴和优势,通过慈善文化传播,把慈善文化、历史文化、民族文化、草原文化有机融合,打造"红山文化·慈善之都"城市名片。

（访于2011年8月）

男，1957年8月生人，汉族，山东微山人，1976年11月参加工作。2003年2月任济宁市副市长。2008年1月任济宁市委常委、副市长。现任山东省济宁市慈善总会会长。

侯端敏

慈心促和谐　善举济民生

——访山东省济宁市慈善总会会长侯端敏

记者： 目前，山东省下辖的多个地级市均成立了慈善组织和机构，慈善事业到处开花。请您先谈一下济宁市慈善总会的概况及发展态势？

侯端敏： 山东省济宁市慈善总会成立于2005年4月，在市委、市政府的强力推动和社会各界的热情参与下，始终秉持"以公信促发展，以创新强实力"的发展思路，开拓创新，扎实工作，成功打造了"传播真爱·让爱心放心"慈善事业品牌，推动了济宁慈善事业快速健康发展。6年多来，社会公众参与慈善的积极性逐步提高，慈善捐赠总额逐年成倍增长，受助困难群众不断扩大，慈善事业实现了科学发展、快速发展，为保障及改善民生、促进社会和谐稳定，做出了积极贡献。

截至去年底，全市各级慈善组织累计募集慈善资金4.58亿元，设立慈善冠名基金158个、总额7.89亿元，发放救助款物价值2.89亿元，其中市

慈善总会办公室直接募集慈善资金1.41亿元，设立慈善冠名基金2.28亿元，列支救助款物1.16亿元，救助困难群众24.86万人（户）。

山东省委宣传部、济宁市委宣传部将济宁市慈善总会作为关注民生、打造慈善事业品牌的先进典型，进行了集中宣传报道。全市先后有6家单位和个人荣获中华慈善（事业）突出贡献奖，13家单位和个人荣获山东慈善奖。

记者：高效健全的慈善组织网络是促进慈善事业发展的重要保证。据了解，济宁市慈善总会结合工作实际，积极推动建立了"五位一体、四级联动"慈善组织运作网络体系，为各个层面的爱心互动广建服务平台。您能否详细介绍一下？

侯端敏：2008年以来，按照党的十七大关于建立覆盖城乡居民的社会保障体系要求，济宁市慈善总会大力打造"五位一体"慈善运作格局，即以慈善工作机构为统领，捐助中心（站点）、义工中心（站点）、慈善连锁超市、慈善互助基金会有机结合，各有侧重。慈善工作机构统筹全盘，负责整个募捐救助活动的组织实施；捐助中心（站点）侧重款物接收与管理；义工中心（站点）积极发展慈善义工队伍，组织开展各类义务服务活动；慈善超市重点承担捐赠物资变现和困难群众生活物品救助；互助基金会不断壮大村居互助基金规模，增强村（居）民团结互助意识和自救能力。

截至2010年底，全市12个县市区、151个乡镇（街道）、6146个村居（社区）建立了慈善组织，107个企业建立慈善工作联络站，建立慈善捐赠服务中心（站点）5865处，慈善义工中心（站点）5379处，慈善连锁超市147处，乡镇和村居慈善互助基金促进会1544个。

推动建立市、县、乡、村四级联动网络。与捐赠活动同步，采取边建机构、边募集资金、边实施救助的有效方式，通过及时督导、现场指导，大力推进基层慈善组织建设。同时制定了有机构、有人员、有场所、有制度、有档案、有活动、有资金（基金）等"七有"标准，积极推动基层慈善组织

规范化建设,增强了服务社会和困难群众的能力和水平,充分发挥基层组织优势,使募捐救助活动向企业与基层村(居)延伸,确保慈善救助活动的实效。加强基层慈善组织规范化建设,印发了《关于加强全市基层慈善组织建设与规范管理工作的意见》和《关于加强基层慈善组织示范点建设的实施意见》,制定了全市基层慈善组织5项管理暂行办法,明确了基层慈善组织示范点建设标准。

"五位一体、四级联动"慈善组织运作网络体系的建立,基本实现了慈善组织的城乡全覆盖,为社会爱心单位人士捐赠和困难群众救助搭建起了较为完善的服务平台,实现了资金捐、物品捐、时间捐、技术捐、精神捐等多种捐助方式有效结合的良性运作局面,进一步促进了各项业务工作任务的落实和全面开展。

记者:对于慈善资金的募集,您有何经验和我们分享?济宁市慈善总会在打造救助品牌方面有哪些成效?

侯端敏:抓募集和救助,建立长效筹募机制,形成联动救助格局。以"慈心一日捐"活动为依托,创新设立了6种形式的慈善冠名基金。探索了慈善义卖、义拍、爱心品牌进超市和会徽标识有偿使用等善款募集新路子,善款募集数量逐年翻番。我会以成功举办2007国际慈善论坛为契机,加强与海外慈善组织的交流与合作,积极吸引国际捐助。先后与美国国际纸业、意大利吉维奥销售服务公司建立合作关系,吸引国际慈善捐助资金及设备价值730万元。

"为政府救助拾遗补缺、为困难群众雪中送炭",济宁市慈善总会实施了6大救助工程、16个救助项目。在救助活动中,充分发挥基层熟悉情况、掌握信息及时等优势,由村居慈善工作站提报救助计划,市、县(市区)、乡镇(街道)逐级配套,增强了救助的针对性和实效性。

截止到去年底,全市累计投入慈善救助款物2.89亿元,有效缓解了特困群众上学、就医、生活等难题,形成了具有济宁特色的品牌救助项目。"慈善大篷车下乡送温暖"和"大病医疗救助项目"先后被评为山东省"最具

影响力慈善项目"。特别是"大病医疗救助项目",先后收到市第一人民医院、济宁医学院附属医院等5家医疗卫生机构认捐冠名基金7300万元,设立慈善定点医院1处、慈善定点药店37处。与新闻媒体联合开展的牵手爱心助学行动、牵手贫困孤儿行动、关爱贫困独居老人等公益活动,社会参与面广,扩大了定向救助的覆盖面和救助标准。

记者:"天价餐费"、红十字会捐赠信息平台数据披露屡屡出错……近期发生的多起事件,将慈善组织的公信度问题推到了风口浪尖。为广泛取得公众信任,济宁市慈善总会做了哪些工作?

侯端敏:抓社会监督,打造济宁慈善公信品牌。2006年,我会率先建立了社会监督员制度,聘请社会监督员持续对全市慈善捐助工作进行监督检查。研究出台了《济宁市慈善全公开暂行办法》及系列实施细则。2007—2010年,济宁市慈善总会先后举办了4次大型"慈善公开周"和170多个"慈善开放日"活动,以财务公开为核心,以敞开式现场公开、网上公开、新闻传媒动态公开和专项监督检查与公开相结合的"立体化"公开形式,把所有业务活动置于社会监督之下,4000多人次现场给予了监督评议。市民普遍反映:"透明公开很好,大家都放心",成功打造了"传播真爱·让爱心放心"的慈善公信品牌。

2011年初,在中国首届慈善年会上,济宁"敞开式"慈善透明机制,入选2010"中国年度慈善事件",市慈善总会荣获"中国慈善推动者"奖。

记者:目前,许多爱心志愿者加入到慈善事业中,他们把关怀带给社会,"爱心"和"文明"从一个人身上传到另一个人身上,最终汇聚成一股强大的社会暖流。请问济宁市慈善总会目前的义工队伍建设情况如何?

侯端敏:2006年8月,市慈善总会设立了义工工作委员会,积极延伸建立县、乡、村三级义工组织,抓义工队伍建设,推动"平民慈善"走进千家万户。

截至2010年底,全市已发展慈善义工9.05万人,其中注册慈善义工2.56万人。研究制定了慈善义工管理办法和慈善义工服务守则,建立了招

募培训、注册登记、服务评估、考核激励等制度，自主开发了慈善义工电子管理系统。先后举办培训班20期，培训义工骨干4000多人次，开展了21个义工服务项目，设立了8个义工服务基地，服务内容拓展到安老助残、社区服务、法律援助等多个领域。

几年来，市县联动开展各类大型公益活动270余次，义工参与服务活动28万多人次，累计服务社会100多万小时，服务人数20余万人次。

（访于2011年8月）

先后任巩义市市长、市委书记，郑州市委统战部部长，郑州市政协常务副主席等职务，现任郑州市慈善总会会长。

武国瑞

努力探索积极实践 开创绿城慈善新局面

——访河南省郑州市慈善总会会长武国瑞

记者：郑州作为河南省政治、经济、文化中心，是全国重要的交通、通讯枢纽，是国家开放城市和历史文化名城。郑州慈善总会成立于1995年，16年来，慈善事业在郑州的发展境况如何？

武国瑞：郑州慈善总会由热爱慈善事业的社会各界人士、企事业单位及团体自愿参加，经民间组织登记管理机关核准注册登记。近年来，郑州慈善事业在郑州市委、市政府的重视关心下，在郑州慈善总会全体理事会员的努力下，在社会各界爱心人士的大力支持下，扩大了影响，强化了社会的慈善意识。

2009年以来，郑州慈善总会坚持"党委领导、政府推动、社会参与、慈善组织运作"的指导方针，围绕"安老、扶孤、助学、济困"的宗旨，以"关注民生、关爱弱势群体"为出发点和落脚点，立足改善民生、服务

社会,多方筹措慈善资金,认真实施救助项目,努力提升慈善募捐工作水平。

截至2011年6月底,郑州慈善总会建立基层慈善组织17个、发展志愿者3万余人,举行各类募捐、救助活动300余次,共接收善款3.6亿元,支出2.7亿元,救助困难群众约26万人次,做了大量富有成效的工作。

记者: 慈善事业的发展离不开慈善项目及救助品牌的搭建,请问郑州慈善总会在这方面有何创新?取得了怎样的成效?

武国瑞: 3年来,郑州市发布慈善项目22个,其中"公益技能培训"是我会开展的对下岗工人进行免费技能培训的慈善项目,开设有家政服务、育婴、营养、按摩等专业,是由输血变为造血的尝试。培训后郑州慈善总会统一安排结业人员参加就业招聘会。

长期以来,困难群众的精神生活救助常常被忽视,不少人生活空间闭塞、长期看不到报纸,甚至由于没有渠道获知政府优惠政策和扶助政策而失去了脱困的机会。郑州慈善总会拿出100万元,开设了"精神扶贫·赠报济困"项目,让市内5个区所有低保户看上了报纸。我会还投入100多万元在郑州市贫困山区建立了10个"慈善书屋"和12个"慈善文化大院",为当地群众提供了种植、养殖等科普知识,增添了精神食粮,丰富了农村文化生活。

此外,关爱服刑人员未成年子女的"爱童行动"救助项目,由郑州慈善总会每年拿出30万元,用于"晨露国际郑州爱童园",针对服刑人员未成年子女开展小家庭照料服务;"关爱学子·相伴成长"青少年心理援助项目,我会组织专家精心编印了《成长》一书,涉及"珍爱自己,快乐成长"、"人人都可以梦想成真"等内容。《成长》首批出版一万册,已免费赠送给郑州市广大中学生。

由我会开展的"慈善周周行"活动,开辟了一种全新的救助模式。通过媒体寻找被救助人,改变了以往困难群众主动找民政部门、慈善机构求助的模式,慈善机构从被动地等待市民求助到每周都有针对性的去寻找需要被帮助的人,让更多爱心企业和个人为他们提供帮助,切实解决这些困

难群众的难题。目前，该项目在郑州已家喻户晓。

在重大疾病救助领域，郑州慈善总会开展了"善行绿城"救助项目。我会携手各县（市）区慈善总会，联合郑州市属医疗卫生单位和部分民营医疗机构，针对患有癌症、尿毒症、再生障碍性贫血、儿童白血病的大病困难群体，采取救助，在医保报销后对前三种病种给予最高3万元的救助，儿童白血病给予最高2万元的救助，"善行绿城"活动让郑州市大病群体得到了切实的实惠，受到困难群众的一致好评。

记者："我的捐款到底用到哪儿了？"好多人捐款后，心里都会产生这样的疑问，担心"捐得不明不白"。目前，公众迫切呼唤"慈善透明"，可是在国内，能做到的却不多。郑州慈善总会在打造"透明慈善"、提升慈善组织公信力方面，做了哪些探索和实践工作？

武国瑞：今年，郑州慈善总会朝着打造"透明慈善"的目标，迈出了坚实的步伐。2011年4月8日，我会成立了由人大代表、政协委员、捐赠者、受助代表、纪检、监察、审计、媒体、社会学者等广泛参与的郑州慈善总会监事会，对郑州慈善总会的日常工作和项目进行监督、检查、评估，推动、指导全市的慈善监督工作。

郑州慈善总会监事会的成立，标志着郑州慈善总会长期以来推行的"透明慈善"迈上了一个新的高度，让社会各界真正参与到慈善组织运营中来，主动接受社会各界监督，这在全国的慈善机构中都不多见，在慈善工作中具有广泛的指导意义。

除去监事会，我会还将建立信息披露机制，整个过程做到六个公开：公开捐赠数目、公开捐赠细项、公开捐赠对象（在受益人同意的情况下）、公开救助过程、公开救助金额、公开救助结果。让捐赠者与社会各界都享有对慈善捐款使用情况的知情权，完全透明化。我们的最终目标，是形成内部监督、社会监督、媒体监督三位一体的慈善监督机制，让参与我市慈善事业的社会各界爱心人士，更加"放心"地来奉献爱心。

记者：转眼2011年已过去大半，接下来的日子里，郑州慈善工作还

会有哪些新的举措？

武国瑞：一个好的慈善项目，往往能救助一个人、影响一批人、带动一群人，郑州慈善总会将充分挖掘和发挥慈善品牌项目的示范效应，科学安排、精心设计、规范运作，围绕"党委政府最关心、困难群众最急需、社会各界最关注"的民生问题，把慈善工作纳入保障民生工作的重要议事日程。以品牌项目为载体，打造慈善救助新模式。

目前，我会计划在坚持以往开展的项目基础上，进一步加大力度，扩大救助范围，增加救助项目，完善救助方式，提高救助水平，要将善款取之于民，用之于民，用之于社会，尽可能多的覆盖社会弱势群体，精心打造一批社会关注、普惠群众的慈善项目，推动慈善救助工作由活动引导型向项目带动型转变，实现慈善救助效益最大化。

在募捐工作中，除了一如既往地开展好"慈善日"活动，郑州慈善总会还将建立募捐与救助项目相结合的运作机制，鼓励和倡导企事业单位、社会团体和个人以专项救助基（资）金形式、定向公益性项目形式、企业及个人冠名等形式进行慈善捐助，调动和吸引更多的社会各界爱心人士，以尽可能多的方式方法参与到慈善事业中来，为困难群众提供更多的帮助。

值得关注的是，本市还将大力推广荥阳及全国有关省市先进经验，预计在年内，一批慈善影楼、慈善饭店、慈善手机卖场、慈善超市、慈善医院等慈善募捐网络，将遍布郑州市区，使得募集善款的渠道更宽阔、更广泛。

（访于2011年8月）

1965年底至1983年9月,先后任宝鸡市人民政府秘书长、市委常委、常务副市长、任宝鸡市政协主席等职务。2003年6月至今任宝鸡市慈善总会一届、二届会长,是中华慈善总会和陕西省慈善协会先进工作者。

朱宗柱

广施善举 谱写慈善救助之歌

——访陕西省宝鸡市慈善总会会长朱宗柱

记者: 有人把慈善形象地比喻为一把伞,说是天下雨了,让困难的人们都能在伞下避雨。可以说,慈善事业让生活变得更美好、人与人之间更亲密。请问慈善事业在宝鸡市发展如何?

朱宗柱: 宝鸡市慈善总会成立于2001年,10年来,我们始终以"扶贫济困、助弱救危"为宗旨,严谨务实,扎实苦干,奔走在三秦的西府城市和农村之间,穿梭于川塬之上,深入到社会和群众当中,把仁爱之心带到贫困地区的每个角落。在全社会的共同努力下,我会累计筹集救助款物价值1.7亿多元,其中设立慈善基金1500万元,其余的善款和物资全部用于赈灾、助学、助医、助残、抚老、救孤、济困及修建"慈安桥"。如今,慈善组织已遍布全市3区9县,并延伸到城镇社区和农村乡镇。

自创立之日起,我会充分依靠社会各界力量,弘扬慈善文化,创新

工作方式,加大慈善救助力度,丰富慈善帮扶内涵,着力推进慈善救助项目和慈善志愿服务活动,较好地发挥了我市慈善事业在社会保障体系中的重要作用,各项工作取得了良好进展。每年春节、儿童节、重阳节,宝鸡市慈善总会都要对贫困家庭及个人进行慰问,目前累计看望城乡困难家庭23960户、贫困儿童13130名、贫困老人8054人;开展助学助医项目,资助大中小学生1456名、孤儿451名、贫困教师50名;免费实施唇腭裂、先天性心脏病、大骨节病、肢残手术810例;资助乡村修建"慈安桥"252座;资助1320户受灾群众重建新房、45所中小学重建或改扩建、10所乡镇卫生院、10个村卫生室重建等。

截至今年上半年,共有138个乡镇、114个社区建立了慈善志愿者组织,志愿者人数超过两万,慈善志愿者每年集中搞三次大型、有影响的爱心送温暖活动,即"春节"万名志愿者给困难户送温暖活动,"六一"万名志愿者给贫困儿童送温暖活动,"重阳节"万名志愿者爱老敬老活动,收效很好。在社区创立了相对固定的"一帮一"、"多帮一"以及为特殊人群服务的形式,使慈善志愿服务迈向经常化、常态化。慈善志愿服务队伍的建立和其普遍开展的活动,已成为文明城市建设的一个品牌。通过精心组织,不断创新,狠抓落实,以群众需要什么、社会管理急需什么就服务什么的慈善志愿服务项目正在兴起,充分展现了宝鸡"动力慈善"、"活力慈善"、"魅力慈善"的慈善志愿者风采。

记者: 救助项目的开展离不开慈善资金的募集,面对数量庞大的救助群体,无论多少资金都会让人感觉杯水车薪。宝鸡市慈善总会在资金筹募方面有怎样的举措?是否取得了成效?

朱宗柱: 随着我市慈善事业的发展,救助资金相对不够充分的问题日显突出。为了妥善解决这一问题,逐步提高慈善救助水平,今年上半年,市慈善总会在深入调查研究的基础上,根据我市经济发展水平,借鉴外地一些经验和做法,积极探索、创新慈善资金募集渠道,先后出台了《宝鸡市慈善总会冠名慈善基金实施办法》和《宝鸡市慈善总会对捐赠慈善基金

的单位（个人）的鸣谢办法》等文件，鼓励企业单位和广大市民积极参与慈善捐助活动。截至目前，西凤酒厂等5家企业已明确表示有参与冠名慈善基金的意向。同时注重开展经常性的社会捐助活动，不断改善慈善资金募集方式，初步形成了多渠道、多形式，长效和短期相结合的善款募集机制，进一步壮大了慈善资金规模。

今年上半年来，在社会各界的关心支持下，慈善资金募集工作取得了新的成效。"春节送温暖"募集资金32.75万元，"爱心基金"捐款49.85万元，"六一"慰问中小学生捐款11.3万元，扶贫基金会资助项目捐款83万元，日常捐款收入2.02万元，募捐箱收入2.33万元，其他捐款33.2万元，共募集资金214.48万元。加上世界宣明会、省扶贫基金会和其他项目资金，共计600余万元。

记者： 做好救助项目是慈善工作的落脚点，慈善工作的成效主要体现在项目的实施上。2011年，宝鸡市慈善总会在这方面相继开展了哪些工作？

朱宗柱： 今年以来，我们一如既往地把项目建设摆在首要位置上，主要开展了以下几方面工作：

一、春节送温暖：共慰问城乡特困家庭3000户，每户捐赠物品（米、面、油、肉等）价值185元，资助金额共计55.5万元。同时还慰问了姜炎、得来寿、南苑、福乐等四个民办敬老院的40名贫困老人，为其送去了过节所需的物品。

二、"六一"慰问贫困儿童：市慈善总会计划慰问儿童2500名，各县区慈善协会积极募集资金，扩大慰问面，实际慰问人数3400名，慰问金额共计17.5万元。与去年相比，受助儿童增加了1300名，慰问金额增加了10万元。

三、创新救助项目，探索从单一钱、物救助的"输血型"，向扶持发展生产、技能培训的"造血型"救助的转变。在扶贫助业方面：一是太白县嘴头镇绿色蔬菜生产基地30个太阳能杀虫灯项目全部安装完毕，已投入正常使用；二是支持凤县发展15户养鹿项目，上半年已落实3户，其余12户尚待落实。上述两项共资助金额25.8万元。扶贫技术培训项目、绿色蔬菜种植科技培训项目、苹果栽培项目以及蚕桑、奶畜养殖科技培训

广施善举 谱写慈善救助之歌

项目等，省扶贫基金会共拨付 120.9 万元，目前全部到位，培训工作按计划正在进行当中。

四、千阳县安全饮水项目：由女娲亚太基金会西北委员会资助的千阳县张家塬镇尚家堡村、高崖乡的红崖寺村 108 户村民安全饮水项目，于 6 月 11 日全部安装完成并投入使用，该项目资助总额 7.56 万元，其中市慈善总会资助 3 万元。

五、医疗救助项目：修正药业向我会捐赠营养米粉 234 盒，牛初乳冻干粉胶囊 144 盒，总价值 7.6 万余元。已全部转赠宝鸡市儿童福利院；仁欣健康工程（先心病手术），今年上半年共手术治愈 22 人；微笑列车项目，上半年手术治疗 3 人；中华慈善总会"阳光工程"医疗设备捐赠项目，已向市级各医院机构、县区慈善协会、卫生局发文，目前正在执行阶段；"神华爱心行动"免费救助儿童先天性心脏病手术项目，6 月 28 日已正式发函，目前各县区正在摸底上报。上述项目已落实资助金额 235 万余元。

六、世界宣明会陇县项目办上半年为部分中小学建设基础设施、增添校内设备、培训教师队伍、开展活动等，共资助金额 176 万余元。

记者： 听您说了这么多，宝鸡市慈善总会今年上半年可以说开了个好头儿，各项工作进行得红红火火。接下来还计划开展哪些工作？

朱宗柱： 下半年，我们将按照市委、市政府提出的"推进民生建设，完善城乡保障体系"的要求，进一步加大慈善宣传力度、弘扬慈善文化，着力提升社会公众的慈善意识，努力在全社会营造关心慈善、支持慈善、参与慈善的良好氛围；完善资金募集机制，以创新募捐方式为抓手，多渠道、多形式募集慈善资金，着力提高救助实力；提高宝鸡慈善科学救助的水平，以打造品牌项目为目标，在全市开展"慈善温暖系列工程"活动，增强慈善救助实效；以推进慈善志愿服务为载体，切实加强志愿者组织建设，提高志愿服务水平，提升慈善工作的影响力和公信力；紧紧围绕全年的工作安排，在狠抓落实上下功夫。

（访于 2011 年 9 月）

郭爱华

女，1951年9月生，1968年7月参加工作，1969年9月加入中国共产党，曾从事过基层法院、检察院、民政等领导工作。在民政系统工作15年，现任江西省民政厅巡视员，江西省慈善总会副会长。

上善若水　大爱无言

——访江西省慈善总会副会长郭爱华

记者：江西自古以来物产富饶、人文荟萃，素有"物华天宝、人杰地灵"之誉。在"红色文化"氛围感召下，江西省慈善事业发展态势如何？

郭爱华：为了弘扬中华民族扶贫济困的传统美德，倡导"邻里相帮，友爱互助，一方有难，八方支援"的社会互助精神，顺应社会发展要求，2002年9月18日，江西省慈善总会正式成立，标志着江西慈善事业从此步入正轨。

9年来，在省委、省政府大力支持下，在中华慈善总会的正确指导和社会各界人士积极参与下，我省慈善事业蓬勃发展，慈善活动惠民无数，慈善影响逐步扩大，慈善理念深入人心。先后在自然灾害救援、扶贫济困、助学助医等方面，开展了"生命的礼物"、"爱心洒满红土地"、"阳光行动"、"微笑列车"、格列卫救治白血病、"情牵稚手、慈爱童心"等慈善救助项目，

设立了"晨兴教育基金"、"太保教育基金",建立了"慈善医疗门诊"、"慈善超市"等救助平台。慈善事业的发展在社会上产生极大反响,得到各界的认同和广大贫困群众的信赖,为维护我省社会公平、促进社会稳定、缓解社会矛盾、完善社会保障体系及构建和谐社会,做出了积极的贡献。

记者: 去年是国家"十一五"规划实施最后一年,也是各种自然灾害频发的一年。面对这极不平凡的一年,江西省慈善总会采取了怎样的应对措施?

郭爱华: 2010年,江西省慈善总会以省委、省政府领导对慈善工作的重要批示为动力,认真贯彻落实二届二次理事会精神,在社会各界的大力支持下,主动应对频繁发生的各种自然灾害,积极开展救援帮扶工作。"以民为本、为民解困",相继开展了西南地区旱灾、青海玉树地震灾害、省内特大洪涝灾害以及甘肃舟曲泥石流灾害等救灾救援工作,共募集救灾捐赠资金6773.67万元,为妥善安排好灾区群众基本生活、确保灾区社会稳定做出了贡献。

紧密围绕政府工作重点、百姓生活难点和社会关注热点,科学实施慈善项目,广泛宣传慈善理念,积极传播慈善文化。全年共募集善款和争取项目资金1.8112亿元,比上年增长107.99%,惠及灾民及困难群众20余万人。

记者: 据了解,江西省慈善总会以困难群众需求为导向,近年来发展创新了一批独具特色的慈善救助项目,您能否介绍一下这些项目及其取得的成果?

郭爱华: 江西省慈善总会在认真做好传统慈善项目的同时,坚持改革创新,根据形势的发展和困难群众的需求,着力打造品牌项目,去年共实施各类慈善救助项目18个,支出项目资金1.15亿元(其中资金1853.84万元,药品等物资折价9646.73万元)。

2010年,中华慈善总会与我会合作实施的"生命的礼物"、"微笑列车"、"格列卫"、"多吉美"、"易瑞沙"等医疗救助项目继续推进。其中,"生命的礼物"项目救助贫困先心患儿119人,资助金额297.5万元;"微笑列车"项目救助唇腭裂患儿1478人,资助金额478.13万元;"格列卫"项目救助

白血病患者201人，资助药物价值5306.4万元；"多吉美"项目救助肾癌患者58人，资助药物价值3214.5万元；"易瑞沙"项目救助肺癌患者24人，资助药物价值435.6万元。此外，在我会的努力争取下，中华慈善总会对我省另外新增了两个慈善医疗救助项目：一是"拜科奇"血友病儿童救助项目；二是"特罗凯"晚期肺癌患者救助项目。已有15位贫困血友病患儿和45位困难家庭的中晚期肺癌患者通过项目申批得到救助，受助药品价值690.23万余元。

在继续推进传统救助项目的基础上，慈善"品牌项目"进一步完善拓展。"青苗关爱工程"是我会2009年推出的贫困家庭儿童大病救助项目，在按照《实施意见》要求做好儿童大病救助工作的同时，坚持改革创新，不断探索完善救助办法。我会将万科公益基金会捐赠的100万元儿童大病救助资金定向用于井冈山地区儿童，并与捐赠单位共同考察确定省儿童医院为定点医院，救助金直接拨付医院，医院也专门为这些患儿开辟绿色通道，使他们得到及时有效地治疗。该项目去年共救助贫困大病儿童147人，发放救助资金427万元。

"慈善阳光班"是我会根据形势发展的需要，创立的旨在帮助贫困高中学子完成三年高中学业的慈善项目。2009年我会筹资120万元在南昌、九江、宜春和石城县开办了4个班，每个班三年共资助30万元。2010年，我会进一步加大"慈善阳光班"推进力度，一方面通过省慈善总会募集定向捐赠资金，资助各地实施这一项目；另一方面要求各地自行筹集资金，办好"慈善阳光班"。经过上下共同努力，全省慈善阳光班总数已发展到26个，共投入资金780万元，资助贫困高中生1300人。

江西省多灾易灾，各种自然灾害频繁发生。为了掌握应对自然灾害的基本常识，增加民众防灾减灾意识，提高自救互救能力，最大限度地减少灾害造成的损失，充分发挥公益慈善组织在预防自然灾害中的作用。去年7月，我会和世界宣明会中国办事处联合在南昌召开了2010年江西防灾减灾研讨会。这也是我会首次与国际慈善组织合作实施的一个新的慈善项目。

此外,在慈善助学方面,去年我会继续开展了"金圣助学行动",筹资 35 万元资助 70 名寒门学子上大学;开展了"银联励志助学"活动,筹资 17.5 万元,资助 35 名考上江西财大的贫困大学生。2010 年 7 月至 8 月,我会还联合省教委,在南昌举办了"瑞典希望之星"江西贫困地区农村小学教师第八、九期培训班,为 170 名来自石城、都昌、奉新、靖安的农村小学教师进行了为期两周的培训。

记者:对于一个慈善组织而言,资金是生存之本,是开展慈善救助活动的基础。2011 年,江西省慈善总会在资金募集上如何继续加大力度?是否拓展了新的慈善救助项目?

郭爱华:2011 年,省慈善总会要继续加大慈善资金募集力度,以争取更多的善款造福困难群众。一是继续组织开展好"慈善一日捐"活动,不断拓宽"一日捐"的范围,丰富"一日捐"的内涵,从现在以机关、事业单位为主,逐步向企业、社区、私营业主和个体工商户延伸,争取使所有具有固定收入的劳动者都加入到"一日捐"行列中来;二是进一步推进"冠名基金"、"留本付息"的募集办法,加大宣传,密切联系,吸引更多的企业和企业家设立专项冠名基金,努力扩大资金规模;三是建立项目募集机制,通过网站等新闻媒体发布救助项目和救助对象,向社会定向募集项目资金;四是充分发挥"慈善超市"、"募捐箱"等作用。在慈善超市设立捐赠点,在车站、码头、机场和各大商场、宾馆、医院等人流比较密集的公共场所设置统一的捐赠箱,并加强管理维护,以方便群众捐赠。五是积极探索运用义拍、义演、义赛和慈善晚宴等方式,有效开展慈善募捐活动。

根据形势发展及困难群众要求,省慈善总会今年陆续推出了两大救助项目。一是"慈善情暖万家",在元旦春节期间开展对灾区困难群众走访慰问活动,把慈善关爱送到千家万户;二是"六一"前后开展的"爱心助孤"行动,号召社会爱心人士结对帮扶孤儿,走访看望孤儿,给他们送上节日礼物,使他们在同一片蓝天下健康快乐地成长。另外,我会计划在重阳节期间开展"爱在金秋"助老活动，走访敬老院、福利院，关爱农村分散供养的五保对象和留守老人，组织义工参加城市社区居家养老活动等。

2011年，省慈善总会还要加强慈善组织网络建设，指导促进还未建立慈善会的市、县（市、区），在今年内一定要把组织建立起来。指导推动县级慈善会向基层乡镇、街办、村（居委会）延伸，逐步形成全省"横向到边、纵向到底"的慈善救助网络。加强与市、县（市、区）慈善会的交流与互动，整合慈善资源，提高救助水平。

（访于2011年9月）

张连义

男,1940年9月出生,陕西富县人,先后任延安行署办副主任、延安地委秘书长、延安市人大常委会副主任,2002年8月筹组延安市慈善协会,担任延安市慈善协会常务副会长至今。

点燃慈善之火 谱写动人乐章

——访陕西省延安市慈善协会常务副会长张连义

记者:延安作为国务院首批公布的全国24个历史文化名城之一,历来是陕北地区政治、经济、文化中心。20世纪上半叶,延安在中华民族历史上写下了辉煌的一页。不知慈善事业在这片土地上发展如何?

张连义:"上善若水,厚德载物",与中华民族的优良传统一脉相承,延安自古就有乐善好施的美誉,传说唐朝年间,一位云游高僧来延安修行,见一只饥饿欲绝的老鹰凌空而坠,气息奄奄。高僧大发慈悲,将自己的肌肤割舍给老鹰,老鹰得救,老僧却就此仙化。由此延安后来即改名为肤施,成为施舍与奉献的象征。当历史跨入20世纪后,延安又在三四十年代,以其施舍与奉献赢得了举世瞩目的辉煌,成为中华民族心向往之的革命圣地。

随着全国慈善事业的复兴与发展,2002年8月延安市慈善协会成立,至今已走过9个春秋。在市委、市政府的重视下，在社会各界关心和支持下，经由多种途径，截至今年8月底，累计募集款物价值19341万元，实施救助项目198个，受益群众58.5万人次。期间，涌现出许许多多慷慨解囊、奉献爱心的人和事，点燃着延安慈善事业的熊熊圣火，谱写出一曲曲情满人间的动人乐章，推动了延安慈善事业的蓬勃发展。替政府分忧，为百姓解困，为构建和谐延安做出了积极贡献。

记者：请问延安市慈善协会开展了哪些因地制宜的救助项目？取得了哪些实质性进展？

张连义：根据延安的实际情况，我们把"两扶"（扶老、扶孤）和三助（助学、助医、助困）作为慈善救助的重点，在运行中逐渐形成了资助贫困大学生、重阳节敬老慰老、六一儿童节关爱小学生和春节为城乡特困户送温暖、新农村建设等五大慈善救助品牌项目，坚持不懈狠抓落实，可谓收效显著、成果喜人。

在兴教助学方面，我会投入善款2064.4万元，累计资助贫困大学生3694名、中小学生40226名；安老抚孤救助资金586万元，为335位70岁以上老人连续6年发放每人每年600～800元生活补助金，重阳节慰问老年人4015人，为218名在校中小学孤儿发放助学金等；医疗救助方面，为56所基层医院捐赠价值305万元的医疗设备，免费为593名农村贫困人口施行唇腭裂修复手术和先天性心脏病手术，为2.4万农民交纳合作医疗参保金等，救助资金1060万元；扶贫济困领域，我会连续9年春节送温暖，捐资337万元，惠及城乡贫困人口24745户、共计10.5万人，为6县19个行政村兴建人饮工程，解决1.9万人饮水困难，为子长县、四川汶川、青海玉树赈灾捐款380万元，共投入资金807万元。多位民营企业家回报社会、回报家乡，投入大量善款积极参与社会主义新农村建设，投入善款10590万元。

记者：通过创新募款方式，可拓展集结慈善资源的途径。请问在善款筹募过程中，延安市慈善协会有哪些经验和我们分享？

张连义：我会积极在民营企业家中设立冠名慈善基金，其要点有以下几条：1. 冠名慈善基金以企业或企业法人命名；2. 时限一般5年；3. 所设基金由企业管理，不进慈善协会账户，每年提取8%交慈善协会用于实施救助；4. 慈善项目根据企业意愿共同商定；5. 企业家直接参与慈善活动，亲自发放善款，与受助对象交流、对话。6. 每年公布基金占用费使用情况。已有本市和外省22位企业家设立冠名慈善基金7430万元，每年可有约590万元用于慈善救助，既实现了企业家履行社会职责、长期参与慈善事业的心愿，亦使我市慈善救助有了可靠的资源保障。2008年市慈善协会又制定了有限冠名慈善基金管理办法（试行），使之走上规范化、制度化的良性发展轨道，为慈善事业长远发展奠定了坚实的基础。

在2011年新生入学之际，延安市慈善协会接到了延安市24家企业共320余万元的捐款，资助贫困大学生953人。如今，民营企业已发展为慈善事业的主体力量。延安的善款募集，已经由最初开始的以中央、省级资助为主向本地筹募为主转变，2003～2004年募款319.8万元，中央、省级资助215.1万元，占67%，本会募集104.7万元，仅占33%。2007～2008年募款4500.4万元，中央、省级资助355万元，本会募集4145.4万元，上升到90%，其中：民营企业捐款3827万元，占到92%，不仅是参与慈善救助的主体，更成为慈善事业的一支生力军。涌现出许多倾情慈善、慷慨解囊的民营企业家，其参与慈善事业时间之长、捐款数额之多、社会影响之大，在延安乃至全省都屈指可数。他们可敬可佩，我们为之自豪和骄傲，更加深受感动和鼓舞。

记者：宣传不是一件容易的事情，特别是慈善宣传，既要到位又不能过火。延安市慈善协会在这方面做了哪些工作？

张连义：增强理念是慈善宣传的灵魂。慈善事业就是激发人的善心，鼓励人们尽量做善事，是社会进步的重要标志。为加大慈善宣传力度，延安市慈善协会一方面广泛、全面地向社会各界介绍，让公众了解并支持慈善事业，编印图文并茂的会刊，连年在市两会期间发给政协委员、人大代表。

同时通过电视台、延安日报等媒体，及时报道每一项慈善活动；另一方面通过开展"圣地慈善人物评选"、"春节慈善联谊"，印发专页、出版专著推介等活动，突出对慈善典型人物的宣传，靠榜样的带动作用，激发人们的慈善热情，营造有利于慈善事业发展的社会氛围。

2009年"中华慈善突出贡献人物奖"，陕西省8名企业家获奖，延安市就有7人榜上有名，在社会上引起很大反响。

记者：今年，经历了这样那样的质疑，慈善组织可以说陷入了多事之秋，在慈善组织建设这一问题上您有怎样的看法？延安市慈善协会又是如何操作的？

张连义：建设好各级慈善组织，是慈善事业健康发展和充分发挥功能的重要保障。必须要有一支不为名、不为利、无私奉献的慈善工作者和义工队伍，没有奉献精神干不成慈善事业，没有创新意识干不好慈善工作。延安市慈善协会的工作人员大都是退下来的各级领导同志，大家埋头工作并乐于奉献，把为广大群众谋福祉的忙碌作为一种发自内心的责任。在内部完善各项规章制度，强化财务管理，严格工作程序，努力降低机构运行成本和项目运作成本，自觉接受审计和捐赠人监督，确保慈善组织的"公信力"，在工作中优化创新，把有限资金用到最急需救助的弱势群体上，真正起到拾遗补缺、雪中送炭的作用。

目前，我市已组建各类慈善志愿者队伍154支，人数达8822人，结合实际，发挥专长，广泛开展了丰富多彩的慈善志愿者服务活动，充分展现了志愿者有钱出钱、有力出力、有智出智、有技献技的无私奉献情怀。

慈善事业崇高而伟大，是最能让世人感怀、感动和感激的事业，能够净化人类灵魂。一点一滴的善事，似广袤无垠的湛绿小草，以其自身的生机盎然，将大地铺成连天的绿野。相信随着慈善事业的不断发展，"我慈善，我快乐"将逐步成为大家的一种生活理念。

（访于2011年9月）

曾任阿拉善盟民政局党组书记、局长。2004年5月～2007年8月兼任阿盟慈善协会常务副会长、理事长。2007年8月至今担任阿盟慈善协会会长。曾两次被中华慈善总会授予全国慈善先进工作者。

雷宝音

边疆少数民族地区慈善工作任重道远

——访内蒙古自治区阿拉善盟慈善协会会长雷宝音

记者：慈善是中国最悠久的社会传统之一，尤其是近10年来，中国慈善机构迅速发展，慈善文化渗透人心。对于地处边疆的阿拉善盟来说，慈善事业得以逐步发展的保障是什么？

雷宝音：阿拉善盟地处内蒙古最西端，土地面积27万平方千米，边境线长735千米，生活着蒙、汉、回、藏等28个民族，是内蒙古自治区面积最大、人口最少的盟市。随着改革开放大潮的不断深入，近年来阿拉善盟社会经济迅猛发展，慈善事业随之有了长足进步，成为阿盟社会救助体系建设中的一个闪光点。

党委、政府推进是阿盟慈善事业得以快速发展的重要保障，其特点体现在3个方面：一是阿盟行政公署根据本盟实际情况出台实施了"阿拉善盟推进慈善事业发展的意见"。不仅从大政方针、政策制度上提出了措施和要求，还制定了行之有效的实施办法，特别是财政预算安排了扶持慈善事业发展基金和必要的工作经费，从政策制度上形成了长效保障机制；二是每3年召开一次全盟慈善表彰大会，盟委、人大、行署、政协、军分区几大班子领导参加会议，通过召开慈善大会总结过去的工作，安排今后一个阶段的工作，表彰奖励为慈善事业做出突出贡献的个人和单位，形成良好的社会效应；三是各级领导，特别是主要领导带头组织参与各类慈善服务活动，起到了带动作用，形成了领导带头、群众呼应、社会广泛参与的社会合力。

几年来，阿拉善盟评选出霍庆华、王以廷等四名感动阿拉善中华慈善大使和聂成元等18名感动阿拉善中华慈善人物，以及中国人民解放军阿拉善边防支队等12个慈善工作先进集体。通过发挥这些领军人物的表率带动作用和品牌作用，有力地推进了全盟慈善事业发展。

截至目前，阿拉善盟三旗两区全部建立了慈善协会，选聘任用了几十名由医务人员、农牧业科技人员、新闻工作者、民政工作者为主体的慈善志愿者，形成了强有力的慈善工作服务体系。

记者：慈善救助是实现社会各界爱心和困难群众需求对接的有效形式，也是慈善机构义不容辞的责任，慈善工作说到底就是慈善救助。阿拉善盟慈善协会在这方面做了哪些工作？

雷宝音：阿拉善盟慈善协会把慈善项目的建设摆在十分突出的位置，通过各种途径，组织实施各类慈善项目，以推进慈善事业的发展。

首先，在项目建设和引进方面，阿盟受到了中华慈善总会的特别关注和有力支持。阿盟慈善协会与中华慈善总会和美国CDS协会联手开展了助残送轮椅项目，无偿投放250套轮椅资助肢体残疾人，还和阿拉善盟移动公司联手为全盟4000多名残疾人提供了免费信息服务活动。2010年中华慈善总会在我盟组织开展了"周大福慈善基金"助学项目，投放价值50万元的电脑配套设施，为5所民族学校各装备了一个电教室。为了便捷服务，按照中华慈善总会的安排，阿盟慈善协会与宁夏人民医院合作成功地开展了"微笑列车"（唇颚裂手术）助医活动，取得了良好成效。

其次，阿盟慈善协会根据实际情况，协同有关企业和单位，深入农村牧区开展以送医、送药、送科技为主要内容的慈善大篷车服务活动，为基层群众解决实际困难。

第三，根据阿盟驻军多、边防线长的特点，组织开展"双拥共建、军民共助"慈善公益活动。解放军95861部队捐赠140万元援建了阿右旗敬老院建设工程，还成功地开展了部队援建社会主义新牧区建设、为边境牧民送医送药等慈善公益活动。对加强军民团结、安定边疆、造福人民起到良好作用。

阿拉善盟慈善协会紧紧抓住社会发展中每个时期、每个阶段出现的机遇，主动出击，有针对性地组织开展慈善救助活动，达到了既有特色，又有成效的目的。元旦春节期间协同有关企业单位到居委会、嘎查村、敬老院开展"慈善情、暖万家助困活动"；5·12全国减灾日，组织动员行政事业单位和企业开展多种形式的帮扶助困活动，为困难群体和嘎查村切实解决燃眉之急；七一、八一、国庆节开展"唱红歌、献爱心"、"军民鱼水情、助困献爱心活动"。2010年国庆来临之际正逢阿拉善盟建盟30周年，阿盟慈善协会开展了"迎大庆、献爱心"活动，大力弘扬慈善精神，营造了关注民生、崇尚慈善的良好社会氛围。

记者：随着劝募资源竞争日趋激烈和捐赠方意愿的日趋个性化，慈善机构必须增强创新意识、拓宽捐赠渠道。阿拉善盟慈善协会有何经验和我们分享？

雷宝音：在募集善款和物品方面，阿盟慈善协会始终坚持自觉自愿、量力而行，不搞摊派，不繁复无常地搞募捐活动。主要做法有三点：

1. 遇到诸如汶川、玉树地震等大灾害，协会积极响应国家号召，配合民政部门开展专项救灾募款活动。玉树地震，阿拉善盟慈善协会协同盟民政部门共募款158万元，全部汇交上级民政部门，做到了人均捐款全区第一。

2. 针对本地区的灾害情况会同宣传等部门每两年开展一次慈善一日捐

活动，两次募款近 100 万元，为阿盟地区的救灾助困做出了贡献。

3. 由盟慈善协会制定慈善援助项目，邀请企业单位和个人从实际出发自愿认领和参与。这既是阿盟慈善协会的一个重要工作方式，也是主要募款（物）途径。近 3 年来通过开展助医、助学、助残、助困及社会主义新牧区建设、敬老工程建设、慈善大篷车服务活动等项目，募集善款 1000 余万元，较好地调动了社会主要力量，整合了慈善募集资源，发挥了募集款物的作用。

（访于 2011 年 10 月）

男，1964年1月出生，汉族，广东大埔人，研究生学历，理学博士学位，高级政工师，1984年3月加入中国共产党。现任宿迁市委副书记，市长、市政府党组书记，宿迁市慈善总会会长。

蓝绍敏

倡导全民慈善　建设幸福宿迁

——访江苏省宿迁市市长、市慈善总会会长蓝绍敏

记者：无论是在自然灾害发生后掀起的捐赠高潮中，还是在扶老、助残、救孤、济困等常态社会救助中，慈善力量发挥着越来越重要的作用。慈善资金是慈善事业赖以生存和发展的基础，也是实施慈善救助的前提和条件。请问宿迁市慈善资金募集状况如何？

蓝绍敏：近年来，在市、县（区）两级政府的高度重视和大力支持下，宿迁各级慈善机构组织建设不断加强，慈善基金规模逐步壮大，慈善救助范围全面拓展，全市慈善事业呈现出稳步推进的发展态势。

截至目前，全市各级慈善总会募集慈善款物共计2.12亿元（含认捐1.1亿元），其中善款2.01亿元，物资折款0.11亿元。市慈善总会累计募集资金6600万元（合同认捐4450万元），物资折款136.6万元。

记者：没有慈善资金，就谈不上实施慈善救助和发展地方慈善事业。

您刚才提到的那些数字可以说成效喜人。在慈善资金募集方面，宿迁市慈善总会都做了哪些工作？

蓝绍敏：我们主要做了五项工作：

一是进行慈善总会创始基金募集活动。市慈善总会成立以来，各级政府把扩大慈善基金规模摆上重要位置，全面开展慈善基金募集工作。市慈善总会共筹集慈善基金5350余万元（含合同认捐款），其中到账资金1104万元。

二是开展抗震救灾捐赠。四川汶川大地震发生后，市慈善总会呼吁各界人士积极行动起来，伸出援手，献出无私的爱心，为地震灾区提供援助。全市共接收捐赠款2437.56万元、物资折款380.85万元。2010年青海玉树发生地震后，市慈善总会及时动员社会各界捐款捐物支援灾区，全市共接收捐赠款1132万元。

三是举办"送温暖、献爱心"社会捐助活动。2007年以来，市慈善总会在全市范围内连续开展年度"送温暖、献爱心"社会捐助活动，市四套班子领导带头捐款做表率，带动机关、企事业单位干部职工积极捐款捐物。据统计，市直机关、企事业单位开展"送温暖、献爱心"社会捐助活动累计募集捐款300多万元，过冬棉衣1万余件。

四是在人员密集场所投放慈善募捐箱。2008年，市慈善总会以及部分县慈善总会向主城区超市、商场、宾馆、酒店等流动人员密集场所投放慈善募捐箱。2009年，市慈善总会又与宿迁新华书店合作，在其5个书店内投放慈善募捐箱，由双方指定专人适时开箱清点收缴捐款，及时公布接收情况。

五是做好认捐单位年度认捐款收缴工作。宿迁市慈善总会自成立以来，共有12个单位与市慈善总会签订认捐协议，认捐总额3450万元，年应捐善款243.75万元。每年安排工作人员上门联络，协助认捐单位做好年度认捐款兑付工作。

记者：为满足慈善品牌救助项目正常运作，在做好慈善资金募集工作的同时，筹款渠道的选择同样起着举足轻重的作用。目前，很多地方采取的善款募集方式往往比较单一或狭窄，对此您认为可通过哪些举措加以改善？

蓝绍敏：我觉得可以从5个方面入手：

1. 开展"慈善一日捐"活动。即倡导机关、企事业单位和广大市民在自愿的基础上，把一天的收入或节约的一天支出捐献给慈善机构。"慈善一日捐"可以尽量减少一年内多次募捐、重复募捐的现象发生。这种易于接受、方便操作的募集方式将会产生强大的感召力，成为人们奉献爱心的重要平台。

2. 接收单位或个人定向捐款。在某些贫困对象的求助下，会有爱心人士或单位主动慷慨相助，且有许多捐款要求通过慈善总会进行定向捐助。慈善总会接收到这些捐款后，要按捐赠者意愿及时用于资助指定的慈善项目或救助特定的贫困对象。

3. 以项目招募企业或个人冠名捐款。由慈善总会根据当地实际情况设计一些慈善救助项目，供企业或个人选择确定某类慈善救助，以捐赠一定数额的资金在慈善总会设立冠名慈善基金。所捐善款专门用于双方商定的助学、助医、助老等慈善项目，为这些特困群体送去温暖和关爱。

4. 开展慈善拍卖募捐活动。开展诸如车牌"吉祥号"、手机电话"吉祥号"、名人字画等慈善拍卖募捐活动，所募集资金全部列入市慈善救助资金，专款专用。具体救助项目可由慈善总会会同相关单位协商确定，确保拍卖募捐所得资金发挥其应有的作用。

5. 投放慈善募捐箱进行日常募捐。选择在市区商场、银行、酒店、书店等人流量密集的场所及窗口单位投放慈善募捐箱，募捐箱上张贴慈善标识、慈善标语、捐款电话等，与接受投放的单位签订管护协议。此举不仅为爱心人士日常捐助提供方便，还可以达到向公众进行慈善宣传的作用。

记者：除了上述这些拓宽募集领域的具体措施，在人员设置及安排上您有何建议？

蓝绍敏：首先要积极吸纳慈善志愿者，拓展慈善资金募集的领域。慈善总会可以会同有关部门开展"慈善形象大使"评选活动，择优选聘"慈善形象大使"，培养其成为慈善总会优秀的志愿者，带头参与慈善资金募集。

通过慈善志愿者的自身不懈努力，进一步拓展资金募集领域，扩大慈善资金募集总额。

再者要积极开展慈善宣传，营造慈善资金募集的浓厚氛围。通过慈善与媒体的多方联动，努力提升慈善机构的公信力和影响力，营造"关心慈善、支持慈善、参与慈善"的浓厚氛围，让"我慈善，我快乐"成为人们的现代生活观念。

（访于 2011 年 10 月）

男,1944年10月29日出生,大连人,中共党员。先后担任大连市委副书记、大连市政协主席等职务,是第九、十届全国政协委员。2008年5月当选为大连市慈善总会会长、大连慈善基金会理事长。

林庆民

创建有大连特色的慈善事业

——访辽宁省大连市慈善总会会长林庆民

记者:据了解,自2004年10月大连市慈善总会成立以来,慈善事业逐步成长,成效显著。截至今年6月底,募集善款(物)13.04亿元,拨付救助款物11.26亿元,发展义工43.9万人,开创了具有大连特色的慈善事业发展模式。请您介绍一下大连慈善工作的特色及具体开展了哪些救助项目?

林庆民:发展现代慈善事业没有固定模式可循,需要开拓创新,探索前行。健全的慈善募捐机制是慈善动员能力的体现,这是大连慈善工作的第一个特色。汶川地震后,我会立即启动《应急募捐和救助预案》,接收3200多家企事业单位、40多万市民捐赠的款物价值2.31亿元。完备的应急募捐机制使大连市慈善总会面对南方冰雪灾害、玉树地震等突发性灾难,募款数额也居于前列。此外,我会还施行了长效募捐机制,并探索建立全民募捐机制。创建了慈善捐赠物资调剂中心,对不适宜发放的物资实行变现。

规范的慈善救助项目,是大连慈善工作的第二大特色。围绕助学、助医、助老、济困、救孤、紧急救援、农民工援助等7个方面,我会先后开展了28个长期救助项目、42个临时救助项目,200余万人次从中受益。其中蓓蕾生命救助、新型农村医疗援助、周泊霖孤残儿童寄养、阳光助残、临时紧急救援等项目,通过规范运作、严格管理和人性化服务,得到了捐赠方、受助方和社会各界的广泛认可和好评。2005年,由大连市慈善总会和市建委发起、万达集团捐资,创立了全国第一个农民工援助分会,并设立了专项援助基金,帮助有困难的农民工解决工伤大病、子女就学、法律维权、技能培训等问题。目前已投入善款580多万元,惠及农民工及其子女18万余人,为农民工追回拖欠工资160多万元。为惠及更多百姓,我会还积极探索慈善公益实体建设,慈善颐养院已开始营业,慈善培训中心正在筹建当中。

第三个特色是强大的慈善义工队伍。截至2011年6月,大连慈善义工已达43.9万人,成立义工站(队)1032个。慈善义工围绕慈善救助、社会服务和紧急救援三大方面,已开展服务项目291个,义工活动约11万次,有148万人次参与,累计奉献时间636万小时,为115.7万人次提供帮助。为加强义工队伍建设,采取多种形式组织培训,并建立了保障激励机制:为义工购买保险,建立义工晋星表彰制度,在大病救助等方面向义工倾斜等,促进了义工队伍健康快速发展。

富有活力的慈善文化是大连慈善的又一特色。我会在慈善文化宣传方面,不断完善自身宣传平台,努力办好《大连慈善》杂志、《大连慈善信息》、大连慈善网。此外,还组织举办了慈善晚会、慈善义演、慈善足球义赛、慈善征文比赛、公益歌手大奖赛等大型慈善公益活动,拓宽了宣传渠道,使慈善宣传形式多样化、立体化,富有活力,促使越来越多的公众认知慈善、支持慈善、参与慈善,使市民慈善理念得到普及,慈善文化氛围日趋浓厚。

记者:大连市慈善总会、大连慈善基金会,是在全国为数不多的具有两块牌子一套人马的慈善机构。在基金建设上有何创新之处?

林庆民：大连慈善基金的发展主要经历了三个阶段。第一阶段是从基金会成立开始至2007年上半年。基金会确定了创新长效募捐机制的工作思路，开始探索设立企业冠名慈善基金，使慈善救助有了稳定的资金来源。

第二阶段是从2007年7月到2009年年底。基金会把"创新募捐思路和方法，建立长期稳定的社会募捐体系"纳入工作任务，制定了《关于扩大建立慈善公益基金的意见》。根据企业捐赠意愿和社会救助需求，我会建立了企业统筹基金、专项救（援）助基金、救助和互助性质的小型基金等灵活多样的基金形式。

第三阶段是从2010年至今。2010年，大连市政府以为民办实事提出了建立"亿元"慈善基金的要求，基金会把建立"亿元"慈善基金作为全年募捐工作的重点，制定并向各区市县慈善会下发了《大连市慈善总会、大连慈善基金会建立"亿元"慈善基金的工作方案》。基金会加大了建立慈善公益基金的力度，募捐形式有了创新，渠道得到拓展，募捐工作取得新的突破。

目前，市及区市县两级慈善总会共建立慈善基金427支，规模12.85亿元，其中市本级建立慈善基金121支，规模7.31亿元。基金建设为慈善救助奠定了资金基础，增强了慈善救助的针对性和有效性，使救助资金发挥了最大的社会效能。今后，我会一方面要围绕民生建设，从百姓最需要、社会最迫切的慈善公益项目入手，广泛动员社会各界捐建基金，增强救援（助）能力；另一方面，要进一步加强基金的管理，严格规章制度和工作程序，使捐赠者捐得放心，让受助者真正受益。

记者：7年来，大连市慈善总会每一步的发展可谓有条不紊。在接下来的工作中，有哪些规划和目标？

林庆民：为了推动大连慈善事业创新发展，我会早在2006年就在全国率先编制了《2006—2010年发展规划纲要》。今年年初依照大连市"十二五"规划精神，制定了第二个五年规划，即《大连市慈善总会（基金会）2011年—2015年发展规划纲要》。纲要分6部分25条，主要确定了未来五年工作的指导思想、总体目标，以及筹募、救助、宣传、义工、自身建设等 8 个问题。

总体目标是：实现大连特色慈善事业跨越式发展。主要量化目标是：累计筹募资金 12 亿元，使用拨付救助款物 8.4 亿元，形成亿元以上固定资产，慈善义工发展至 60 万人以上、年奉献时间超过 3000 万小时。全域建成直至街道（乡镇）的各级慈善机构和网络，使支持慈善、参与慈善成为社会风气。

今后五年，我们要全面落实第二个五年规划目标，以传播现代慈善理念、增强全社会慈善意识为先导，以深入开发整合慈善资源，完善全民、应急和长效募捐机制为重点，以培育品牌救助项目，建立健全阳光化、规范化项目运作机制为基础，以弘扬志愿服务精神，加快慈善义工队伍建设，打造"平民慈善"平台为依托，以加强慈善组织建设、提高其社会公信力为保障，开创慈善募捐能力强、救助补充作用大、慈善组织信誉高、慈善氛围浓厚的大连特色的慈善事业新局面。

（访于 2011 年 10 月）

郭有勤

男，汉族，山西省沁水县人。1945年出生。

先后担任长治市人民政府市长、山西省委副秘书长、山西省民政厅厅长、山西省人大常委会教科文卫工委副主任等职务。2003年10月至今任山西省慈善总会会长。

古老的土地　崭新的乐章

—— 访山西省慈善总会会长郭有勤

记者： 太行山下，黄河水旁，山西作为华夏文明的发祥地之一，培育出璀璨高洁的道德文明。改革开放以来，山西省社会经济迅速发展，慈善行为生生不息，爱心人物层出不穷，慈善事业走上健康发展之路。请问山西省慈善总会成立至今，取得了哪些成绩？

郭有勤： 2003年10月，山西省慈善总会成立，标志着新时期慈善事业在山西正式起步。

8年多来，在省委、省政府的重视支持与鼓励引导下，在社会各界和广大人民群众的广泛参与下，山西慈善事业发展迅速，目前已成为全省社会保障体系的重要补充，为保障民生、促进和谐作出了积极贡献。

截至2011年6月底，山西省慈善总会累计接收各类捐赠款物总值48954.73万元。其中赈灾捐款9974.85万元；扶贫济困捐款325.31万元；

助学捐款1464.33万元；助医捐款及为困难群众减免医疗费用35782.55万元；其他捐款770.1万元；药品、食品、衣物等实物捐赠折价637.59万元。全省慈善组织共募集善款善物超过10亿元，救助困难群众116万余人。

记者：慈善组织是沟通救助者和捐助者的桥梁，它动员社会力量最大限度地募集善款，使贫困群体感受到关爱并积极回报社会。要发展慈善事业，必须加强慈善组织建设。山西省慈善总会成立至今，慈善组织的机构建设工作进展如何？

郭有勤：在基层党委、政府的支持和民政部门大力推动下，山西省慈善总会积极呼吁并督促指导，全省基层慈善组织建设取得了较大进展。现如今已有9个市成立了慈善总会，52个县（市、区）成立了慈善组织，部分县（区）的慈善组织已开始运作，只待召开成立大会。与此同时，慈善机构进一步向院校、乡镇、社区延伸。例如省慈善总会分别在太原理工大学和太原市漪汾社区设立了慈善工作站，并适时开展助学、助困等一系列救助活动。长治市慈善总会在乡镇（街道）设立慈善工作联络站，在农村或社区设立慈善工作联络员，并在知名企业设立代表机构。种种举措使得慈善事业更加贴近基层、贴近群众。由于基层慈善组织网络的逐步完善，全省慈善事业初步形成了上下联动、整体推进的发展态势。

记者：在慈善事业蓬勃发展的今天，各地慈善总会在救助项目的设立和实施方面可谓异彩纷呈。山西省慈善总会在慈善项目的管理和运作上有何独到之处？取得了怎样的成效？

郭有勤：众所周知，慈善项目是慈善救助工作的重要载体和主要形式，相比个案式的救助，慈善项目有着标准统一、力量集中、规模较大、成效明显的优势，向来是广大慈善组织紧抓不放的重点所在。

历年来，我会在慈善项目的管理和运作方面做了大量工作，可以从三方面来概括：

一是项目运作规范化。严格的管理制度是项目良好运作的前提条件，对每一个慈善项目，我会都在充分考察、调研的基础上，制定出严格细致的管理制度，并不折不扣地予以落实。规范化的运行带来了良好的结果，各类慈善项目受到了社会各界的广泛好评，如"微笑列车"项目共救助唇腭裂患者5700余人，我会与三家定点医院还荣获"微笑列车"在华10年贡献奖。"格列卫"等赠药项目，开展以来未发生一例差错，发药员获中华慈善总会表彰。

二是本土项目品牌化。慈善事业要发展，必须结合地方实际，因地制宜，大胆创新。多年来，我们在实际工作中不断学习借鉴国际、国内大型慈善项目的管理运作模式，结合本省实际，先后开展了例如"亲情工程"、"心新工程"、"慈爱阳光班"等一批本土项目，并着力于品牌建设，出台了《关于打造慈善品牌项目的实施意见》，为全省慈善项目的品牌建设工作奠定了基础，指明了方向，全省慈善项目呈现出了欣欣向荣的发展态势，例如我会于2005年开展的"亲情工程"项目，是国内首个救助贫困家庭精神残疾患者的助医项目，累计救助患者2800多人。社会反响巨大，群众好评如潮，已成为山西本土慈善项目中的代表品牌。除此之外，太原市慈善总会的慈善职业培训、长治市慈善总会的慈善助孤和大同市慈善总会的慈善助老等项目，也都成为当地的品牌，取得了可喜的成绩。

三是力促项目长效化。一个成熟的慈善项目，必须有科学的规划、缜密的流程和多方的支持，慈善工作者必须着眼长远，与时俱进，决不能搞一锤子买卖。在实践中，我们坚持每年召开项目座谈会，多次修订项目管理办法，引进合作伙伴，拓宽善款来源，使得各个救助项目的规模不断扩大，救助群众日益增多，形成长期开展、长效救助、长远发展的良好态势。

记者：您对今后山西省慈善事业的发展有何设想，今后的工作将重点放在什么地方？

郭有勤：当前山西正处于转型发展、跨越发展的关键时刻，省委、省政府对民生问题高度重视，对慈善事业大力支持，广大人民群众的慈善意识越来越强，参与慈善事业的热情日益高涨，全省慈善事业大发展的条件已经具备。

今后一段时期，我们要在科学发展观的指引下，紧紧围绕完善社会保障体系、构建和谐社会的总目标，全力做好五项工作：一是协助政府，扶助基层，加快推进各地慈善组织建设；二是广泛动员，多措并举，争取筹募更多的慈善资金；三是引进项目，打造品牌，努力扩大慈善救助的受惠群；四是创建平台，舆论引导，扩大慈善事业的社会影响力；五是加强管理，优化素质，提高慈善队伍的专业化水平。

感动山西，爱暖三晋，慈善的光芒将天地照亮。我们相信，山西的明天会更好！我们相信，慈善的明天会更好！我们更加相信，在这片古老的土地上，善良朴实的山西人民将挥洒着爱心的音符，敲击出新时期慈善事业的最强音！谱写出山西慈善事业的崭新乐章！

（访于 2011 年 11 月）

男，1958年3月出生。先后任吉林市编制委员会主任、吉林市人事局局长、吉林市民政局局长等职。2009年5月任吉林市慈善总会副会长。

钱大吉

创新捐赠机制　打造救助品牌
扎实推进慈善事业快速发展

——访吉林省吉林市慈善总会副会长钱大吉

记者： 吉林市慈善总会成立于1993年，是我国较早成立慈善组织的地级市。在探索中发展，在发展中创新，回顾近20年的发展历程，吉林市慈善总会在善款筹集、组织建设、品牌打造、项目开展、慈善理念的培植和机制运行方面取得了怎样的成效？

钱大吉： 多年来，总会充分发挥服务领域宽、项目涉及面广等特点，利用优惠的税收政策和不断提升的社会公信力，创造性地开展了多种募捐活动。从2000年初到2010年底，总会筹集善款、善物合计达3.5亿元，其中：善款3亿元，善物折合人民币5000万元。

以"双日捐"为主体，不断拓宽慈善资金募集渠道，是吉林市慈善事业发展的不竭动力。"慈善救助双日捐"是我市连续9年开展的品牌项目，

目前已筹集善款2亿多元，为慈善组织开展正常慈善救助和组织运营提供了资金保障。

面对频发的自然灾害，吉林市慈善总会通过完善应急捐赠预案、举办赈灾义演义卖活动、设立临时捐赠站点等方式，多方筹集善款。2010年7月，吉林地区发生了特大洪涝灾害，我会第一时间向全社会发布了"抗洪救灾、你我同行"的募捐倡议，在整个抗洪救灾募捐过程中，共接收捐赠款1.1亿元，捐赠物资价值4000万元，有力地支援了灾区人民抗灾自救和灾后重建。面对历次自然灾害，我会共募集救灾款2.1亿元，救灾物资价值3000多万元。

企业冠名基金是近年发展起来的募捐方式，也是我市开拓创新募捐形式的有益探索。几年来相继建立了"九鑫扶贫助学基金"、"北方化工慈善基金"、"江城晚报辛文助学基金"、"中凯慈善助孤基金"、"艾滋病专项救助基金"等基金项目，筹集善款800多万元。随着慈善事业的发展，企业冠名基金的募捐方式将得到更广泛的普及，我会也将创新募捐理念，加强与爱心企业沟通联系，开创更广阔形式的合作，把企业的爱心传递到千家万户。

举办大型慈善活动是弘扬慈善传统、宣传慈善理念，充分动员社会力量支持慈善事业的有效途径。2006年的"冬衣暖人心，关爱进万家"活动，共接收各种过冬棉衣3053件。2007年开展的"慈善捐款箱走进江城"，27家爱心企业申领了捐赠箱，筹集善款30余万元。2008年"新春千人宴、慈善献爱心"，精心准备的免费年夜饭，让1000名困难群众体会到了社会大家庭的温暖。这些慈善活动均收到了非常好的宣传和筹募效果。

经常性小额募捐是最能体现"不以善小而不为"的慈善理念，是最能充分满足广大捐赠者慈善意愿的方式。我们以经常性日常捐赠为基础，设计了多种小额募捐项目，例如：设立社区捐助站点、一对一助学、一对一助孤、企业每销售一个产品捐赠一元善款项目等，为企业和老百姓提供了一条奉献爱心的便捷通道。多年来，通过经常性小额募捐共筹集善款100

多万元。

记者：品牌项目的开展是慈善事业发展的源泉，目前各地慈善总会都在这一领域开拓创新、谋求发展，请您简要介绍下吉林市慈善总会实施的举措？

钱大吉：我们坚持以人为本、以贫困地区和特困群体为资助对象的原则，优先选择困难群众急需且能够持续发展的项目为直接援助目标，全力拓展慈善救助范围，同时确保尊重并实现捐赠者意愿，在项目策划、运作管理、资助反馈、绩效评估等方面形成了一套行之有效的制度和方法。

先后实施了"关爱孤儿、助学成才"、"一帮一扶贫助学"、"慈善救助圆梦大学"等5个扶贫助学项目，累计救助贫困学生8200多人；实施"生命之光"、"微笑列车"、"慈善助你行"等8个助医助残项目，使患有重大疾病的6000多名贫困群众得到救助，缓解了弱势群体看病难、看病贵的问题；实施"慈善救助情暖万家"、"慈善助春耕"等6个扶贫济困项目，救助困难群众近15万人次，有效地构筑了一道慈善保障线。面对"2·15"火灾、"蛟河矿难"、"汶川地震"、"玉树地震"、"7·28特大洪涝灾害"等重大灾害，市慈善总会及时开展捐助活动，解决灾区群众的燃眉之急，使困难群众受益，充分发挥了社会保障体系的补充作用。

记者：近年来，随着现代慈善事业的蓬勃兴起，慈善组织的能力建设愈来愈受到重视。慈善组织的首要任务，就是要通过积极开发，使潜在的慈善资源转化成为现实的慈善力量。您在这方面有何经验和我们分享？

钱大吉：高效健全的慈善组织网络是我市慈善事业发展的重要保证。多年来，吉林市把慈善组织网络建设作为发展慈善事业的重要工作来抓，截至2011年8月，全地区11个县（市、区）已全部建立了慈善组织，143个乡、镇、街道60%都建立了慈善工作站，城区部分社区建立了慈善捐助点，慈善工作组织网络基本形成。

2010年，我们提出了"慈善进社区，邻里一家亲"、"慈善进乡村，关爱暖人心"的乡村（社区）慈善组织发展理念，在全市城区开展了社区捐助点试点，推广了龙潭区秀山社区和龙潭区崇文社区捐助点的经验，先后成立社区慈善捐助站点20多个。

2011年，吉林省委、省政府制定出台了《关于加快推进我省慈善事业发展的意见》，吉林市结合自身实际，率先实施了市、县、乡、村（社区）四级慈善组织网络化建设。按照有机构、有人员、有场地、有制度、有资金的标准，积极推动基层慈善组织规范化建设，增强了服务社会和困难群众的能力和水平，充分发挥了基层组织优势，确保慈善救助活动的实效。

记者： 慈善文化的培植，需要借助教育、宣传、法规、制度等合力加以实现。吉林省慈善总会做了哪些工作？

钱大吉： 我会始终将慈善理念的培植贯穿到慈善工作的各个环节，积极倡导"人人皆可慈善、人人皆能慈善"的社会氛围。着眼于增强公民、企业、团体的社会责任，策划《慈善暖江城》、《爱在江城慈善助孤》、《辛文之光》等公益宣传活动。抓住雪花啤酒节、北京奥运会等契机，开展"来自开幕式现场的美好祝福"等慈善宣传。

创办《吉林市慈善总会会刊》，发行《江城慈善信息》，设计印刷了宣传画册和慈善宣传片，传播全民慈善的公益理念。

（访于 2011 年 11 月）

男，1946年出生，汉族，湖北利川市人。先后任湖北恩施州人大副主任，恩施州委常委、纪委书记、州委副书记。2008年12月当选为恩施州慈善总会会长。

胡 毅

开拓创新探索慈善工作新举措

——访湖北省恩施土家族苗族自治州慈善总会会长胡毅

记者： 2008年恩施土家族苗族自治州慈善协会换届，并由此更名为州慈善总会。新一阶段开展了哪些工作？慈善资金募集情况如何？

胡毅： 我们首先从慈善总会的自身建设抓起，建立健全相关工作制度，完善工作秩序，使慈善工作逐渐步入正轨；其次是延伸慈善队伍建设，增加州慈善工作的基层触角。先后在4个单位成立了义工服务大队，现有义工214人。根据州慈善总会安排，义工服务大队结合自身实际，积极开展服务活动；三是帮助县市健全慈善组织。目前，全州8县市有5个县成立了慈善总会，3个县市正在积极筹备。新成立的县级慈善组织都有规范的章程，部分县市慈善总会还建立并规范了乡镇慈善组织。

我会始终以"安老、助孤、扶贫、济困"为宗旨，3年来，积极组织实施抗冰救灾、抗震援建、"送温暖、献爱心"、台湾台风灾害、西南旱灾、

舟曲泥石流灾害、"冠名基金"、助学助医等募捐活动，共募善款1400余万元。所有资金都用在刀刃上，用在最能发挥作用与效益的救助项目上，更加注重用在弱势群体的共同利益上，一大批基层福利机构和困难群众得到了切实帮扶。

记者： 救助工作是慈善总会最能凝聚民心、取信于民的工作。恩施州慈善总会具体实施了哪些救助项目？

胡毅： 州慈善总会立足实际，坚持募捐救助并举，多渠道、多形式募集慈善款物，围绕扶贫、救灾、助老、助残、救孤、助学、助医等领域，积极实施救助项目，取得了明显成效：

"春暖千家——湖北慈善中国石油千户安居工程"项目。我会连同湖北省慈善总会、中国石油湖北销售公司，帮助巴东县因雪灾致房屋倒塌的500户农村特困户恢复重建，每户补助0.4万元，共计200万元。在省慈善总会支持下，我州连续三期实施"温暖工程"，解决了全州110所福利院洗热水澡难、取暖难的问题。"新农村综合视讯平台"项目，从中华慈善总会争取到5套设备，总价值1500万元，5个县市和单位从中受益。

"慈善阳光班"助学项目。湖北省慈善总会在我州恩施高中、宣恩一中等校先后开办"慈善阳光班"。3年共出资90万元资助"特困特优"高中生500人，75%的毕业学生考入一类重点大学。还有孤残儿童营养食品项目，得到中国扶贫基金会为我州孤残儿童争取的国际援助，价值200万元的儿童营养食品"蜜儿餐"1667箱。

在助医方面，中华慈善总会与省慈善总会在我州实施了三期"慈善医疗济困行动"，全州累计61家医疗机构（主要是乡镇基层卫生院）共获捐价值4047万元的医疗设备。在省慈善总会指导下，我会与恩施州中心医院等联合开展"微笑列车"唇腭裂慈善救助项目，自实施以来累计施行免费手术700多例。

2010年4月至12月，我州与武汉亚洲心脏病医院合作开展"爱佑童心"项目，先后实施三批次，625名先心病患儿参加普查登记，接受义诊

筛查633人，135人符合项目要求，共获得救助资金包括华夏基金、亚心医院减免费用及其他救助费用近300万元。

去年的轮椅助残捐赠活动，中华慈善总会、美国LDS慈善协会共向恩施州残疾人捐赠400辆轮椅、200个助行器，价值近70万元。这批轮椅、助行器捐赠给恩施州8个县市下肢残缺的贫困残疾人用以代步。在减少残疾人自身痛苦的同时，也减轻了家庭和社会的负担。

记者： 据了解，在中华慈善总会和湖北省慈善总会大力支持的基础上，恩施州慈善总会还自筹资金开展了一批慈善救助活动，您能否简要介绍一下？

胡毅： 为帮助贫困学生圆梦大学，扩大福利彩票和慈善组织的社会影响，夯实福彩和慈善事业发展的社会基础，恩施州民政局、恩施州慈善总会等联合开展了2011年恩施州"福彩公益金慈善助学"活动，对100名2011年城乡低保户、重点优抚对象家庭，或因灾因病等突发原因导致的特困户中考入一本院校的大学新生，一次性给予每人5000元助学资助。

为改变福利院做饭烧柴、烤火烧煤的老习惯，提高生活质量，降低生活成本，州慈善总会与州农业局等联合，正式启动"农村福利院沼气池扩容工程"，沼气池凡未达到50立方米的，自2010年起计划两年内全部改建达标。我们还积极找到相关单位协调资金，解决了恩施市三岔乡福利院、鹤峰县城市福利院的人畜饮水困难问题。

由恩施州慈善总会出资35万元，为350名贫困白内障患者施行了免费复明手术。我会还争取到飞利浦公司捐赠的价值60万元的节能灯具，解决了恩施市、利川市农村福利院和州内6个贫困村的照明问题。

对于来信来访求助的群众，我会明确申请程序，严格把好审核关，近3年累计救助700人次，总金额200余万元。2009年以来，我们积极倡导设立冠名基金，基金总额64万元。

记者： 面对各地慈善事业如雨后春笋般的发展态势，您有何经验跟我们分享？

胡毅：恩施州虽经济欠发达，但慈善事业不断发展，得益于始终坚持开拓创新，不断探索出了一些慈善工作的新思路、新措施。基本经验主要体现在六个方面：

1. 领导高度重视是做好慈善工作的根本保证。结合我州工作实际，州人民政府办公室制发了《关于加快发展慈善事业的通知》，这是我州慈善事业建设史上一个新的突破。

2. 建立高素质的慈善工作队伍是做好工作的基本前提。在建设领导班子的同时，我会组建了一支爱岗敬业的专职队伍，所有人员都具有丰富的社会救助工作经验。我会还拥有一支以大中专院校学生为主的社会义工服务队，为慈善事业增添了新的力量，注入新的活力。

3. 努力并善于学习先进经验是做好慈善工作的重要抓手。州慈善总会换届后，同志们一方面注重自身经验的积累和应用，另一方面走出去学习其他同仁的工作经验。此外，还注重从网上、报刊杂志中捕捉慈善的最新信息，丰富头脑，指导实践。

4. 建立健全慈善组织网络是做好工作的重要基础。实践证明，由于慈善组织健全，慈善工作思路创新，工作力度加大，因而救助项目抓得实，募集资金渠道不断拓宽。

5. 开展多种形式的慈善募捐才能不断壮大慈善工作实力，扩大慈善工作影响。3年来，我们积极开展慈善募捐，共募集善款和争取项目物资折款7800万元，1万余人受益。

6. 抓好慈善品牌的建立和慈善项目的争取，是做好工作的基本方向和重要途径。慈善工作有品牌，才能体现出分量。目前结合恩施实际，我们又推出了新的品牌。用品牌扩大慈善工作影响，这是我们开展慈善工作的方向。

（访于2011年11月）

女，1953年出生，汉族，中共党员，曾在本溪市中学、本溪市委组织部及市民政局工作，2006年3月开始从事慈善工作。现为本溪市民政局调研员、市慈善总会副会长兼秘书长。

唐君英

十年磨一剑　慈善谱新篇

——访辽宁省本溪市慈善总会副会长唐君英

记者：慈善宣传是做好慈善工作的重要"抓手"，据了解，本溪在慈善宣传方面做了许多努力，并取得了较好成效，请您谈谈具体的举措与创新？

唐君英：要加大慈善宣传的投入，必须要有一定的资金支持。为此，市政府每年拿出10万元用于慈善宣传工作。针对新时期本溪慈善事业面临的新特点、新要求，我们努力在宣传理念、内容、方法、手段等方面不断探索，不断创新，从平面到网络，从文字到音像，从广播到电视，打出了一套漂亮的"组合拳"。

为宣传褒奖慈善人士的慈心善举和乐于助人的高尚精神，我会编辑出版了《本溪慈善人物》一书，一经推出便受到市民欢迎，成为学习慈善人物、争当慈善人物的百姓教材。《爱的阳光》慈善征文收到全国各地来稿

近百件，涵盖赞美邻里家庭和睦相处、对孤寡病残守望相助等慈心善举，读来给人以启迪、感动、鞭策与力量。市慈善总会还与市社科联一同举办了"慈善与和谐"主题研讨活动，收到论文近百篇，是我市一次较大规模的慈善理论与实践研讨活动。我们将这两次征文择优汇集成《本溪慈善征文选》推向社会。

此外，我会将近年来在各种报刊上发表的有关本溪慈善事业发展的报道、评论摘编成书，编辑出版了3本《本溪慈善文摘》，全视角、大跨度地记述了本溪慈善事业的发展历程，讴歌了爱心人士的慈心善举。作为纪念本溪慈善总会成立十周年的献礼，我们编印了大型彩色画册《爱的足迹》。一张张定格在历史瞬间的照片，一个个温暖人心的画面，真实再现了本溪慈善事业发展的轨迹。自2007年起，我会每年都要编辑慈善年刊，将每年的慈善精粹、大型活动、政策信息、慈善项目、典型风采、财务报告等相关情况汇入其中，向各会员单位及民众广泛散发，为各级领导机关、企事业单位、社会各界了解慈善事业提供及时、准确的信息，进一步增进了本溪慈善事业的透明度。

除去上述举措，我会还拿出专门资金，配备专业人员，率先开设了慈善网站，目前已发展成为我市慈善总会对外联系的重要窗口和交流平台。此外，我们还不定期在《本溪日报》、《本溪晚报》、《本溪电台》等媒体上，开设慈善专栏、专版，开播专题节目，使我市慈善宣传工作实现了立体化、全覆盖。

记者：如果说慈善宣传是慈善工作的"牛鼻子"和重要"抓手"，慈善募捐才是慈善工作的"基本功"和"硬头货"。本溪市慈善总会做了哪些善款募集工作？救助项目进展如何？

唐君英：这些年本溪市慈善总会通过慈善捐助热线、本溪慈善网、"生命救助基金"、"阳光助学基金"等，共募集善款1.28亿元。有一定数额的慈善资金做保障，救助能力也得到了显著提升。我们在慈善救助中，注重运用慈善项目进行分类救助，集中使用善款进行专门救助，灵活使用善款进行应急救助。10多年来共发放慈善款物1.17亿元,惠及10万户贫困家庭。

"慈善情暖万家"项目,是市慈善总会的传统扶贫项目,"两节"前组织实施。每年市慈善总会要筹集几十万元用于购买大米、面粉、豆油等生活必需品,走访慰问城乡困难家庭,让他们过上一个温暖的春节。

"包紫臣爱心基金"慈善项目是我市最大的单体救助项目。它依靠本溪矿业有限公司定向捐助的400万元及所产生的利息,为本溪市贫困家庭患有先天性心脏病的青少年或无力支付学费的学生提供医疗或助学金救助。

我会以"阳光助学基金"项目为主体,联合企业开展助学活动。"阳光助学基金"项目主要用于帮助家庭贫困的学生顺利完成学业。自2007年6月开始实施以来,共发放助学金284.29万元,惠及8500多名贫困学生。

2008年,本溪市慈善总会打破常规,采取点对点、面对面、分片包干,主动上门募捐的办法,短时间内募款物价值近7000万元,全部支援四川地震灾区,创造了本溪慈善事业募集善款的历史,相当于市慈善总会成立以来前8年募集善款的总和。

2009年,市慈善总会在媒体上向全市发出倡议,号召全市人民主动投身到"人人可慈善"中,为弱势群体挡风遮雨,雪中送炭。在"爱的阳光"大型慈善募捐晚会上,全市共有102个单位和个人献出爱心,捐款总额高达1475.7万元,创造了市慈善总会成立以来自募资金的历史新高。

记者: 目前有很多慈善总会都发展了自己的义工组织,我们了解到,本溪慈善义工组织成立时间不长,但发展较快且成效明显,您有何经验跟我们分享?

唐君英: 我市的慈善义工组织2008年建立,目前已初具规模。全市在册义工1500余人,累计服务时间6000多小时。我会主要抓了三方面工作:一是建章立制。建立了报名注册、组织架构、日常管理、考核评价等规章制度;二是搞好培训。编制了《慈善义工手册》、《义工项目手册》等,多次举办义工全员培训和专业项目培训;三是加强队伍管理。强化了义工工作考核、年检、"星级义工"评定等，重点抓好慈善总队、义工支队领导的管理工作。

组织中既有在职公务员、教师、医生、工人、学生等，也有离退休的市民和待业、下岗人员，年龄从年逾七旬的老者到80后、90后的青年人。关爱老人，帮助残疾人，是义工开展活动的重要领域。他们经常利用节假日，上门探望老人，为老人义诊、理发、干些零活。在市特殊教育学校，义工与聋哑学生通过手语进行交流，帮助他们洗衣服、打扫卫生等，增强他们学习、生活的能力，树立自强自立的人生观、价值观。据不完全统计，义工们累计开展走访慰问活动130余次，帮助贫困学生480多人。

此外，义工们以市儿童福利院为重点，采取定期探望与长期帮扶、款物援助与精神慰藉相结合的方式，自费数万元给孤儿买礼物，做孩子们的代理家长，让孩子们重新感受到父爱、母爱的温暖。义工们自发地对4个城区（含农村）的143名社会散居孤儿进行了入户调查，建立了本溪市社会散居儿童数据库，他们撰写的《本溪市社会散居儿童生存现状调查报告》得到了市领导的高度重视。实践证明，慈善义工已成为推广慈善理念的传播者，无私奉献的践行者。他们是慈善工作手臂的延伸，是市慈善总会工作的帮手，更是一张本溪城市文明的靓丽名片。

（访于2011年11月）

男，汉族，1958年11月出生，浙江诸暨人。现任绍兴市政府副市长，在2010年2月4日召开的绍兴市慈善总会第三届理事会上当选为绍兴市慈善总会会长。

涂明光

慈善济民生　爱心铸和谐

——访浙江省绍兴市慈善总会会长涂明光

记者：提起绍兴，人们总会想到师爷和乌篷船，2500多年的古老历史，孕育了扶贫济困、乐善好施的优良传统，形成了绍兴人特有的慈心为人、善举济世的文化基因。在得天独厚的慈善氛围中，绍兴市慈善总会自成立至今，发展态势如何？

徐明光：1995年8月，绍兴市慈善总会正式成立，揭开了绍兴慈善事业发展的新篇章。经过十多年的历练，绍兴的慈善事业已呈现出加速发展的趋势，捐赠总量、组织数量不断增长，捐赠企业数量创新高，爱心企业家不断涌现，项目品牌日益活跃，慈善义工异军突起，救助模式不断创新，制度建设日益健全。特别是2005年召开第一届慈善大会后，慈善氛围更加浓厚，慈善事业蓬勃发展，已成为全省慈善事业发展最快的地区之一。

全市各级不断健全慈善组织网络和运行机制，坚持开展"扶贫帮困送

温暖"活动，创设了"慈善超市"、"慈善年夜饭"、"慈善冠名救助基金"等工作载体，进一步加大了助困、助学、助医力度。据不完全统计，近5年来（截至2010年底），全市累计募集善款7.47亿元，支出慈善救助金5.06亿元，救助困难群众30.6万人次，其中市慈善总会募集善款1.18亿元，支出慈善救助金6388.19万元，救助困难群众4.06万人次。

记者：众所周知，开展慈善项目必须率先解决资金问题。在善款募集方面，绍兴市慈善总会做了哪些努力？

徐明光：首先说说创建于2004年的慈善冠名救助基金，7年后的今天，基金规模日渐扩大，操作模式日趋成熟，实际成效日益凸显，社会认同度越来越高。全市现有冠名企业近500家，基金总额27.52亿元。企业冠名以3年为限，按冠名基金5%捐赠息金。全市每年可由此募款1.37亿元，有效地实现了慈善募捐和慈善救助"大进大出"的良性循环。

其次，每年的"送温暖、献爱心"活动（也叫"扶贫帮困送温暖"活动）是绍兴市慈善总会善款的主要来源。正规募捐机制基本形成，机关、企事业单位参与率近100%，形成了个人捐、单位捐多管齐下的局面。5年来，我会"送温暖、献爱心"共募款8589.1万元。今年，市委、市政府在《关于进一步加快慈善事业发展的意见》中明确指出"将每年11月份的第一周设为'绍兴慈善周'，开展'送温暖、献爱心'活动，倡导社会各界踊跃捐款，奉献爱心。"

第三，我会采用多种形式公开捐赠热线及爱心账号，在人员重点集散场所放置一批捐款箱，组织大型募集活动时设置广场募集点，方便群众捐款。越来越多的企业、个人通过日常捐赠、定向捐赠、慈善义拍、定向结对等方式来表达自己的一片爱心，更有企业把开业庆典、周年庆典节约的资金，个人把获得的奖金捐赠给慈善事业。5年来，绍兴市慈善总会共募集各种日常捐款2.15亿元。2008年"5·12"汶川大地震、2009年"4·14"玉树地震，市慈善总会分别接收赈灾捐款2519.98万元和144.94万元，帮助灾区人民渡过难关。

记者：慈善资金的募集需要依托救助品牌建设，绍兴市慈善总会在这方面有何举措与创新？救助项目成效如何？

徐明光：我会的"慈善情暖万家"已渐成品牌，5年来共资助困难群众205234人次，支出金额7903万元。每年两节期间，我们都会为广大五保老人、困难职工（劳模）、低保户（特困户）送去御寒冬衣、年货和救助金，为重点优抚对象送上新年的问候和慰问金，通过上下联办的方式为有需要的困难群众举办"慈善年夜饭"，发放"慈善爱心券"等。

针对慈善助学"圆梦"贫困学子，我会专门成立了"绍兴市助学工作领导小组"。市慈善总会通过建立"受助大学生汇报卡"、受助学生QQ群、一生一档，以及签订爱心助学承诺书等方式，对受助学生实施"全程关爱"行动。5年来共资助家庭暂时贫困学生21528人次，资助金额3836.4万元。

在突出重点救助的同时，我们坚持助困与助医相结合，对重症病人、突发意外的困难群众以及孤残儿童实施资助。5年来共惠及36208人次，资助总额6162.8万元。资助对象不仅有市区患者及各县（市、区）困难群众，更有外来建设者。

为了让孩子们享受来自社会大家庭的温暖，我会不仅拨付专项资金用于改善特殊教育学校的校舍环境、硬件设施，还在"六一"、春节期间为孤残儿童、大病儿童送上节日祝福。仅2011年六一期间，市慈善总会就联合爱心企业、单位等多部门联合推出系列关爱活动，受益儿童860多名，资助金额近40万元。

此外，连续5年开展的"冬日暖阳·关爱民工爱心大行动"，让外来务工的"新绍兴人"感受到了绍兴这座城市的温暖与大爱。2011年，关爱对象扩展到外来建设者子女，不仅关心他们的物质生活，也关注他们的精神层面，力争把这项贯穿全年的系列性活动打造成绍兴关爱外来务工人员的一张金名片。

为使困难家庭尤其是外来务工人员的孩子在暑假得到学业辅导和自护知识培训，减小孩子暑期无人看管导致意外事件发生的可能，市慈善总会

出资25万元,向市青少年活动中心购买服务,为1100名困难家庭青少年发放了"慈善爱心券(培训券)"。青少年可凭券分别参加暑期3类"梦想"夏令营活动中的一类。这是市慈善总会进行"社会组织向社会组织购买服务"的一种有益探索。

记者: 健全的慈善组织就像铺开了一张救助的大网,可让救助的力量波及更宽、更广。绍兴市慈善总会如何下工夫搞组织建设?

徐明光: 为营造各慈善组织良性竞争和共生发展的社会环境,市委、市政府成立了绍兴市慈善工作领导小组,领导小组由市委副书记任组长、分管副市长任副组长,市慈善总会、市红十字会等几家主要公募组织,连同工、青、妇、残等在各自职责范围内实施公益慈善项目的群团组织为成员单位,建立会议协商制度。

为统一募捐市场,防止"多头募捐",市慈善总会联合市区主要几家公募组织,以"慈善冠名救助基金"等项目为主要抓手,对企业、社会各界统一开展募捐,善款统一进入市慈善总会专项账户,由市慈善工作领导小组办公室提出年度慈善资金使用意见,将善款打包拨付给有关单位。

今年,由绍兴市慈善总会和一批富有爱心的义工们共同发起成立绍兴市慈善义工联合会,现有成员单位169个,发展义工上万名。今年已开展30多个公益项目,156次公益活动,为9.1万名对象提供1.6万小时服务和9.7万爱心物资,成为慈善领域最活跃的力量。

(访于2011年11月)

男，汉族，1948年1月生，山西阳曲人，1968年8月参加工作。历任共青团太原市委副书记，太原市文化局局长、党组书记，太原市劳动局局长、党组书记，太原市副市长。现任太原市慈善总会会长。

袁高锁

坚持科学发展　着力实践创新
奋力开创慈善事业发展新局面

——访山西省太原市慈善总会会长袁高锁

记者：据了解，太原市慈善总会成立于2007年，以"募集慈善资金，救助贫困人群，缓解社会矛盾，促进文明和谐"为工作思路，扎实有效地开展各项募捐、救助及宣传活动，累计募集款物2.4亿元，用于助学、助医、助困、助残、助孤、助老和抗灾救灾支出2.1亿元，救助贫困弱势群体66万余人次。较短时间内取得如此成绩，是否得益于募款方式和渠道的创新？

袁高锁：为宣传慈善理念、募集资金以救助更多贫困人群，2009年市委常委会决定每年11月份开展太原市"慈善一日捐"活动，社会各界积极响应，成效显著，累计捐款捐物11600余万元。

五年来，太原市慈善总会开展了慈善基金认捐项目，这是捐赠方式的一种创新。企业认捐慈善基金，留存本金，每年将认捐基金总额的7%捐

给慈善总会，认捐期10年。目前全市23家企业认捐慈善基金1.85亿元，累计捐款3360万元。

通过组织实施"十家医院义诊，百位名家义演，千家商户义卖，万名志愿者送暖"活动。全市19家医院义诊捐款46万元；14个艺术团体的名家和演员义演募款40万元；市1998家商户义卖捐款399万元；省城10所院校1.1万名志愿者，组成2000个小组，分别到453个社区为孤寡老人、特困残疾人、军烈属、五保户送关爱。

针对受助群体的不同需要，太原市慈善总会设置了专项定向募捐。如：富士康科技集团定向捐款1300万元，资助市盲校、市聋校等发展特殊教育；太原中和房地产开发公司捐款1065万元，专项助学助医；山西宏艺首饰股份公司捐款77万元，为贫困山区阳曲县安塘村打井，解决群众吃水难的问题等等。慈善项目的设置也很好地推动了善款募集，像太原康明眼科医院捐资340万元，免费为城乡贫困白内障患者实施复明手术的"慈善康明行动"；"天能瑞邦儿童成长慈善基金"，由山西天能科技有限公司注资1000万元，每年从基金中捐款50万元，山西省儿童医院捐赠医疗费用50万元，合计100万元用于专项救助贫困家庭患先天性心脏病、白血病的儿童等。

除去大型活动和慈善项目，我们还开展了经常性小额募捐，开业、店庆、义卖、义演募捐及慈善晚会、展销会、博览会募捐献爱心；"新婚系慈善、真情助孤老"婚庆募捐；在婚姻登记大厅等公共场所摆放慈善募捐箱方便市民就近捐款。社会各界以各种形式踊跃捐款捐物，小到1元、10元，大到千元万元，累计捐款1225万元。

记者： 太原市慈善总会重点施行了哪些爱心救助项目，您能否简要介绍一下？

袁高锁： 几年来，我们不断完善慈善救助机制，突出重点，努力打造救助品牌项目，积极为贫困人群做善事、办好事。

助学方面，"慈善阳光希望"助学，累计支出3985万元，13617名寒

门学子梦圆校园；创办太原慈善职业技术学校，开展慈善职业助学。太原慈善职业技术学校是市委、市政府2009年为全市人民办的好事实事之一。学校占地91793平方米，建筑面积85100平方米，总投资3.45亿元，学校招生对象为全市城乡低保户、残疾人特困户和重点优抚对象、困难家庭子女与孤儿。学生规模为2000人，2008年以来，连续四年在全市招收贫困家庭学生1200名，设置了7个专业，学生的学费、生活费等各项费用全免，由市慈善总会筹集。这些贫困家庭的孩子们通过职业学校培养，已有420名学生毕业，全部安排走上了工作岗位。实现了培养一人、脱贫一户的目标；慈善学历教育助学救助贫困大学生、高中生3526人，发放助学金775.5万元；定向、专项救助贫困学生9370人，支出助学金3072.7万元；慈善岗位助学、社会爱心助学912人，支出助学金136.8万元。

助医方面，组织九家爱心医院开展了"慈善康明白内障救助行动"、"慈善关爱送医下乡"、"健康进社区"、"特困家庭大病重病救助"、"慈善系清洁工程，健康送环卫职工"、"微笑列车"唇腭裂矫治等，共为81325名贫困人群免费诊病治病，支出医疗费2193.35万元。

2009年、2010年组织开展了"慈善促和谐，温暖送万家"，元旦、春节慈善救助。每年"两节"前，市慈善总会统一部署，市、县两级分别组织，救助因病致贫和遭遇天灾人祸的特困家庭，救助严格按照程序，公开、公正，救助到户，发放到人。救助贫困人群11.82万人次，支出慈善救助金4377万余元。

记者： 在这些年的慈善工作中，您有何经验和体会和我们分享？

袁高锁： 一是市委、市政府高度重视慈善事业发展。慈善总会的会议和活动，书记、市长亲自出席，工作大力支持。慈善总会成立后，市委、市政府先后发出9个文件推动慈善事业发展。市委、市人大、市政府、市政协的领导多次莅临慈善总会指导、调研工作，解决实际问题。我们深刻体会到市委、市政府的高度重视和强有力推动，是我市慈善事业健康快速发展的根本保证。

二是发展慈善事业的关键在于发动社会、依靠社会,全社会形成共识。因此,必须加大慈善宣传力度,广泛传播慈善理念。通过宣传百姓中乐善好施的奉献精神,宣传企业和社会各界的善行义举,努力营造慈善环境和氛围,推动慈善事业发展。

三是募集资金是做好慈善工作、实施救助的物质基础,是保证慈善事业发展的基本条件。只有不断创新募捐方式,采取多种形式和渠道,慈善募捐才能落到实处。

四是扎实开展慈善救助活动,把党、政府和社会各界的关爱送到千家万户,是慈善事业健康发展的出发点和落脚点。让城乡困难群众感受关心和温暖,是慈善工作生机和活力的根本所在。

五是廉洁办会,公开透明,不断提高慈善公信力。慈善资金是捐赠者的爱心款,受助人的救命钱,只有将每一笔善款都用于最需要救助的困难群众,才能让捐助者放心,让社会各界满意,慈善才会有公信力。慈善组织必须不断加强自身建设,强化内部管理,建立健全各项规章制度,使各项工作做到有章可循,规范有序。募捐救助、财务管理、项目执行、善款使用都要做到阳光操作、公开透明,主动接受社会监督,慈善事业才能又好又快发展。

记者: 您对太原市慈善总会未来的工作有何展望与设想?

袁高锁: 慈善事业任重道远,慈善的理念还需进一步传播,慈善氛围还需进一步营造,对外交流还需进一步拓展。在今后的工作中,我们要开拓进取,努力创新,学习兄弟城市经验,动员更多群众参与慈善事业,募集更多慈善资金,救助更多贫困人群。

(访于2011年12月)

男,现任江苏省盐城市民政局局长、盐城市慈善总会常务副会长。

任义才

力拓慈善资源　广惠弱势群体

——访江苏省盐城市慈善总会常务副会长任义才

记者：据了解，盐城市慈善总会于2003年正式成立，8年来慈善组织建设如何？取得了怎样的成绩？

任义才：重视并关心慈善事业是政府职责所在，慈善会作为专门从事慈善工作的民间团体，是政府实施公共管理、提供公共服务的重要补充，在调节社会分配、实现社会文明进步等方面，具有极其重要的作用。在江苏省慈善总会指导与帮助下，我市积极发展慈善组织，着力构筑慈善事业发展平台，把资金募集、项目救助作为社会保障体系的重要方面，倾情打造强势慈善。目前，我市9个县（市、区）全部成立了县级慈善机构。

多年来，盐城慈善坚持以人为本，大力弘扬扶贫济困、乐善好施的传统美德，积极开展社会捐助工作，为孤、老、病、残、贫等生活困难群体提供帮助与关爱，较好地发挥了社会保障的重要补充作用。截至今年11

月底，全市各级慈善会累计募集资金3亿元，其中合同认捐1.6亿元，留存慈善基金6100万元，救助支出9000多万元，102万人次从中受益。

记者：在搭起慈善组织构架的基础上，捐赠渠道的创新和拓宽使得救助工作能够持续运转。盐城市慈善总会在资金募集方面有何举措？

任义才：在建立健全慈善机构的同时，我市学习借鉴各地经验，积极创新慈善捐赠办法，拓宽捐赠渠道，建立慈善资金募集的长效机制。

1. 坚持把"慈善一日捐"作为捐赠的重要形式。盐城市慈善总会每年都下发通知，组织开展"一日捐"活动，目前已累计募集资金2300余万元。各县（市、区）慈善会仅"慈善一日捐"就募集资金6500多万元。

2. 各县（市、区）慈善总会开展形式多样的募集活动。其中盐都区、阜宁县等地慈善会积极争取区委、县委主要领导支持，紧紧抓住区、县召开"两会"时机，直接将"慈善一日捐"活动搬进"两会"现场，经区、县主要领导倡议动员，参会干部、企业家及与会代表纷纷踊跃捐款。

3. 通过慈善捐赠晚会激发社会各界的捐赠热情。盐城市慈善总会2006年和2008年举行了两次慈善捐赠晚会，2006年现场募款800余万元，2008年"蓝色畅想"大型赈灾综艺晚会现场募款680余万元，全部定向捐赠四川灾区。2007年开展的"慈善百日大行动"，现场认捐举牌共募善款539万元。阜宁县连续两年举办"情满阜宁"慈善晚会，现场捐赠共计1000余万元。

4. 开展四川地震、西南旱灾、玉树地震的专项支援捐赠。汶川地震后，我市各级慈善机构积极发挥赈灾捐赠主渠道作用，及时开展捐助工作。通过设点捐赠、义卖捐赠、赈灾义演、街头捐赠、登门募集等形式，共筹得抗震救灾资金4142万元及价值416万元的物资。同时，积极做好对口支援地的衣被捐赠工作，全新棉衣11373件、棉被6878床按时发往绵竹西南镇灾区。西南旱灾、玉树地震发生后，全市各级慈善会上下联动，共募款800多万元。

记者：盐城市慈善总会不断探索，通过项目救助、临时救助、节日走访、

联合救助等方式,积极向社会弱势群体提供救助。请问具体开展了哪些救助项目?

任义才:由江苏省慈善总会联合各市、县(市、区)慈善总会开展的儿童大病救助,是一项针对患有先心病、白血病、尿毒症、肿瘤疾病的贫困家庭18周岁以下儿童开展的医疗救助项目。目前,我市已有250余名患儿纳入救助范畴。此外,还有针对14周岁以下先天性心脏病患儿实施救助的"爱佑童心"和"心蕊工程",共减免治疗资金近500万元。

在助老方面,盐城市慈善总会专门对全市部分敬老院、福利院老人开展了"夕阳扶老"项目,组织志愿者帮助老人洗漱打理等。同时,每年还争取省慈善总会或爱心企业对敬老院实施资金(物资)资助,如太阳能热水器、净水器、电视机、洗涤用品等。

盐城市慈善总会联合省慈善总会打造的"情暖江苏、慈爱盐城"助困项目,每年获得价值80万~100余万元慰问物资,救助4000多户困难群众。截至目前,已帮助两万多户特困家庭度过了一个快乐祥和的新春佳节。

"爱心助孤"项目在我市已实施4年,每年有120名孤儿分别得到1000元资助。同时,省慈善总会联合江苏瑞华投资公司对我市阜宁105名、滨海106名孤儿实施每人1000~5000元不等的救助。

盐城市慈善总会每年在全国助残日当天对市区部分特困残疾人家庭进行重点资助,目前有940户特困残疾人家庭从中受益,资助金额60余万元。同时,市慈善总会还为市区40多名残疾人全额缴纳城市医保统筹资金。

2003年我会借鉴各地创办"扶贫超市"、"慈善超市"的经验做法,在苏北办起了首家"爱心超市",为城市低保对象和特困居民家庭提供定额免费、按需自选的救助服务。这一新颖的扶贫帮困模式,克服了过去社会捐助工作的盲目性,进一步推进了我市经常性社会捐助工作的深入开展。截至2011年11月底,我市共兴办各类"慈善爱心超市"249家,实现全市乡镇爱心超市建设全覆盖。投入爱心超市建设资金约700多万元,累计发放物资折币1500多万元,救助低保、特困对象90多万人次。

记者：慈善宣传并非一件容易的事情，阵地要家喻户晓，成本要精打细算，盐城市慈善总会是如何做好这一工作的？

任义才：我市始终把加强慈善宣传作为一件大事来抓，充分利用新闻媒体等平台，推广普及慈善，引导社会各界积极参与其中。对于各行各业涌现出的慈善单位、先进个人，我们将其感人事迹和动人故事挖掘出来，以新闻报道等形式对广大市民进行宣传，弘扬慈善精神，倡导慈善文化。去年4月，83岁的张忠泉老人将平时捡垃圾积攒下的10万元钱捐给市慈善总会，经多方宣传报道，在社会上引起广泛反响。

此外，市慈善总会和大多数县（市、区）慈善会都建有专门的慈善网站，及时发布捐赠人的有关信息、全市慈善组织开展的各类慈善活动，宣传慈善理念，提升慈善形象。在日常工作中，我们把劝募与慈善宣传有机结合，每到一个单位都会宣讲慈善事业的目的及意义，介绍我市慈善工作现状，赢得理解与支持。

记者：请您大致总结下盐城市慈善总会目前的发展态势？未来有何规划？

任义才：盐城慈善事业经历了从无到有、从小到大、从不为人知到社会广泛参与，拓展了相对固定的慈善捐赠渠道，创造了基本的慈善救助项目，慈善救助已成为盐城市社会救助体系不可或缺的重要组成部分，在调节利益分配、缓解矛盾、构建和谐社会等方面发挥着越来越重要的作用。

下一步，我们将认真贯彻实施《江苏省慈善事业促进条例》，规范捐赠行为，着力加大慈善资金募集力度，努力扩大全市和本级慈善资金规模，帮助特困群体解决实际困难，积极开展各类慈善救助活动。

（访于2011年12月）

女，硕士研究生学历，经济师。现任深圳市政协委员、民政部中民慈善信息中心理事、深圳市慈善会秘书长。

房 涛

创新是慈善的生命力

——访广东省深圳市慈善会秘书长房涛

记者：据我了解，深圳今年荣膺首届"中国城市公益慈善指数"——社会捐赠、慈善组织、慈善项目、志愿服务、政府支持、慈善文化六方面综合第一。曾获2009年"中华慈善先进机构奖"、2010年度"中国慈善推动者"荣誉称号，并多次荣获中国慈善公益领域最高政府奖项"中华慈善奖"。请您大致介绍下深圳慈善会成立至今的发展概况。

房涛：深圳市慈善会自2004年11月成立以来，在"党委领导、政府推动、民间运作、公众参与"的社会工作运行体制指导下，在弘扬慈善理念、实施慈善项目救助、建立现代社会捐赠体系、完善组织建设等方面均取得显著成绩，捐资总额逾24亿元人民币。尤其在汶川大地震抗震救灾工作中表现突出，市区两级慈善会共募集善款10.75亿元，成为深圳募捐主渠道，居全国城市慈善会系统首位；2010年青海玉树抗震救灾期间，共募集善款

2.0546亿元，再次成为全国城市慈善会系统之最。目前，已设立具有现代慈善捐赠运营模式的"冠名基金"50余个，策划实施近70项专项救助项目，慈善公益活动540余场次，培育了诸多具有良好社会公益效应的慈善品牌，救助各类困难群体数百万人次。

记者：慈善事业发展进程中，由您引导的深圳慈善探索屡有创新，可否具体谈谈？

房涛：2008年11月，汶川地震后不久，在深圳捐赠超过10.75亿元的背景下，面对世界金融危机对深圳出口型企业的影响，我们第一时间提出"感恩回馈捐赠人"，并将这一理念送进各大社区和工业区。为缓解危机带给企业的经营压力，2009年2月我会启动全国首创的"扶持中小企业共渡难关公益基金"。

那时，有的企业生产线有7条却只能开3条，4条停产，员工过完年回来，如何安置？一是对企业进行资金扶持，二是引导企业做员工培训，把劳务工大军改造成技术工大军，对受惠企业长远效益起到重要作用，我所提倡"慈善也要反哺育人"的概念，因该基金的启动而真正落地并拉开序幕。

帮了企业，还要帮扶到个人。众所周知，2009年大学生就业陷入困境。我会联合相关单位于当年5月推出"大学生的公益实习和就业计划"，鼓励深圳社会组织为本市户籍应届大学毕业生提供实习机会，市慈善会"扶持中小企业共渡难关基金"为每位实习生提供每月1000元的资助，首期资助大学生达100名。这些孩子在"大学生的公益实习和就业计划"支持下走向社会，在企业及社会组织里任职，服务于社会大众，实现了和企业、政府等各方面的对接。因多重效果超过预期，这个计划我们还将大力推动并年年做下去。

"劳务工关爱基金"是深圳慈善会做得较好的救助项目之一，在来深务工者及其子女重大疾病时给予帮助，现该基金受惠人数已达3670人次；此外，"雏鹰展翅计划"资助困难大学生3232人次；还有针对本市户籍及汶川地震灾区儿童大病的救助项目等，这些都是我会匹配社会需要进行

的救助项目。今后,我们将为百姓多设计一些更符合他们实际需求的慈善产品。

记者:您曾多次提出并倡导过企业战略慈善观,请问具体如何推行并实施?

房涛:2009年我会设立"深圳市慈善会·百丽国际创新公益基金",我们以公益创意的形式携百丽创办"中国(深圳)皮革创意公益设计大赛",吸引了国内3000余名设计专业的学生、一线设计工作人员等。第二届设计大赛已于今年6月启动,我们将把这一项目办成持久性且颇具影响力的行业慈善活动,并逐渐扩展到家具、服装等各个领域。有针对性地搭建平台,促进企业战略慈善发展。可以说,这是我们引导企业战略慈善的典范案例,它真正做到了把慈善公益和企业自身绩效及行业影响力融合到一起。

同时,我们在慈善理念及企业财富传承上也做了一些尝试,如2008年我们以"财富、责任、传承"为课题,与民政部中民慈善信息中心和北大深圳研究院共同进行了7期企业家论坛,很多企业越来越清晰地认识到,企业社会责任与企业绩效发展、品牌、企业文化等息息相关。今后我们也希望在低碳经济、绿色信贷,包括文化扶贫和遗产保护等新领域引进战略慈善的项目并积极探索实践。

记者:近年来,深圳慈善会不断致力于全市慈善组织网络的健全与完善,并在全国率先引入社工专业服务。请您介绍一下市、区、街道和社区建立起的4级慈善组织网络。

房涛:目前,深圳8个行政区全部成立了慈善会,建立了市区慈善会在募捐和救助活动中的纵向联动机制;全市各街道和社区成立了634个慈善捐赠网点,福田区8个街道全部设立慈善超市,宝安区新安街道22个社区全部登记注册成立慈善帮扶协会,分别在市、区、街道和社区实现全覆盖,进一步完善了慈善物资募集和发放网络,极大方便了市民日常捐赠。在提升慈善服务水平方面,我会是全国第一家引入社工专业服务的慈善机

构。在甘肃陇南对口扶贫中，先后派出20名社工到当地服务，并设立"深圳市慈善会驻陇南社工工作站"。两年来，不但帮困难群众平复心灵创伤、化解社会矛盾，还通过信息收集协助深圳慈善会拓展了救助项目，并在灾区实施了"学生救助"、"学校重建"和"家园重建援助"等计划。

记者： 听闻深圳政协会议已于近期召开，作为专业慈善工作者，您有何提案和我们分享？

房涛： 深圳是个务工人员数量极为庞大的城市，就关爱这一群体的问题，我提出了《关于鼓励民间捐赠介入深圳劳务工关爱的建议》。

在城市快速工业化、城市化、现代化转型期，新生代劳务工的精神困境日益凸显，我认为这在一定程度上与新生代劳务工的心理特点有着密切联系。在关爱新生代劳务工方面，与政府发挥的很大作用相比，社会组织的作用明显滞后。面对新生代劳务工的精神困境，民间和社团组织的心理服务应该尽快参与到员工社区中去，让员工在下班后能够体验到人性的温暖，实现心理健康的长治久安，将悲剧"扼杀"在摇篮里。

与此同时，企业在关爱新生代劳务工方面也有待加强。目前一些企业仍然缺乏对员工的人性化管理，没有创造健康的工作环境和生活环境。企业应满足员工的社会生活需求，兑现企业的社会责任。

我建议，新生代劳务工密集的企业今后可引入义工联、读书会、女工教育、青少年教育等多样化专业公益团体，在新生代劳务工中传播积极有为、健康向上的理念，帮助员工加强自我认知、提升人生价值。企业也应抓紧兴建释放压力的设施设备，如游泳池、网络娱乐等。这种压力释放的设施设备可与专业社工服务、公益服务结合起来，两者相辅相成，共同助力建设外来劳务工心理辅导体系。

（访于2011年12月）

男，汉族，1955生，吉林长春人。现任四平市人民政府副市长、党组成员。先后担任四平市民政局局长、四平市人民政府副秘书长、中共四平市委组织部常务副部长、吉林师范大学纪委书记等职务，现任四平市人民政府副市长、四平市慈善总会会长。

张卫平

加快建设慈善事业　保障社会稳定和谐

——访吉林省四平市慈善总会会长张卫平

记者：慈善事业的发展关系到和谐社会的建设，四平慈善事业在吉林省和谐社会建设中作用如何？

张卫平：四平市慈善总会的宗旨是：发扬人道主义精神、弘扬中华民族扶贫济困的传统美德，广泛动员社会力量，开展形式多样的慈善募捐，帮助社会上的孤老、残幼、孤儿、灾民和其他有特殊困难的群体和个人，开展各种有效的社会救助工作，为推动社会公平进步、促进社会主义精神文明建设和构建和谐社会服务。

在市委、市政府高度重视下，在市民政局大力支持下，四平市慈善总会2011年募集慈善款物共折合人民币5700万元（不包括县、区），救助各类弱势群体近11万人次，解决了部分特殊困难群体的生活、医疗、就学等实际困难，对化解社会矛盾、维护稳定发挥了积极作用。同时，慈善

工作的开展也更好地体现了党和政府对困难群众的深切关怀,促进了社会和谐发展,密切了党和人民群众的关系。

记者: 我们了解到,为规范慈善募捐工作,吉林省政府于2002年批准,由吉林省慈善总会每年统一组织开展一次全省"慈善救助双日捐"活动。请问四平市实施了哪些举措?

张卫平: 四平市慈善总会从2002年开始加大了捐赠工作力度,广泛开展形式多样的慈善宣传,开发慈善资源,坚持按标准、全方位,组织开展好一年一度的"慈善救助双日捐"活动。

我们增强了慈善总会的灵活性和创造性,自觉接受社会监督,建立并实行捐赠款物使用追踪反馈机制和公示制度,及时向社会公布捐赠款物的使用情况,增强了社会公信力,更加提升了捐赠者的信心。通过集中开展慈善募捐活动,多家募捐、多头管理的混乱捐赠局面得到了很好的规范和治理,整合了有限的慈善资源,使集中慈善资金办大事的愿望成为现实。

记者: 近年来,自然灾害频发,四平市慈善总会在募捐和救助方面,做了哪些雪中送炭的工作?

张卫平: "5·12"四川汶川地震后,四平市慈善总会组织发起抗震救灾捐赠,活动规模大、人数多、捐赠面广,可以说是史无前例。四平市机关和企事业单位干部职工、社会各界人士、农村群众和中小学生纷纷通过各种途径奉献爱心。各级党政机关、企事业单位迅速行动,党员、干部和先进人物带头捐款。

令人感动的是,在捐款的人群中,有很多八九十岁高龄的老人,有城市低保户、残疾人,有家境贫寒的农民,有自发组织起来的老兵。有很多人不止一次地主动捐款,还有人捐款后不留姓名。

四平市慈善总会连同多家单位在四平影视基地联合举办了"南北一心,情暖中国"赈灾公益活动,武术协会在英雄广场义演,四平宏宝莱公司举行产品义卖,商业网点设捐款箱,"奉献爱心、支援灾区"的热潮涌动在城市的每个角落。

地震发生后仅半个月，四平市慈善总会（不包括县、区）共接收现金525.7万元，药品、物品等价值209万元。四平市政府还发起了"送温暖、献爱心"向汶川地震灾区捐赠衣被活动，全市接收衣被近两万件，并及时送往灾区。玉树地震发生后，四平市慈善总会捐款251万元。2010年吉林省发生重大洪涝灾害，四平市市区共捐款878余万元。

记者：很多知名的国际慈善组织都在各地开展了不少援助项目，四平市慈善总会有没有考虑过引进"外援"，加强对外交流与合作？

张卫平：近几年来，四平市慈善总会积极联系、努力协调，先后与一些国际慈善组织进行合作。诸如与美国"微笑列车"联合开展的为城乡贫困唇腭裂患儿手术矫治康复项目，与联合国儿童基金会开展的流浪儿童救助保护项目，其中与瑞典"希望之星"慈善基金会开展的流浪儿救助保护项目，正式启动了孤残儿童师资培训。这些项目的实施，为四平市争取到数百万元援助资金。

此外，四平市承办了吉林省与瑞典"希望之星"合作项目，举办了残疾儿童康复人员培训班，开展残疾儿童康复工作，提升了四平市残疾儿童康复工作水平，支持了四平市的社会福利事业发展，同时也扩大了四平市的国际影响。

记者：为更加有效地发挥慈善组织扶贫济困的重要补充作用，四平市慈善总会开展了哪些慈善救助活动？

张卫平：首先，开展"慈善救助，情暖万家"活动，为政府分忧、为百姓解愁。为使城乡困难群众过一个欢乐、祥和的新春佳节，体现党和政府对困难群众的深切关怀。2000年至2011年，四平市慈善总会共拿出善款660多万元，解决了部分城乡群众的春节生活困难，有效维护了社会稳定，为创建和谐社会作出了应有的贡献。

其次，资助贫困大学生，圆了学子们的求学梦。几年来，四平市慈善总会共拿出善款100多万元，救助近万名品学兼优的城乡贫困大学生，助其顺利地升入大学。近两年来，每年出资10万元，救助吉林师大100名

贫困大学生，实现了"救助一个、影响一片"的社会效果。

第三，雪中送炭，对患有重大疾病生活特别困难的家庭进行救助。12年来，四平市慈善总会共拿出善款 240 多万元，为每个患有重大疾病的特困家庭解决实际困难，2300 多户从中受益。针对四平地区白内障患者较多且大多贫困的现实，四平市慈善总会主动协商沟通并出资，市华正医院出人、出设备并让利，每年开展"慈善华正光明行"，为市贫困白内障患者进行复明手术，近千人得到救治。

2008 年中信同仁"光明行"在四平地区启动，四平市慈善总会发动全市所有乡（镇）、街道、村（屯）进行广泛宣传，共有 1700 多人体检，为近 200 名贫困白内障患者成功手术。

通过调查，四平市慈善总会发现，城乡均有大量因病致贫和因病返贫的现象。市慈善总会积极与四平市中心医院联系，对患有白血病的贫困患者免费或减免部分医疗费，得到患者和社会的广泛赞誉。同时，四平市慈善总会会同省慈善总会开展了"生命之光"、"关爱生命"等一系列救助行动，让贫困群众感受到了政府和社会的温暖。

发展慈善事业是构建和谐社会的必然要求，是社会文明进步的重要标志，功在当代，利在千秋。新的一年，四平市慈善总会将一如既往地增强全民慈善意识，积极关心支持并参与公益事业，努力在全社会形成人人关心、支持、参与慈善的良好风尚，为建设文明四平、和谐四平作出新的贡献。

（访于 2011 年 12 月）

女,汉族。1966年7月生,先后担任新疆油田分公司团委书记、新疆油田分公司工会副主席、机关党工委书记、党群工作处(企业文化处)处长等职务。现任克拉玛依市副市长、市政府党组成员、市慈善总会会长。

祝贺香

携手慈善事业 打造美好"石油城"

——访新疆维吾尔自治区克拉玛依市慈善总会会长祝贺香

记者: 2011年是克拉玛依市慈善事业平稳发展的一年,在社会救助、款物筹集、项目实施等方面均取得了一定的成绩。您认为这一年来,克拉玛依市慈善工作有哪些亮点?

祝贺香: 2011年,克拉玛依市本级共筹款2413875.91元,物资、设备688件总价值约300万元。这一年,慈善助学项目不仅提高了克拉玛依市慈善总会的社会影响力,同时也成为募集慈善款物的重要渠道。

去年除冠名项目资金外,我们还争取省部级援助设备项目11个。其中,为克拉玛依区社区卫生服务管理中心申请到中华慈善总会"阳光医疗济困设备"法国康强迈视100彩色多普勒超声诊断系统一套(含救护车一辆)总价值120万元,其中捐赠金额929000元;为克拉玛依区、独山子区、白碱滩区、乌尔禾区争取到中华慈善总会周大福爱心基金会免费提供

的"周大福爱心音乐教室"5间,包括:钢琴、扬琴、琵琶、电子琴等乐器80件、"周大福爱心电脑教室"三间,"周大福老年放映院"两间,包括:数字功放、DVD、投影幕等设备20件,设备价值约300万元。

为激发爱心企业和个人参与慈善事业的热情,克拉玛依市慈善总会还搭建起新的长期捐赠平台。这些新增项目,促进了长效募捐机制的科学发展。

记者: 慈善事业的发展离不开切实可行、符合实际的救助,据我了解,克拉玛依市多年来打造了一批因地制宜、救助作用较大的慈善品牌,请您谈谈这些项目的实施情况?

祝贺香: 为配合完成市委、市政府确定的"关注民生"工作任务,市慈善总会根据社会困难群众需求和捐赠者意愿,启动了慈善关爱项目,在三八妇女节来临之际,开展"关爱贫困单亲母亲"活动;六一儿童节期间,开展"关爱孤残病患儿童"活动;在肉孜节、古尔邦节开展慰问"单亲孤寡穆斯林老人";国庆节期间开展"慈善助老"活动。全年共救助各类困难人员1407人次,发放救助金1613766元,通过慈善关爱项目的实施,慈善的社会影响力不断提高,社会救助能力不断增强。

目前,"慈善助学"已成为克拉玛依市慈善总会的品牌项目。2011年,资助贫困大中专学生391人次,资助学费1418356元,学费等物品共计80000元。我会还开展了丰富多彩的助学活动:举办了克拉玛依市慈善助学《感恩祖国·感恩社会》慈善征文暨优秀受助大学生表彰大会,对160篇获奖征文和229篇鼓励奖征文进行了表彰,发放征文奖励金共计71600元。

春节期间,我会携手市红十字会走访慰问贫困家庭150户,发放物资共计3万元;携同爱心人士走访慰问重大疾病家庭30户,为每户送去慰问金500元。在社会各界积极行动下,团市委、市慈善总会开展了援助白血病少年捐款活动,募资超过50万元;积极开展关爱贫困单亲母亲活动,为我市260名单亲贫困母亲进行了妇科、乳腺等健康体检,做到早预防、早发现,早治疗;慈善关爱救助行动,缓解了困难家庭孩子交不起学费、

特困人员生活难、就医难等问题，真正做到了民有所呼、我有所应，民有所求、我有所为。

此外，克拉玛依市慈善总会还积极致力于扶残助残和助老工作，在六一儿童节、助残日期间，慰问走访残疾脑瘫儿童，送去慰问品，帮助家长和孩子树立信心。同时，我会为克拉玛依区居家养老中心和白碱滩区居家养老中心申请到"周大福老年放映院"两个，争取到免费设备SURPA影院音响、SURPA影院数字功放等设备20件，极大地丰富了老年人的文化生活。

记者： 在各会员单位的鼎力支持与配合下，助推了克拉玛依市慈善事业健康平稳发展。请问各会员单位都做了哪些努力和具体工作？

祝贺香： 克拉玛依市油田公司工会积极配合慈善助学，开展了金秋助学活动等各项帮扶工作，为困难家庭送温暖，为贫困学子送关爱，去年为市慈善总会注入助学资金约65万元。

共青团克拉玛依市委开展了关怀聋哑儿童、残运会志愿服务、新青年助残等活动，社会反响良好。在全疆率先启动"关爱农民工"、"关爱空巢老人"志愿服务，并在市慈善总会设立"青少年爱心助医项目"。积极开展"大手拉小手"捐资助学活动，号召各级团组织以"一助一"的形式资助困难家庭儿童完成九年义务教育。

依托市妇女技能培训中心，市妇联积极开展妇女创业就业帮扶工作，第一期培训失业妇女29名。妇女小额担保贷款稳步推进，截至目前，共完成贷款1005万元，119名妇女受益。

市福利彩票发行中心集一张彩票奉献一份爱心的力量，从福彩资金中拨付80万元到市慈善总会，用于慈善助学等活动。

记者： 国家"十二五"发展规划中强调，要"加快发展慈善事业，增强全社会慈善意识，积极培育慈善组织，落实并完善公益性捐赠税收政策"。面对良好的发展机遇，克拉玛依市慈善总会新一年的工作有何规划？

祝贺香： 进一步发展克拉玛依慈善事业，需要各方面的热心支持和鼎力相助。2012年，我会将围绕市委、市政府的中心工作，始终坚持"爱心牵动、舆论鼓动、社会联动、典型带动、全民互动、整体推动"的工作方针，立足克拉玛依实际，全面拓展我市慈善事业"募、助、宣"的工作范围，开创慈善工作新格局。

加强对宣传工作的投入，充分利用报纸、电视、网络等宣传慈善行为和慈善事业，营造"人人参与慈善、人人奉献爱心"的公益氛围；一如既往地支持基层慈善协会工作，提供资源，加强培训，协助各协会规范开展慈善活动，不断提高慈善工作者和志愿者业务能力及服务水平；2012年，我会将继续把资金募集作为首要任务来抓，采取"宣传、引导、服务、沟通、推介"的劝募方式，坚持多元化募集物资，拓展冠名资金项目，打造油城品牌项目。积极争取省部级援助项目，管好用好善款善物，主动接受社会各界监督，增强慈善工作透明度；以作风建设为重点，牢固树立"慈善为人、敬业奉献、敢于担当"的意识，强化依法行善、依规办事的理念，努力降低行政成本，严格执行支出预算，合理使用善款善物。

2012年，我们将抓紧慈善事业的发展机遇，扎实开展各项慈善募救活动，实现克拉玛依跨越式发展和长治久安，打造和谐、平安、美好、文明的世界石油城！

（访于2012年1月）

男，汉族。1956年8月出生，大学学历。2007年12月至今任临沂市民政局党组书记、局长、市慈善总会常务副会长。

姜新利

大力弘扬沂蒙精神　做大做强慈善事业

——访山东省临沂市慈善总会常务副会长姜新利

记者： 临沂是历史上著名的革命老区，近年来随着经济的腾飞，又被称为物流之都。在全国各地竞相开展公益慈善的大环境下，慈善事业是否在这片土地上绽放出了璀璨之花？

姜新利： 近年来，临沂市慈善总会以"沂蒙精神"为引领，把慈善事业纳入全市经济社会发展的总体规划，谋划、部署、推进，确立了强化领导、健全网络、打造精品、完善机制、科学发展的总体工作思路，健全并完善了政府推动、民间运作、社会参与、各方协作的慈善事业发展机制，成效显著。

临沂市政府办公室出台了《关于加强民政慈善基层组织建设的通知》，着力加强基层慈善组织建设。目前，全市12个县区、157个乡镇、7000多个村居设立了慈善工作机构。全市慈善中心站发展到1067个，发展义工12432名,慈善超市67处,经常性捐赠接收站点192个,5097个村居设立了互助基金会。同时,对优先发展慈善组织做出明确规定,全市行业系统和企业成立慈善组织1126个。全市各级慈善组织先后组织各种慈善活动2800多次,为推动"临沂慈善"工作的科学发展带来了生机和活力。

我们按照抓好"七个一"的思路,推动工作创新发展,即:开好一个会(全市慈善大会),搞好一次义捐(慈心一日捐),完善一张网(慈善基层组织网络),打造一个平台(慈善超市),建设一支队伍(慈善义工队伍),实施一个工程(慈善救助工程),弘扬一种文化(慈善文化)。

记者: 拓宽募捐渠道才能为做大做强慈善事业提供物质保障,临沂市慈善总会在项目资金募集方面做了哪些工作?

姜新利: 2010年以来,我会多措并举,积极拓宽慈善资金募集渠道。创新募捐方式,在做好经常性捐赠接收工作的同时,广泛开展项目募捐,得到多家企业的广泛响应;继续组织好"慈心一日捐"活动,在全市范围内开展慈善募捐,累计募款1376.18万元,其中市直单位捐赠525.09万元,各县区捐赠851.09万元;以临沂创建全国文明城市为契机,在全市广泛设立慈善超市和慈善捐赠站点,构建"人人可慈善"的捐赠环境,面向大众广泛募集资金。

记者: 在开展慈善工作的过程中,各地的慈善组织都在着力提高困难群众的幸福指数。临沂市慈善总会策划并实施了哪些救助项目?

姜新利: 在认真搞好慈善捐赠的同时,我会积极策划了一系列救助项目,为困难群众解了燃眉之急。

一是大力实施"情暖万家"工程。临沂市慈善总会积极与企业联合,大力实施该救助工程,组织各县区集中发放"情暖万家"救助金2000万元。

二是广泛开展慈善助学活动。投入760万元捐建5所希望小学;与慈善企业联合开展高考新生救助活动,帮扶贫困家庭大学新生200多人;"拳拳爱心助学子、双拥之花映沂蒙"——武警支队慈善助学活动进入第2年,结对资助贫困小学生30名。

三是扎实做好助医、助残项目。与九州集团实施了"爱心复明"贫困白内障患者救助工程,为308位贫困白内障患者实施了免费手术;进一步扩大大病医疗救助范围,并提高救助水平,救助因病致贫群众600多人;继续开展"微笑列车"项目,为贫困唇腭裂患者实施免费手术;与"微笑行动"项目组合作,在市人民医院集中开展唇腭裂患者免费手术活动,160余人参加体检,91名适合手术的患者重获新生;成功承接了中华慈善总会"格列卫"项目,成为全省4个合作城市之一;积极施行省慈善总会救助项目,与上海东方医院联合开展"东方健心行动"——贫困家庭先心病患者手术救助工程。

四是积极倡导社会关爱妇女儿童和贫困老人。为市儿童福利院、市流浪儿童救助保护中心引入定向捐赠资金141万元;与市妇联联合开展"三八节"救助贫困妇女活动,救助困难妇女100名;引进川渝中烟公司捐款30万元,资助私立智障儿童培训学校;爱心企业向全市敬老院捐赠冰箱100台、洗衣机100台、电风扇1000台。

记者: 据了解,临沂市在发展慈善事业的过程中提出要强化"四个带动",以完善并推动慈善事业科学发展的长效机制。请您具体说明一下。

姜新利: 首先是强化宣传带动,全方位、多角度地宣传报道慈善工作,努力营造全民慈善氛围。继续实施沂蒙晚报"慈善沂蒙行"慈善医疗救助同步报道活动;与临沂市电视台"直播临沂"栏目联合拍摄了慈善助学系列纪录片;在临沂日报"影像临沂"专栏中,对全市重要慈善活动、"十大慈善企业"和"十大慈善人物"作了详细报道;组织举办"飞得更高——兰陵王杯2011临沂市慈善助学晚会暨临沂慈善奖颁奖晚会";2010年10月,央视新闻联播报道了我会与国际"微笑行动"项目组联合开展的"为贫困唇腭裂患者实施免费手术"活动,受到社会各界广泛关注和一致好评。

其次是强化评选带动。一方面,积极参加"山东省慈善奖"评选活动,市慈善总会组织开展的"圆梦沂蒙"慈善大助学活动,获得"最具影响力慈善救助项目"奖。另一方面，为大力弘扬沂蒙精神，创建全国文明城市，倡导团结互助、扶贫济困的良好风尚，充分发挥慈善事业在构建社会主义和谐社会中的重要作用，树立典型，激励先进，与市委宣传部、市文明办联合在全市开展了"十大慈善单位"和"十大慈善人物"评选活动，评选表彰了对我市慈善事业做出突出贡献的10家慈善企业和10位慈善人物。

三是强化交流带动。为更好地推进我市慈善事业发展，我们坚持"走出去、引进来"的工作思路，在积极参加各类慈善公益活动的同时，邀请先进地市到我市交流经验体会。去年以来，我们两次应邀参加中国城市公益慈善指数活动；组织捐赠企业和各县区到北川学习考察救灾减灾和灾后重建工作；邀请珠海市慈善总会、鹤壁市慈善总会、漯河市慈善总会等到我市考察指导。

四是强化监督带动。为加强对市慈善总会的行政监督、公众监督，全面提高慈善组织的公信力，我们主动与审计部门沟通，对近年来市直的慈善捐赠资金管理使用、财政收支情况进行专项审计。同时，要求各县区审计部门对本级慈善组织捐赠资金的财务收支情况，进行专项审计，审计结果向社会公布，收到良好效果。

（访于 2012 年 1 月）

鲍寿庆

男,汉族,1948年8月出生,山东莱州人。曾任烟台市民政局副局长、调研员等职务。2005年开始担任烟台市慈善总会副会长兼秘书长。

打造慈善烟台品牌　推动慈善事业发展

——访山东省烟台市慈善总会副会长鲍寿庆

记者：据我所知，烟台市慈善总会2005年4月正式成立，2007年至2010年连续四年被山东省慈善总会评为慈善工作先进单位，2009年被中华慈善总会评为中华慈善先进机构。请问烟台市慈善总会目前的发展态势如何？

鲍寿庆：6年多来，烟台市慈善总会认真贯彻"依靠社会办慈善，办好慈善为社会"的方针，实施"募捐社会化、救助项目化、义工品牌化、宣传立体化、管理规范化"的工作机制，共筹集善款11.12亿元，救助各类困难群众124.78万人次；登记注册的义工有23000多人，建立了26个义工中心、14个项目队、110个义工站，合计680多个服务组和服务队，服务时间累计达589.6万小时，赢得了广泛好评。我市的许振珊、孙丁财两名五星级义工，荣获"全国百名优秀志愿者"称号。

记者：您刚才提到慈善募款 11.12 亿元，与并不算长的发展历程相比，这是一个了不起的数字。烟台市慈善总会开展了哪些工作？有哪些成功经验？

鲍寿庆：为拓展慈善爱心资金筹资渠道，我会采取集中发动捐款、举办活动日常募捐、设立热线电话募捐、定向募集和设立专项资金等形式，多方筹募爱心资金，为开展慈善救助提供了资金保障。

2002 年，烟台市委、市政府在全省率先发起"爱心一日捐"活动，动员党政群机关、企事业单位及有固定收入的群众奉献爱心，取得了良好的社会效果。2005 年烟台市慈善总会成立后，爱心捐助工作更加规范，每年捐款都在亿元以上。

同时，广泛开展社会化募捐。我们与企业和个体工商户联合，举办慈善晚会、义演、义卖、义赛、义拍和销售产品附带捐款等活动，为有爱心的单位创造回馈社会的条件。此外，我会与网通公司合作开通了 96800666 免费捐款热线，倡导"每月节约一元钱，拨个电话捐慈善"，市民足不出户就可捐款。三是在市区人群相对集中的公共场所设置统一规格、统一标志、统一样式的慈善捐款箱，方便市民随时奉献爱心。四是开展慈善项目，设置冠名专项救助金和定向慈善救助金。如由企业出资 300 万元成立的桦林公益基金会，是烟台市第一家、山东省第二家非公募基金会，专项救助孤寡老人和特困学生。

记者：近两年自然灾害频发，各地掀起一轮又一轮捐赠热潮。全国人民的拳拳爱心涌向受灾地区，善款的管理和使用逐渐成为关注焦点，慈善事业去年更是经历了"郭美美事件"、"红会巨额餐费"、"河南宋基会"等负面影响。在慈善透明运作及建立社会公信力等问题上，烟台市慈善总会施行了哪些举措？

鲍寿庆：我会在成立之初就制定了《烟台市慈善总会章程》和《烟台市慈善总会资产管理办法》，在具体操作过程中严格按照规定，公开发放各项捐赠款物和救灾救济物资，使各项资金真正落到实处，并保证及时足

额发放。同时，总会网站每月都会详细公布款物的接收和发放情况，接受社会监督；每年度申请审计部门审计，接受审计监督，全力提高慈善组织公信力。值得一提的是，在一届五次理事会上，我会率先在全省审议通过了《烟台市慈善总会社会公开暂行办法》。依据该《暂行办法》，我会每年都要开展一次"慈善公开周"活动。

在善款使用方面，烟台市慈善总会一方面依据市委、市政府下发的《烟台市爱心捐助资金管理使用暂行办法》，定向帮扶贫困学生和困难家庭，坚持专款专用，另一方面积极发掘新项目，精心组织开展了"慈善爱心桥"、"突发性困难救助"、"爱心复明"、"爱心超市"等救助行动，使社会捐款和冠名、定向救助金物尽其用。

记者：目前，慈善义工已发展成为烟台市慈善总会的一个品牌项目，有哪些做法值得各地的慈善组织借鉴，请您简要介绍一下？

鲍寿庆：按照"制定办法、建立组织、发展队伍、形成网络"的思路，我们大力推进慈善义工队伍建设，加快慈善工作平民化进程。

首先，建章立制，完善网络。烟台市慈善总会义工分会先后制定出台了《慈善义工管理暂行办法》、《义工培训制度》、《义工服务守则》、《义工晋星评选暂行办法》等一系列章程，建立健全了义工"登记注册、时间积累、绩效评估"三项制度，在安老、抚幼、助残、济困、公共活动和城市服务六大领域打造了14个服务项目，组建起"慈心助困"、"情系老人"等义务服务队，初步形成了上下贯通、运转有效的义工组织网络。

其次，完善机制，规范管理。烟台市义工分会参照制度，严格管理。对年参与义务服务时间不足48小时的义工不予以注册；对参与服务活动多、服务质量好的义工，按照累计服务时长授予1~5星级义工称号；对贡献非常大的义工，授予银质奖、金质奖乃至市长奖，并在每年的"国际义工日"进行表彰。

记者：烟台市慈善总会在成立5周年之际，实现了"四个一"，即拍摄一部纪实专题片、举办一台庆祝晚会、编印一本宣传画册、发行一本纪

念邮册，扩大了慈善总会的社会影响力。如此成绩的背后，有着怎样的工作根基？

鲍寿庆：烟台市慈善总会紧紧围绕市民政局提出的"惠民生、增民享、保民安"的工作目标，着重实施了四项管理：

一是实施责任制考核，制定了《责任制考核实施细则》，工作具体落实到每个部，责任到人。同时，每月组织一次考核，对各个部的工作完成情况和每个人的工作情况进行考评。办公室每月初召开一次例会，各个部通报上月责任制目标完成情况并讲评。

二是完善管理制度。重新修改编印了《烟台市慈善总会办公室管理工作手册》，发放到每名工作人员手中并经常组织学习，提高责任感和使命感，保证了日常工作规范有序地开展。

三是强化机制建设管理。针对慈善总会公益性团体的特点，我们始终把自身透明度和公信力的机制建设作为重点来抓，做到自重、自省、自警、自励，坚持每月向社会公开募捐和救助的所有信息。

四是健全监督机制。充分发挥烟台市慈善总会监事会的作用，并向社会公开办公电话和电子信箱。同时，总会网站设有留言板，群众举报和投诉的问题能够得到及时处理并解决，提高了慈善组织的诚信度和公信力。

（访于2012年1月）

图书在版编目（CIP）数据

中国慈善会长访谈录 / 谭明悦主编.
—北京：中央编译出版社，2012.3
ISBN 978-7-5117-1319-3

Ⅰ.①中…

Ⅱ.①谭…

Ⅲ.①慈善事业—概况—中国

Ⅳ.①D632.1

中国版本图书馆CIP数据核字（2012）第016091号

中国慈善会长访谈录

出 版 人：	和 龑
责任编辑：	何嗣虎　王曷灵
责任印刷：	尹　珺
出版发行：	中央编译出版社
地　　址：	北京西城区车公庄乙5号鸿儒大厦B座（100044）
电　　话：	（010）52612345（总编室）　（010）52612366（编辑室）
	（010）66130345（发行部）　（010）66509618（读者服务部）
	（010）66161011（团购部）　（010）52612332（网络销售部）
网　　址：	www.cctpbook.com
经　　销：	全国新华书店
印　　刷：	北京瑞哲印刷厂
开　　本：	787毫米×1092毫米　1/16
字　　数：	240千字
印　　张：	17.5
版　　次：	2012年3月第1版第1次印刷
定　　价：	72.00元

本社常年法律顾问：北京大成律师事务所首席顾问律师　鲁哈达
凡有印装质量问题，本社负责调换。电话：（010）66509618